수십 년간 목회 생활 중 깊은 관심과 염려를 동시에 가졌던 분야는 어린이들을 위한 신앙교육이었다. 어떻게 자라나는 어린이들의 마음과 삶 속에 복음을 뿌리내리게 할 수 있을까 하는 영적 근심 때문이었다. 주일학교 교과과정을 바꾸면 될까? 주일학교 교사를 많이 모집하면 될까? 잘 가르치는 교수법을 배우면 될까? 재미있는 프로그램을 도입하면 될까? 집중시간이 짧은 아이들을 어떻게 교육할 것인가? 다양한 방법 대신에 이 책의 저자는 어린이 신앙교육의 본질을 성경적으로 접근한다. 복음을 전해야 한다는 주장이다. 그리고 복음의 중앙에 계신 예수를 소개하면 삶을 뒤흔들게 한다는 것이다. 복음을 가르치는 것이 '왜' 중요한지, '어떻게' 예수를 보여줄지를 저자는 매우 친숙하고 친절하고 개인적인 필치로 써 내려간다. 주일학교 교사와 교회 직분자들에겐 필독서이기를 바란다. 놀랍게도 목회자들이 읽도록 준비된 실제적 책이다! 복음과 예수는 신앙의 핵심이기에 그렇다!

류호준 | 백석대학교 신학대학원 은퇴 교수

이 책은 전통적인 교회 교육을 뒤바꾸는 혁명적인 책이다. 진정으로 복음을 가르치는 것이 무엇인지를 생생하게 보여준다. 예수를 전하지 않고 일종의 도덕교육으로 전락한 오늘날 교회교육의 한계를 숨김없이 드러낸다. 기독교교육은 예수를 보여주는 교육이다. 예수 그리스도의 복음을 통해 삶의 중심을 변화시키는 교육이다. 이 책에서 저자는 자신의 실제 교회학교 교사 경험을 통해 어떻게 복음 중심, 예수 그리스도 중심의 교육이 가능한지를 쉽고 재미있게, 그러면서도 진지하게 그려내고 있다. 이제는 무기력한 교육이 아니라 생명을 살리는 교육을 원하는 모든 교회학교 교사들, 기독교 학교의 교사들, 아동과 청소년 사역자들, 목회자들, 그리고 가정의 부모들에게 이 책을 필독서로 추천한다.

박상진 | 장로회신학대학교 기독교교육학 교수

그리스도인 최고의 영광 '성경 선생'! 예수님을 가르친다는 것은 그리스도인에게 있어 최고의 영광이다. 저자는 이런 최고의 영광을 누리며 살아온 삶의 궤적을 책에서 그대로 보여주었다. 예수님을 보여주는 것은 어떤 것일까? 예수님은 제자들과 함께 생활하면서 예수님 자신을 그대로 보여주셨다. 예수님의 가르침을 삶으로 보여주는 것은 '마음'을 움직이게 하는 최상의 가르침이다. 저자가 어린이에게 '예수님의 마음'을 보여주며 했던 다양한 경험은, 다음 세대에게 예수님을 가르치는 일에 관해 탁월한 통찰을 제공한다.

**신병준** | 소명 교육 공동체 및 소명 학교 교장

책을 읽는 동안 계속해서 떠오르는 말이 있었다. '끊을 수 없는 예수 열정에 중독된 자.' 스킬만 아는 사역자는 상황이 바뀌면 당황한다. 하지만 복음에 불붙은 사역자는 바뀌는 상황 속에서 복음을 가장 효과적으로 전할 방법을 찾아낸다. 저자는 후자에 속한 사람이다. 각 교회의 목회자와 교사, 부모들을 저자와 같은 사람들로 세울 수만 있다면 다음 세대 사역이 위기라는 말은 사라질 것이라 믿는다. 이 책은 교사로서 갖춰야 할 자세와 복음의 본질을 다룰 뿐 아니라 당장 교회 현장과 가정에서 사용할 수 있는 다양한 노하우를 제공한다. 다음 세대를 예수님의 제자로 세우고자 고민하는 교사나 사역자, 부모가 있다면 이 책을 읽어보라고 권하고 싶다.

**장동학** | 수원 하늘꿈연동교회 목사

한국에 교수로 임용되어 귀국했을 때부터 줄곧 '주일학교가 망해야 가정이 산다'는 주장을 해오고 있다. 처음에는 많은 사람이 내 말을 이해하지 못했다. 내가 망해야 한다고 주장했던 주일학교는 복음 없는 주일학교, 예수 없는 프로그램 중심의 교회학교 시스템이었다. 사실 주일학교 시스템은 신앙훈련 세속화의 시작이나 다름없다. 게다가 인구절벽을 맞이한 현대 교회에서 '기독교교육=주일학교'라는 등식은 더 이상 설 곳이 없다. 기독교교육의 본질은 도덕

과 윤리를 가르쳐 교회 밖 사람들보다 '나은' 삶을 살게 하는 것이 아니라, 다음 세대에게 복음의 능력을 전수하여 세상과 '다른' 삶을 살게 하는 일이다. 그런 교육은 답을 주기보다 질문하는 법을 가르쳐주는 일을 통해 가능해진다. 베드로 사도는 교회의 역할이 '소망의 이유'를 묻는 말에 대답해주는 것이라고 했다. 그들에게 대답해주려면 먼저 묻게 해야 한다. 질문하는 신앙이 다름을 추구할 수 있게 한다. 기독교교육을 담당하는 부모와 교사들은 복음의 능력을 먼저 살아냄으로써 다음 세대가 복음을 통한 소망의 이유를 묻게 해야 한다. 복음을 믿게 하는 것보다 선행되어야 하는 일이 묻게 하는 일이다. 이 책은 복음의 능력을 믿을 수 있도록, 묻게 하는 책이다. 어린이들이 묻게 하려면 예수를 보여주는 것보다 더 확실한 방법은 없다.

**전병철** | 아세아연합신학대학교 기독교교육학 교수, 어깨동무 띵크탱크 소장

주일학교 교육과정은 한결같이 도덕적이다. '무엇을' 해야 하는지에 관해서만 이야기할 뿐 '어떻게' 해야 하는지에 관해서는 함구한다는 말이다. 잭 클럼펜하우어는 그리스도의 인격과 사역을 돌아보도록 함으로써 '어떻게' 해야 할지를 보여준다. 주일학교 교사라면 누구나 읽어야 할 책이다.

**폴 밀러** | seeJesus 대표
『일상 기도』, 『사랑하다, 살아가다』 저자

클럼펜하우어는 문제를 탁월하게 지적했다. "오늘날 교회와 믿는 가정에서 자라는 놀랍도록 많은 수의 아이들이 단 한 번도 예수의 복음에 사로잡혀 본 경험이 없다." 우리는 아이들이 예수님을 알기 바란다면서도 행위에 대한 교훈 전하기에 급급하고, 결국 그들은 가능한 한 빨리 교회를 떠나버린다. 이 책은 진정 복음이란 무엇이고 그것이 어떻게 아이들의 인생을 영원히 변화시킬 수 있는지, 친절하고 능수능란하며 강력하게 말해준다.

**브라이언 채플** | 일리노이주 피오리아시 그레이스 장로교회 목사
『그리스도 중심의 설교』 저자

『주일학교에서 오직 복음을 전하라』는 중고등부 사역자, 어린이 주일학교 교사, 학부모, 여름성경학교 봉사자의 필독서다. 잭 클럼펜하우어는 능숙한 솜씨로 모든 성경 이야기에서 복음과의 연결점을 찾아내도록 돕는다. 그는 다년간의 경험에서 나온 여러 예시를 공유하면서 독자들을 교실 맨 앞자리에 앉혀놓고 아이들에게 '삶을 뒤흔드는' 예수의 비전을 보이는 방법을 가르쳐준다. 이 책은 교사 훈련의 완벽한 도구다. 나도 우리 교회 어린이 사역자 모두에게 한 권씩 사줄 생각이다.

**마티 마쵸스키** | 필라델피아주 글렌밀스 커버넌트펠로십 교회 목사(가정 사역 담당)
"아이들을 위한 복음 이야기"(Gospel Story for Kids) 교육과정 입안자

이 책은 매우 진귀한 일을 해냈다. 은혜의 메시지를 취하여 그것을 교사와 어린이 양쪽 모두의 마음에 단순하고도 직접적으로 적용한 것이다. 저자는 학생들의 외적 순종에 만족하지 않고 그들의 마음을 목표 삼아 담대하면서도 공감어린 마음으로 더 깊이 파고든다. 이 책은 선교단체 서지(Serge)의 가치를 교회에서 가장 중요한 지체인 우리 자녀들에게 훌륭하게 적용했다.

**밥 오스본** | Serge 이사

『주일학교에서 오직 복음을 전하라』는 어린이 사역자의 밤잠을 방해하는 어려운 문제들을 다룬다. 어떻게 하면 아이들을 율법주의자로 만들지 않고도 회개하고 순종하도록 격려할까? 4학년 아이들에게는 구약의 폭력성 수위를 완화해서 가르쳐야 할까? 클럼펜하우어는 이런 질문만이 아니라 그 이상에 답하는데, 그의 시선은 처음부터 끝까지 예수님께 맞춰져 있다. 그는 단순히 머리에만 호소하지 않는다. 예수님께 초점을 둔 수업, 교실 환경, 가정 사역을 준비할 수 있도록 의욕을 고취하는 실질적 틀을 제공하여 교사의 마음과 두 손까지 움직이고자 한다. 나는 이 책을 우리 교회 주일학교 봉사자들 모두에게 한 권씩 구매해줄 계획이다.

**제러드 케네디** | 켄터키주 루이빌시 소전커뮤니티 교회 목사(가정 사역 담당)

어린이에게 성경을 가르치는 가장 일반적인 방식은 이야기의 중심인물을 내세워 그 인물처럼 하라거나 그러지 말라고 당부하는 것이다. 『주일학교에서 오직 복음을 전하라: 교회학교 교사들의 영혼을 깨우는 도전』은 반가운 안도감을 선사한다. 이 책은 성경을 통해 어린이에게 예수님을 보여주고자 하는 교사와 부모에게 필요한 성경적 근거, 실질적 안내, 풍성한 예시로 가득하다.

**스타 미드** | Training Hearts, Teaching Minds: Family Devotions based on the Shorter Catechism, Mighty Acts of God: a Family Bible Story Book 저자

잭 클럼펜하우어는 이 책을 통해 예수님을 향한 사랑이라는 토대에서 나온 '성령의 새롭게 하심'을 교사 사역의 지배적인 주제로 삼는 법을 알려준다. 모든 성경 이야기를 그리스도의 십자가로 매듭짓는 '복음의 교사'가 되는 것이 얼마나 중요한지도 명심하게 한다. 예수님을 향한 사랑을 키우는 것을 성경 교육의 목표로 삼으라. 그리스도인의 삶이 바로 여기서 시작되기 때문이다. 이 책을 아이들을 위해서 한 번 읽고, 자기 자신을 위해 다시 한번 읽으라.

**낸시 윈터** | 교육과정 입안 및 편집자, 오랜 경력의 주일학교 교사

이 책은 모든 그리스도인의 필독서로서 우리에게 이런 질문을 던진다. 예수님에 관한 복음을 어떻게 다루고 있는가? 정말 예수님을 하나님의 위대한 구원 이야기의 목표이자 유일한 '길'과 '진리'와 '생명'으로 믿고 있는가? 잭은 우리가 성경을 가르치고 적용할 때, 무엇에도 굴하지 않고 예수님을 중심에 두어야 함을 기억하게 한다. 왜일까? 우리가 예수님과 더 깊이 사랑에 빠지고 전심으로 그분을 예배할 수 있게 하려는 것이다.

**로즈마리 그린** | 필라델피아주 글렌사이드 뉴라이프 교회 주일학교 담당자

# Show Them Jesus

Teaching the Gospel to Kids

Jack Klumpenhower

# 주일학교에서 SHOW THEM JESUS 오직 복음을 전하라

잭 클럼펜하우어 지음

장혜영 옮김

교회학교 교사들의
영혼을 깨우는 도전

새물결플러스

차례

## 2부: '어떻게' 복음을 가르칠 것인가?

# 감사의 글

나 자신마저 시간을 낭비하고 있는 것은 아닌지 의심이 들 때 집필을 계속하도록 격려해준 아내 조디의 도움이 없었다면 이 책은 존재할 수 없었을 것이다. 뉴그로스 출판사의 담당 편집팀과 밥 오스본을 포함한 선교단체 서지(Serge) 스태프들 역시, 내가 막다른 길에 이르렀다고 느꼈을 때조차 계속하도록 도와준 사람들이다. 이처럼 나를 믿어주고 친절한 도움을 베풀어준 이들 모두에게 나는 큰 감사를 빚졌다.

지난 수년간 목회자로서 나를 섬겨주셨던 분들, 특히 클라이드 고드윈(Clyde Godwin), 릭 다운스(Rick Downs), 헌터 도커리(Hunter Dockery), 제프 도비시(Jeff Dobesh), 그리고 나의 아버지 개리 클럼펜하우어(Gary Klumpenhower)께도 감사를 표하지 않을 수 없다. 이들이 설교한 복음은 매주 내 영혼을 먹였고 나의 생각이 구세주께 집중되도록 훈련시켰다. 내게 예수님을 보여준 이들의 신실함은 셀 수 없이 많은 방식으로 이 책의 모든 지면에 스며 있다.

서론

## 칠십 인의 무리

내가 출석하던 교회에는 한 가지 문제가 있었다. 교회는 여러 가정을 모았으며, 각 가정의 부모들은 자녀를 주일학교와 주중 중고등부 모임에 열성적으로 참여시켰다. 바람직한 일이었다. 문제는 그 많은 아이를 가르치기에 늘 인력이 모자랐다는 것이다. 부족한 교사 인력 중 하나였던 나는 문제를 해결해달라는 부탁을 받았다.

우리는 무엇이든 다해봤다. 해마다 교사 모집 기간인 끔찍한 학기 초가 오면 목회자는 강단에서 호소를 했다. 주보에 간지를 만들어 넣기도 하고 교회 친구들에게 교사로 섬겨달라고 개인적으로 부탁하기도 했다. 우리는 봉사자로 와달라고 애걸복걸했다. 하지만 너무 바쁘다거나 자기는 가르치는 일에 재능이 없다는 반응 일색이었다.

그래서 가르치는 일을 더 쉽게 만들었다. 교회 스태프들이 모든 자료를 준비했다. 매주 따라 가르치기 쉬운 수업 내용을 놀이나 만들기 자료와 함께 준비했고, 교사는 그야말로 나타나기만 하면 됐다. 매주 교사 기도 모임이 열렸지만 참석이 필수는 아니라고 강조했다.

그래도 교사 부족은 심해질 뿐이었다. 무엇이 잘못됐는지 눈치챈 독자도 있겠지만 내가 마침내 깨달은 것은 어느 날 한 친구를 설득해 교사로 오게 하려고 애쓰던 순간이었다. 내 입으로 뱉었던 그 어처구니없이 모욕적인 말을 아직도 생생히 기억한다. 나는 이렇게 말했다. "쉬워! 다른 사람이 다 해주는 거라니까. 내가 볼 땐 너에게 딱 맞는 일이야."

차라리 이건 바보라도 할 수 있는 일이고, 내 생각엔 네가 바로 그 바보라고 말하는 편이 나았겠다. 친구가 나를 이상하다는 듯이 쳐다보는데, 그제야 나야말로 얼마나 바보 같았는지를 깨달았다. 교사에게 지원이 필요하기는 해도, 너무 쉬운 나머지 중요하지 않을 것이 뻔한 사역에 1분이라도 투자하고 싶어 할 사람은 없음을 잊고 있었다. 나만이 예수님을 위해 성경공부 준비에 긴 시간을 들일 만큼 헌신된 사람이고 남들은 그렇지 않다는 교만한 착각에 빠져 있었다. 다시는 저지르고 싶지 않은 실수다.

각설하고, 가르치는 일을 쉽게 만들어주는 좋은 책은 많다. 그러나 이 책은 그중 하나가 아니다.


## 예수님과 함께하는 일

누가복음은 예수님께서 교사 부족과 같은 문제에 어떻게 대처하셨는지를 보여준다. 예수님께서는 여기서 하나님 나라를 선포할 일꾼을 찾고 계셨다. 여러 후보가 저마다의 생각대로 돕겠다고 나섰지만 그분은 모두 거절하셨다. 그분은 일꾼이 감당하게 될 일과 치러야 할 대가를 일러주시고 칠십 인의 다른 이들을 일꾼으로 세우셨다. "이르시되 추수할 것은 많되 일꾼이 적으니, 그러므로 추수하는 주인에게 청하여 '추수할 일꾼들을 보내주소서' 하라. 갈지어다. 내가 너희를 보냄이 어린양을 이리 가운데로 보냄과 같도다. 전대나 배낭이나 신발을 가지지 말며 길에서 아무에게도 문안하지 말며"(눅 10:2-4).

우리는 나중에 어떤 일이 일어났는지 이미 알고 있다. "칠십 인 이 기뻐하며 돌아와 이르되, '주여, 주의 이름이면 귀신들도 우리에게 항복하더이다.' 예수께서 이르시되, '사탄이 하늘로부터 번개 같이 떨어지는 것을 내가 보았노라. 내가 너희에게 뱀과 전갈을 밟으며 원수의 모든 능력을 제어할 권능을 주었으니 너희를 해칠 자가 결코 없으리라. 그러나 귀신들이 너희에게 항복하는 것으로 기뻐하지 말고 너희 이름이 하늘에 기록된 것으로 기뻐하라' 하시니라"(눅 10:17-20).

예수님의 말씀에 따르면 하나님 나라를 선포하는 일은 위험하다. 용기가 필요하다. 간절한 기도가 요구된다. 은사보다는 믿음이 중요하고, 하나님이 공급하시는 것 외에 다른 자원은 필요하지 않다. 이 일은 영적 무기가 동원되는 위험천만한 영적 전투다. 이런 수준의 전투에 참여할 의지가 있는 사람이라면 누구든지 필요하다. 이 모험에 뛰어드는 사람은 능력과 겸손, 순수한 기쁨을 동시에 거두는 진귀한 복을 누리게 될 것이다. 내가 영업하려 했던 약해빠진 주일학교보다 낫지 않은가?

주일학교 교사나 가정에서 예수님을 가르치는 부모와 같은 다른 헌신된 교사들과 이야기를 나누면서, 나는 마침내 예수님이 하신 그 말씀이야말로 그들이 지속적으로 헌신하는 이유임을 알게 되었다. 그들은 하나님과 자녀들을 위해 진정한 변화를 일으키기 원했다. 어려운 일이라는 것도 알고, 예수님께서 경고하신 대로 마귀와 맞서 싸우게 될 것도 알지만 상관없었다. 그들은 하나님의 부르심을 느꼈으며, 경이로 가득한 예수님의 복음을 전하고 싶어 좀이 쑤셨다. 그 대가가 무엇이든 말이다.

　이 일을 항상 잘하는 사람은 없다. 누구나 바빠지거나 피곤해지거나 게을러질 때가 있다. 평범한 기대치에 순응해버릴 때도 있다. 그러나 잠깐 잠들어버린 순간에도 우리는 예수님의 칠십 인처럼 되는 꿈을 꾼다. 따라서 우리는 부르심에 합당한 삶을 살기 위해 서로를 격려해야 한다. 그것이 이 책의 목적이다.


## 아이들에게는 당신이 필요하다

이 책의 핵심은 우리가 어린이에게 복음을 가르치도록 부름받았으며, 어린이를 섬길 때 복음을 소중히 여기도록 부름받았다는 것이다. 여기서 복음이란 예수님이 누구시며, 그가 자신에게 연합한 이들을 구원하기 위해 어떻게 사시고 죽으시고 부활하셨는지를 말한다. 시중에 판매되는 성경공부 교재와 가정 예배 안내서에만 따라서는 그 부르심에 충실할 수 없으므로 의도적인 노력이 필요하다. 그러나 그런 노력이 아이들에게 끼치는 유익은 엄청날 것이다.

　오늘날 교회와 믿는 가정에서 자라는 놀랍도록 많은 수의 아이들이 단 한 번도 예수의 복음에 사로잡힌 경험이 없다. 어린 시절과 중고등학교 시절에는 신자처럼 보이지만 대학에 진학하고 청년이 되어서는 신앙을 떠난다. 교회를 떠나고 더 이상 예수님께 어떤 헌신도 하지 않는다.

　사실 아이들에게는 그럴 만한 이유가 있다. 돌아보면 그리스도인다운 행위와 교회 생활에 관해서는 많이 배웠지만, 예수님에 관해서 배운 내용이 이들을 진실로 변화시키지는 못했다. 예수님을 가장 소중한 소망이자 가장 위대한 사랑으로 여길 만큼 매력적으로 느껴본 적도 없다. 예수님이 다른 무엇과도 비교할 수 없을 만큼 빼어나시다는 말에 설득된 적도 없다.

우리의 목표는 아이들이 예수님을 '삶을 뒤흔드는 분'으로 보게 하는 것이어야 한다. 너무 큰 욕심일까? 전혀 그렇지 않다. 우리에게는 그리스도 안에 있는 하나님의 사랑의 메시지가 있다. 기도와 성령도 있다. 영적 전투에서 승리할 무기가 있는 것이다. 이를 기억하고 기회가 있을 때마다 예수님이 세상의 어떤 것들보다도 더 빼어난 분임을 성실하게 보여줘야 한다. 우리부터 이것을 믿어야 한다. 아이들과 함께하는 우리의 삶이, 죄인을 변화시키시는 예수님의 능력을 확증할 수 있도록 말이다.

어찌 보면 어려운 일이다. 하지만 이 일의 성취는 우리의 성공에 달린 것이 아니라 "우리 이름이 하늘에 기록되었다"는 복음에 달린 것이기에 부담은 없다. 세상을 뒤흔들면서도 부담은 따르지 않는 일이다. 이것이 어떻게 가능할까? 예를 하나 들어보겠다.


## 무서운 성경공부

몇 년 전, 초등부 아이들에게 여호수아서를 가르칠 때였다. 나는 하나님께서 백성들로 하여금 요단강을 건너게 하시고 여리고성을 무너뜨

리게 하신 과정을 가르쳤다. 그런데 당시 내가 사용하던 교재는 다음 장의 아간 이야기를 다루지 않고 넘어갔다.

아간은 이스라엘의 군인이었다. 그는 하나님께서 직접 명하신 바를 어기고 여리고에서 전리품의 일부를 몰래 가져갔다. 그의 죄가 발각된 것은 하나님께서 이후의 전투에서 이스라엘을 완패하게 하셨기 때문이다. 그러면서 누구의 죄 때문인지를 밝히시는데, 먼저 잘못을 저지른 지파를 골라내시고, 다음으로는 족속, 가족을 골라내는 무서운 과정을 사용하셨다. 죄를 범한 가족의 구성원이 하나씩 앞으로 나왔고 하나님은 아간을 골라내셨다. 이스라엘 백성이 아간은 물론 그의 아내와 자식과 가축들까지 돌로 쳐 죽였다. 그것으로도 모자라 이들을 불태우고 그을린 시체 위로 돌들을 쌓아 올렸다. 그 후에야 하나님께서 진노를 돌이키셨다. 듣고 보면 이 이야기를 뺀 것도 이해가 된다.

어떻게 해야 할까? 성경에서 유쾌한 부분만 골라 가르치고 싶지는 않았지만 아이들이 꽤나 어렸다. 내용이 너무 무섭지 않을까 걱정되었다. 그러나 결국은 예수님의 복음을 주제로 한다는 전제하에 아간 이야기도 가르치기로 했다.

그날 보조 교사 중에는 학생의 어머니가 있었다. 그분이 성경공부 시작 전에 수업 내용을 묻더니, 대답을 듣고는 걱정된다고 했다. 딸아이가 악몽을 꾸는데 무서운 이야기를 듣고 그럴 때가 많다는 것이다. 갑자기 멀미가 났다. 어린아이들에게 이런 말씀을 가르치겠다니, 멍청한 생각이었어! 하지만 내용을 바꿀 시간이 없었고 결국 아간 이야기를 그대로 가르쳤다. 군사들이 죽고, 죄인을 찾아내고, 돌로 쳐 죽이고, 시신을 불태우는 등 그 모든 불쾌한 장면을 다뤘다.

수업을 진행하는 동안 아이 어머니의 수심은 더욱 깊어졌다. 몇몇 아이들의 표정도 비슷했는데, 특히 다른 군인이나 아간의 가족이나 동물들까지 죽임당했다는 사실을 불쾌해했다. "왜 그들까지 죽어야 하죠?" 좋은 질문이었다. 나는 바닥에 자리를 잡아 아이들을 주위에 모여 앉게 하고는 이렇게 말했다.

"맞아요, 많은 사람이 죽임을 당했어요. 바로 그것을 기억해야 해요." 그러면서 이 사건에 대한 성경의 자체적인 설명을 읽어줬다. "이스라엘 온 회중에 진노가 임하지 아니하였느냐? 그[아간]의 죄악으로 멸망한 자가 그 한 사람만이 아니었느니라"(수 22:20).

"단 한 사람이 죄를 지었지만 많은 사람이 죽었어요. 오늘의 교훈이 바로 그거예요." 아이들은 혼란스러워했다. 누구도 기대하지 못한 교훈이었다. 나에게 집중하는 아이들을 보며 내가 말을 이어갔다.

"만일 여러분이 죄를 지으면 어떻게 되죠? 선생님이 죄를 지으면요? 하나님께서 아간을 벌하신 것처럼 우리를 벌하시고, 다른 사람들까지 벌을 받게 되나요? 아니면 하나님께서 죄를 벌할 다른 길을 내셔서 이보다 나은 결말을 주시나요?"

아이들은 대답할 수 없었다. 죄를 벌하지 않는 하나님은 거룩할 수 없음을 이미 아는 아이들도 있었다. 그런데 하나님께서는 용서하는 분이기도 했다. 아이들은 이 둘이 어떻게 조화되는지를 잘 몰랐다.

"어떤 사람이 다른 사람의 죄 때문에 죽임을 당할 수도 있다는 사실은 매우 중요해요." 나는 말했다. "오늘 배운 이야기에서, 죄를 지은 것은 한 사람이었지만 많은 사람이 죽임을 당했어요. 그런데 이후의 성경에서 평생 한 번도 죄를 짓지 않았지만 벌을 받게 된 한 사람을 찾는다면 어떨까요? 그 사람이 전혀 죄를 짓지 않고도 죽임을 당했다면, 많은 사람이 살 수 있어요."

아이들은 내가 말하는 사람이 예수님이라는 것을 눈치챘다.

나는 계속해서, 우리가 살아내지 못한 죄 없는 삶을 예수님께서 살아내셨다고 말했다. 세상의 모든 지파와 족속과 가족 가운데 죄가 없었던 자는 오직 예수님뿐이었다. 그래서 하나님께서는 그분을 택하여 우리를 대신해 죽으시도록 했다. 예수님을 택하여 우리가 받을 벌을 대신 받게 하셨다. 그래서 우리는 아간처럼 죄 가운데 떨며 심판을 기다릴 필요가 없어졌다.

"우리의 죄는 정말 심각한 것이에요." 내가 말했다. "많은 사람을 다치게 할 수도 있어요. 하지만 하나님께서는 우리를 너무도 사랑하셔서 예수님을 보내 우리의 죄를 위해 죽게 하셨어요. 우리의 죄 때문에 가장 큰 상처를 입은 분은 바로 예수님이에요."

"여러분에게 너무 무섭지 않을까 해서 오늘 이 이야기를 나누어야 할지 고민이 많았어요. 하나님께 벌을 받는다는 것이 가장 무서운 일이기는 해요. 하지만 결말을 안다면 이것은 그렇게 무서운 이야기가 아니에요. 예수님께 속한 사람이라면 벌은 예수님께서 대신 받아주시고 하나님께서 그들의 아버지가 되어주세요. 그러니까 무섭다고 생각하지 않기를 바라요. 전혀 무서워하지 않아도 돼요. 가장 무서운 벌은 이미 예수님께서 가져가 주셨으니까요."

수업을 마친 후, 걱정하는 기색이 역력했던 어머니가 감사를 표해 왔다. 그제야 수업이 잘 끝났음을 깨달았다. 그분은 그날의 이야기가 좋았다고 했다. 그러나 더 큰 깜짝 선물은 몇 주 뒤에 찾아왔다. 그때 그 어머니가 환한 얼굴로 나에게 다가오더니 딸아이가 더 이상 악몽을 꾸지 않는다고 말해준 것이다. 아이 말에 따르면 이제 예수님 덕분에 아무것도 무서워할 필요가 없음을 알기 때문이라고 한다.

보통 이런 즉각적인 열매는 교사로서 흔히 경험할 수 없는 것이라서 나는 의심부터 했다. 딱 한 번의 짧은 수업으로 그런 문제가 해결된다고? 얼마 후 분명히 다시 시작되겠지. 하지만 몇 달이 지나도 아이 어머니는 여전히 만족해했다.

마침내 나는 복음의 능력을 충분히 믿지 못하는 사람이 나 자신인 것을 깨달았다. 내가 가르치면서도 복음이 그토록 놀랍게 역사하리라고는 전혀 기대하지 않은 것이다. 물론 이것은 내가 반복해 가르칠 특권을 얻은 복음 이야기를 실제로 살아내신 예수님 덕분에 일어난 일이었다. 복음과 같은 이야기는 어디에도 없다. 당연히 이런 열매를 기대했어야 했다.

주일학교에서 혹시 야간 이야기를 다루기라도 한다면, 보통 훔치는 행동이 잘못되었다는 도덕적 교훈으로 끝난다. 그것도 맞지만 악몽을 꾸던 아이에게는 보다 거시적인 성경의 교훈, 즉 죄가 하나님과의 삶을 파괴한다는 메시지가 필요했다. 또한 가장 중요한 교훈이자 성경 전체의 주제인, 죄가 파괴하는 곳마다 예수님의 치유가 일어난다는 메시지가 필요했다.

아이는 예수님에 관해 배우고 그것을 믿었다. 그리고 예수님을 믿는 믿음이 삶을 변화시킨다는 것과, 그분께서 진정 다른 무엇보다 빼어난 분임을 발견했다.

# 교사 선언

그렇다면 이런 책을 쓰는 나는 어떤 사람일까? 우선 나는 전문가가 아니다. 학교나 교회에서 전임으로 일해본 경험도 없다. 나누고 싶은 이야기는 많지만 성공한 만큼 실패한 이야기도 많으며, 그 과정에서 내가 배운 것을 이야기할 것이다. 그중 아직도 잘하지 못하는 부분이 있다. 나는 여전히 고군분투 중이다.

나는 어린이와 중고등부 학생을 섬기는 학부모이자 봉사자로서 성경공부 수업을 진행하거나 교회 행사를 인도한다. 그냥 평범한 성경 교사라는 것이다. 여러분이 그렇듯이 말이다.

그렇다. 여러분도 교사다. 어린이 주일학교나 중고등부에서 성경 공부 외에 다른 일을 맡고 있다고 해도, 가정 예배나 가정 성경공부를 통해 자녀들을 인도한다고 해도(혹은 그 일을 시작하고 싶다고 해도), 이 역시 가르치는 일이다. 아이들은 여러분을 보고 배운다. 여러분은 그들에게 예수님을 보여줄 의무가 있다.

여기 나오는 내용은 대부분 교회 성경공부 시간이라는 환경에서 경험한 것들이다. 나는 수업을 통해 예수님에 대해 가르치는 법을 배웠기 때문이다. 그러나 원칙만 깨달으면 어디서든 적용할 수 있다. 나는 평소에 교실 밖에서 학생들을 만날 때는 물론, 집에서 자녀와 함께할 때도 같은 원칙을 적용한다. 여러분도 아이들과 함께하는 곳 어디서나 이를 적용할 수 있도록 돕겠다.

이 책에서는 독자도 전문가가 아니라고 가정할 것이다. 예수님께서 모집하신 교사들 역시 처음에는 잘 훈련되어 있지 않았고 특별한 기술도 없었다. 따라서 망설여진다거나 앞서 예로 든 것처럼 가르칠 수 있을지 확신이 들지 않는다면, 딱 좋은 상황이다. 내가 찾는 독자는 학부모, 주일학교 교사, 중고등부 사역자, 어린이 성경 프로그램 담당자, 수련회 봉사자, 찬양 인도자 등 아이들을 섬기는 모든 이로서, 이런 사명 선언에 동참할 사람이면 된다.

> 아이들에게 복음을 가르치고 예수님을 보여줄 것을 서약합니다.

나는 이 책을 통해 이 선언문을 어떤 모습으로 실현할 수 있는지 보여주고 싶다. 그 과정에서 내 이야기도 나눌 텐데, 아이들을 보호하기 위해 이름이나 세부 사항은 바꿀 것이다. 경험상 교사로 성장하는 가장 좋은 길은 다른 교사의 실책과 강점을 모두 보는 것이기에 내가 어떻게 해왔는지를 나누겠다. 익숙한 성경 이야기를 내가 어떻게 가르쳐왔는지도 예로 들 생각이다. 여기서 예로 든 방식만 옳다는 뜻은 아니지만, 모두 예수님을 높이는 내용이다.

책의 전반부에서는 복음을 가르치는 것이 '왜' 중요한지 설명하고 그것을 시작할 수 있는 방법을 알아보겠다. 예수님을 가르치는 벅찬 기쁨이 회복되는 시간이 되기를 바란다. 끊을 수 없는 '예수 열정'에 중독되는 것이야말로 성경 교사에게 가장 큰 도움이 된다.

후반부에서는 '어떻게' 예수님을 보여줄지에 관해 내가 배운 것을 나누겠다. 아이들을 직접 가르치기도 하고 남들의 비결도 들어온 삼십여 년의 세월 덕에 나는 효과적인 방법들을 알고 있다. 그중 필요한 것을 선택해 덧붙일 것은 덧붙이고 각자의 사역에 맞춰 자유롭게 사용하길 바란다. 그것을 토대로 발전시켜가되 방법을 더욱 개선하라. 여러분의 교사 사역이 예수님이 가능하다고 하신 최선이 될 때까지 노력을 멈추지 말라.

하나님의 백성이 복음을 새로이 발견할 때마다 부흥이 뒤따르곤 했다. 다시 말해 우리는 불을 다루는 셈이다. 우리의 선언은 체제 전복적이다. 마귀는 물론이고 선행만을 강조하는 이들과도 갈등하게 될 것이다. 이 선언을 지켜내려면, 평생 성령이 일으키는 변화에 나날이 더 깊이 의존해가야 한다. 자신을 칠십 인의 수준으로 끌어올리기 원하는 이들에게 합당한 선언이라는 것이다.

이 선언에 동참하겠는가? 그렇다면 시작해보자.

# 1부

## '왜' 복음을 가르치는가?

그리스도 없는 설교! 이는 밀가루 없는 빵 덩어리와 같다.

그런 것으로 어떻게 영혼을 먹이겠는가?

－찰스 스펄전[1]

## 1장

# 그리스도에게 집중된 교사

## 예수님이 우리에게 필요한 전부다

이야기의 시작으로 돌아가 보자. 나는 여러 해 동안 내가 훌륭한 교사라고 생각했다. 그러던 어느 날 모든 것이 달라졌다.

내 은사는 주일학교에서 말씀을 흥미롭게 가르치는 것이었다. 나는 성경을 잘 알았고, 어린아이까지 말씀 시간을 기대하게 할 만큼 창의적으로 가르쳤다. 십 대 아이들은 내가 인도하는 성경 토론을 즐거워했다. 심지어 어른들도 내 수업을 참관할 정도였다. 수업에 분명한 핵심도 있었다. 내용을 서서히 쌓아 올리면서, '하나님을 위한 삶'이 무엇인지 보여주는 절정으로 몰아갔다. 그날 가르친 말씀을 일상에 어떻게 적용할지에 관한 토론도 인도했다. 아이들은 주중에 실천할 수 있는 실질적인 과제를 안고 집으로 돌아갔다.

가끔은 예수님께서 우리 죄 때문에 죽으셨다는 내용을 가르치기도 했다. 그런 날의 실천 과제는 그분을 구세주로 영접하는 것이었다. 그런데 꼭 그 자리에서 결단을 요구하지 않더라도 이런 시간은 어색할 때가 있었다. 주제 자체가 무겁기도 했고, 영접하도록 초청은 하되 너무 몰아붙여도 안 된다는 어려움이 있었다. 또한 십자가 사건의 으스스한 슬픔이 언제나 뒤따랐다. 이런 수업을 하기 전에는 특별히 더 기도하고 열심히 준비했다.

나는 교사 사역이 내게 꼭 맞는 것 같아 만족했고, 아무것도 바꾸고 싶지 않았다. 그러던 중 하나님께서 조에 관한 소문을 듣게 하셨다.

동료 교사였던 조는 그럭저럭 총명해 보이지만 심심한 친구였다.

아이들의 이목을 사로잡을 만한 유형이 아니었다. 그런데 조도 나처럼 큰 규모의 반을 가르치게 되었다. 조가 가르치는 것을 본 사람들은 그의 수업을 좋아했다. 나도 좋아할 것이라면서 일부러 말해주는 사람도 있었다. 조가 잘 가르친다는 이야기를 세 번이나 듣고 나자, 나는 마침내 위협감을 느꼈다. 그렇게 미끼를 물고 만 것이다.

결국 조의 수업을 참관하기로 하고 교실 뒷자리에 자리를 잡았다. 나는 질투하거나 우쭐해하지 않겠다고 다짐했다. 내 수업과 비교하지 말자. 하지만 소용없었다. 조의 수업을 본 후에도 여전히 교사들 중 최고는 나였으면 했다.


## 조로부터 배우다

조의 수업은 하나님께서 어린 사무엘을 예언자로 부르신 이야기에 관한 것이었다. 이야기꾼이라면 누구에게나 안성맞춤인 주제였다. 어린 아이가 주인공이라서 아이들이 공감할 수 있었고 절정부도 괜찮았다. 하나님께서 밤중에 사무엘을 여러 번 부르셨다. 사무엘은 그때마다 제사장 엘리가 부르는 줄 알고 그에게 달려갔다. 마침내 무슨 일인지 깨달은 엘리는, 사무엘더러 하나님께 대답하고 그분의 말씀을 들으라고 말해줬다.

사무엘 이야기는 경청이라는 교훈을 전할 기회다. 사무엘이 경청하자 하나님께서 그를 통해 놀라운 일들을 하셨다. 가정에서 어떻게 경청을 잘할 수 있을까? 학교에서는? 놀이터에서는? 경청을 더 잘하면 하나님께서 어떤 일을 행하실까? 나는 조의 수업에 빠져들었다. 그가 이 주제들 중 무엇을 선택할지, 어떻게 거기에 도달할지 궁금했다.

조가 역동적인 설교자는 아니었지만 사무엘이 경험한 중대한 순간의 무대가 되는 배경은 잘 설명했다고 인정하지 않을 수 없었다. 그는 하나님께서 사무엘 시대 이전까지 대체로 침묵하셨다고 설명했다. 그 땅의 통치자들은 무능했고 제사장들은 부패했다. 마지막으로 등장한 위대한 예언자가 죽은 지도 이미 수백 년이었다. 사람들은 하나님께서 공의를 이뤄주시기를 고대했고, 다시 말씀을 듣게 되기를 갈망했다.

조가 그런 배경을 설명한 데는 이유가 있었다. 놀랍게도 그는 경청하고자 한 사무엘의 노력이 아니라 부르시고자 한 하나님의 갈망에 초점을 뒀다. 하나님께서 친히 내려와 사무엘의 침상 가까이에서 그의 이름을 부르셨다. 내가 주목해본 적이 없는 부분이었다. 사무엘이 들은 하나님의 음성은 어찌나 평범했는지, 엘리의 목소리가 틀림없다고 생각할 정도였다.

조는 그 모든 기다림을 지나, 주님의 공의의 음성이 부드럽고 인격적이며 사람과 같은 목소리로 한 아이에게 찾아왔다는 사실에 흥분했다. "이것을 통해 하나님이 어떤 분이라는 것을 알 수 있나요?" 조가 물었다. 또 하나님께서 여전히 인격적으로 사람처럼 말씀하신다는 사실을 보여주려고 히브리서 1:1-2을 읽었다. "옛적에 선지자들을 통하여 여러 부분과 여러 모양으로 우리 조상들에게 말씀하신 하나님이, 이 모든 날 마지막에는 아들을 통하여 우리에게 말씀하셨으니"(히 1:1-2).

"아들"을 통하여! 조는 수업의 방향을 예수님께로 틀고 있었다.

인상 깊은 대목이었다. 나라면 감히 시도해보지 못할 대담한 움직임이었다. 나는 예수님이 등장하지 않는 이야기를 가르치면서 그분 이야기를 꺼내는 것이 언제나 불편했다. 그러나 조는 멈추지 않았다. 그와 같이 예수님께서도 친히 내려와 말씀하셨다고 했다. 예수님께서는 다른 어떤 예언자도 하지 못한 방식으로 가르치셨다. 우리와 함께 걸으시고, 함께 웃으시고, 약자를 괴롭히는 이들을 나무라시고, 귀신을 쫓아내시고, 우리의 슬픈 눈을 바라보며 함께 눈물을 흘리심으로, 예수님께서는 우리에게 하나님의 얼굴을 보이셨다.

무엇보다 예수님은 십자가에서 죽으심으로 말씀하셨다. 십자가에서의 죽음이라는 방법으로 공의와 사랑 모두를 이루셨다. 이는 세상에서 가장 아름다운 말씀이었다. 그로부터 수백 년 전 하나님께서 천국을 두고 내려와 사무엘 곁에 서셨다. 그리고 그 하나님이 마침내는 예수님으로서 모든 영광을 두고 내려와 우리와 함께 사시고 우리 대신 죽으셨다.

조는 이제 예수님께서 부활하셨다는 이야기를 했다. 예수님께서 성령을 주셔서 우리 마음에 말씀하시는데, 그 음성은 마음을 녹일 만큼 부드럽고 순종하게 할 만큼 능력이 있다. 하나님은 과거에 말씀하셨을 뿐 아니라 계속해서 말씀하시며, 지금 그 어느 때보다 더욱 말씀하신다.

# 예수님을 맛보다

사실 실제 조의 수업은 이보다 투박했다. 그는 이 내용을 설명하는 도중 여러 번 더듬거렸다. 전달 방식이 건조해서 가만히 있지 못하는 아이들도 있었다. 그러나 나는 예수님께 초점을 맞춘 그의 방식이 과연 옳다고 느끼며 예수님을 구세주로 받아들이라는 마지막 호소가 나오기를 기다렸다. 그런데 그런 호소는 없었다. 대신 기도했다. 오늘 예수님에 관해 배운 내용이 우리 마음에 와닿도록 요청하는 '진짜' 기도로 수업을 마무리했다.

적용부는 어디로 간 걸까? 적어도 어떻게 하면 사무엘처럼 들을 수 있는지는 설명해줘야 하는 것 아닐까? 아니다. 조의 가장 큰 목적은 예수님을 이전보다 조금이라도 더 위대하고 빼어난 분으로 보도록 하는 것이었기 때문이다.

조는 배운 것을 놀이터 생활에 적용하기 위한 토의도 진행했다. 그는 혹시라도 불쾌한 말을 들었을 때, 하나님께서 사무엘에게 어떻게 말씀하셨으며 예수님께서 그들에게 얼마나 풍성히 말씀하셨는지를 기억하라고 권면했다. 못된 말에 경건한 태도로 반응하는 데 도움이 될 만한 권면이었다. 하지만 이것은 규칙이라기보다 마음을 다루는 접근이었다.

조의 적용은 훌륭한 데다 효과적이기까지 했다. 적용에 이르기 전부터 수업을 통해 아이들과 나의 마음을 움직였기 때문이다. 이 적용이 효과적이었던 이유는 선한 삶의 원리가 아니라 예수 그리스도의 십자가가 그리스도인의 삶을 움직이는 엔진이기 때문이다. 단지 예수님을 맛보는 것만으로도 나는 하나님의 음성을 들으려는 의지로 충만해졌다. 조가 "들으라"고 말하는 것에 그쳤다면 불가능했을 일이다. 예수님 안에서의 기쁨 자체가 그의 적용이었던 것이다.


## 예수님만을 아는 것

조는 고린도전서 2:1-5에 담긴 바울의 메시지를 이해했고 나의 이해도 도왔다.

> 형제들아, 내가 너희에게 나아가 하나님의 증거를 전할 때에 말과 지혜의 아름다운 것으로 아니하였나니, 내가 너희 중에서 예수 그리스도와 그가 십자가에 못 박히신 것 외에는 아무것도 알지 아니하기로 작정하였음이라. 내가 너희 가운데 거할 때에 약하고 두려워하고 심히 떨었노라. 내 말과 내 전도함이 설득력 있는 지혜의 말로 하지 아니하고 다만 성령의 나타나심과 능력으로 하여, 너희 믿음이 사람의 지혜에 있지 아니하고 다만 하나님의 능력에 있게 하려 하였노라.

예수님과 십자가 외에는 "아무것도" 가르치지 않겠다는 바울의 선언은 놀랍기 그지없다. 그 외에는 "아무것도" 가르치지 않겠다고? 진심이었을까? 진심이었다면 이 말씀이 교사의 가르침에 시사하는 바는 매우 크다. 본문이 말하는 세 가지 사항을 생각해보자.

**첫째, 메시지의 내용이 중요하다. 그것은 예수님에 관한 것이어야**

**한다.** 고린도는 개인적인 성공이나 종교적 통찰과 관련된 지식을 쏟아내며 돌아다니는 현인들의 거점이었다. 바울은 그중 한 사람이 될 수 없었다. 그리스도의 십자가 메시지는 그런 지식에 비해 훨씬 뛰어나서, 있는 그대로 말하면 되었다. 그의 표현에 따르면, 바울은 힘을 빼고 떨리는 마음으로 설교했다. 십자가 자체가 설교하도록 한 것이다.

적극적인 전달이 나쁘다는 뜻은 아니다. 좀 더 이목을 끄는 표현 방식은 조에게도 도움이 되었을 수 있다. 그러나 조는 중심이 바로 서 있었다. 바울처럼 한 가지에 매진했다. 중요한 것은 십자가에서 죽으신 그리스도였다. 조는 그리스도를 중심에 두기로 결심하고 다른 교훈은 차치했다. 경청은 학교 선생님이나 텔레비전 어린이 프로그램을 통해서도 배울 수 있다. 조는 그보다 훨씬 빼어난 것을 보여줘야 했다. 그리스도께서 지극히 놀라운 방식으로 말씀하셨기에 우리의 들음이 이전과 같을 수 없음을 가르쳐야 했다.

**둘째, 그리스도의 십자가는 그리스도인의 전 생애에 적용된다.** 십자가를 믿어 그리스도인이 되면 그것으로 끝이 아니다. 신앙생활의 틀도 십자가이기 때문이다. 바울은 고린도에서 일 년 반 머물면서 그 시간을 오직 십자가를 가르치는 데 사용했다. 어쩌면 고린도 신자들이 이제 새로운 것을 가르쳐달라고 했을 수 있다. 십자가에 관해서는 알겠으니 다음으로 넘어가도 된다고 말이다. 그러나 십자가의 아름다움은 너무나도 광대해서 평생을 다 바쳐도 지극히 일부만 알 따름이다.

사실 바울은 고린도 교회의 다양한 부분을 다뤘다. 고린도전서만 봐도 분쟁, 성적인 죄, 결혼을 비롯해 머리 모양에 관한 지침까지 제시한다. 그리스도만 전한다고 했던 말은 과장이었단 말인가? 아니다. 교회에서 발생하는 모든 죄를 다루는 가장 강력한 방법이, 그리스도의 십자가를 더 깊이 이해하고 적용하는 데 있다는 뜻이다.

물론 조의 수업에 예수님을 영접하라는 하나님의 부르심을 넣었어도 괜찮았을 것이다. 그러나 그것을 생략하고 예수님의 십자가 이야기를 함으로써 조는 아주 강력한 가르침을 줬다. 십자가가 이미 영접한 아이들에게도 계속해서 필요한 동력임을 보여준 것이다.

**셋째, 이 메시지에 대한 믿음은 하나님에게서 온다.** 하나님의 메시지는 하나님의 방법으로 전하는 것이 옳다. 참된 회개와 영적 성장을 이루는 분이 하나님이시기 때문이다.

내가 십자가를 수업 주제로 삼지 않은 진짜 이유는 그것이 진부하다고 생각했기 때문이었다. 정상적인 수업에 비해 그런 수업은 영적인 척하려고 유난 떠는 것처럼 느껴졌다. 아이들에게 무엇이 가장 효과적인지는 내가 잘 안다고 생각했으며, 어떻게 해야 '내가' 현명해 보일지도 잘 알았다. 하나님을 의지한다고 하면서도 수업을 그분의 생각과 성령의 도구에 맡기기를 두려워했다.

그리스도께서 죽으시고 부활하셨다는 메시지야말로 마음을 변화시키시는 성령의 도구다. 잔소리에는 그런 능력이 없다. 조는 일시적으로 좋은 '행동'을 이끌어내려고 아이들을 구슬리는 대신, 예수님 이야기를 하여 하나님께서 그 메시지를 사용하셔서 좋은 '마음'으로 변화시키실 것을 신뢰했다.

## 유앙겔리온

'좋은 소식' 혹은 '복음'에 해당하는 그리스어 '유앙겔리온'(εὐαγγέλιον)은 성경 시대에 종교적인 단어가 아니었다. 전령이 전해오는 좋은 소식을 뜻하는 말로, 승전이나 왕의 즉위처럼 모든 사람이 듣고 반응해야 할 소식을 표현하는 단어였다. 예수님과 신약성경 저자들은 이 단어를 취해 기독교의 핵심을 표현하는 용어로 사용했다.

누가복음에서 유앙겔리온은 하나님께서 예수님의 오심을 설명하기 위해 선택한 접근 방식이었다. 천사는 목자들에게 이렇게 선언한다. "내가 온 백성에게 미칠 큰 기쁨의 좋은 소식(유앙겔리온)을 너희에게 전하노라"(눅 2:10). 누가는 이 단어를 누가복음과 사도행전에서 스무 번 이상 사용한다.

마가복음의 포문을 연 것도 유앙겔리온이다. "예수께서 갈릴리에 오셔서 하나님의 복음을 전파하여 이르시되, '때가 찼고 하나님의 나라가 가까이 왔으니 회개하고 복음을 믿으라' 하시더라"(막 1:14-15). 이 부분은 아마도 성경에서 예수님의 가르침을 가장 간략히 축약한 대목일 텐데, 오로지 유앙겔리온에 집중되어 있다.

바울은 서신서에서 유앙겔리온이나 그것의 변형된 형태의 단어를 일흔 번 이상 사용한다. 이처럼 복음은 교회의 동력이 되는 가장 중요한 표현이다.

# 그리스도인은 어떻게 다른가?

그렇다면 복음을 어떻게 이해해야 할까? 우선 복음을 보통의 종교처럼 다루면 안 된다. 일반적으로 종교는 신이나 신들이 요구하는 바를 행하는 것이다. 어떤 목표에 이르거나 인정을 얻기 위해 자신의 신념과 방법을 따르는 것이다. 고대 신전에서 이방 신에게 제물을 드리든, 명상을 통해 깨달음을 얻으려 하든 마찬가지다. 무언가를 **얻고자** 무언가를 **행한다.**

인정하자. 기독교도 그런 식으로 제시될 때가 많다. 선한 삶을 살아라, 그러면 만사가 형통할 것이다. 올바른 영적 지략을 얻으라, 그러면 축복받을 것이다. 예수님을 마음에 초청하라, 그러면 구원받을 것이다. 그래서 종교는 다 똑같다고들 하는 것이며, 어떤 면에서 이는 맞는 말이다. 그러나 예수님은 보통의 종교를 들고 온 분이 아니다. 그분은 복음을 들고 오셨다.

나는 과거에 방송사 보도국에서 근무했는데, 그곳에서 가장 가치 있는 뉴스란 시청자의 일상에 즉각 영향을 주는 이야기들이었다. 예를 들어, 폭설이 내린 날이라면 그 지역 뉴스는 폭설 소식으로 시작할 것이다. 그러니까 원리는 이렇다. "이런 일이 일어났는데 이 일은 여러분의 일상을 바꿔놓을 것입니다." 소식은 또한 '내가' 한 일이 아니다. 다른 사람이 행한 것으로서 내게 영향을 미치는 일이다.

복음도 내가 스스로 가치를 증명하기 위해 행한 일 때문이 아니라 예수님께서 나를 위해 하신 일 덕분에 하나님과 관계 맺게 되었다는 소식이다. 기존의 신자에게라면, 복음은 하나님께서 이미 나를 온전히 받아들이셨고 그분의 자녀로 삼으셨다는 소식이다. 나를 위해 십자가에서 죽으신 예수님과 내가 연합했기 때문이다.

복음을 믿는다는 것은 곧 변화된 삶을 뜻한다. 여기에는 논란의 여지가 없다. 갈급한 마음으로 예수님을 굳게 붙들고 그분을 격렬히 좇게 될 것이다. 그런데 그렇게 하는 이유는 예수님 안에 쉼이 있기 때문이다. 순종의 노력은 그가 이미 이루신 일에 대한 반응이지 그의 호의를 얻기 위한 과제가 아니다. 그런 술수는 필요하지 않다. 압박을 느낄 것도 없고 겉치레도 필요 없다.

그러나 전형적인 주일학교 수업은 이렇게 전개되지 않는다. 수년간 내 수업이 그랬듯이, "하나님을 위해 이렇게 살아야 한다"는 잔소리에 그치기 쉽다. 그런 수업은 아이들을 압박하고 가식을 초래할 뿐이다.

우리는 '좋은 소식'(복음) 대신 '좋은 조언'을 전해왔다. 조언이 아무리 훌륭해도 아이들은 결국 싫증을 낸다. 많은 아이가 교회를 떠날 것이며 나머지는 선하고 교인답게는 살되 그리스도를 향한 불은 없을 것이다. 우리는 아이들이 왜 복음을 거절하는지 의아해할 것이다. 그들이 복음의 기초를 충분히 배웠다고 넘겨짚었기 때문이다. 사실 아이들은 복음을 제대로 배운 적이 없었다. 예수님과 그분의 은혜 이야기를 듣기는 했으나 자기 노력의 메시지로 희석된 상태였다. 아이들은 그런 이야기를 들은 것이다.

교사들이여, 우리의 사명은 예수님의 복음을 분명하고 일관되게 선언하여 아이들 중 단 한 명이라도 예수님을 그저 보통의 종교 지도자로 여기는 일이 없게 하는 것이다. 우리의 부르심은 복음에 미친

자가 되는 것이다. 이것을 강조하지 않으면 앞으로 말할 예수님을 가르치는 방법들을 듣고 이렇게 오해할 우려가 있다. "맞아, 아이들에게 예수님처럼 되라고, 그분의 본을 따르라고 가르쳐야 해." 이것이야말로 '보통의' 종교다.

　예수님께서 완벽한 삶을 살아내신 후에 자신처럼 되라는 명령만 덩그러니 남기고 가셨다면, 그런 분은 폭군이 아닌가? 그것은 실패할 수밖에 없는 명령이다. 우리 삶은 얼마나 많은 낙담과 걱정으로 점철될 것인가! 얼마나 가식적인 삶이 되겠는가! 우리 소망의 중심은 예수님의 '명령만'이 아니라 그분의 구원 사역 '전체'에 있다. 이 '복음'을 쏟아붓지 않는다면 아이들은 끊임없이 어떤 기준에 부합하려고 애쓰는, 압박감 가득한 태도에서 벗어나지 못할 것이다.

　복음에 관해 한 가지만 더 말하자면, 누구나 복음을 가르치는 일에 서툴다. 우리는 모두 자기 힘으로 하나님 앞에 나아가려는 경향을 지닌 채로 생을 시작한다. 따라서 모든 사람이 그런 일차적 본능을 거스르면서 가르치는 법을 배워야 한다.


## 예상되는 질문

Q: 교사용 지도서에 나오는 수업 요지에 따라 가르치거나, 그냥 어린이 묵상집을 읽어주면 안 되나요? 저보다 교재를 출판하는 분들이 아이에게 꼭 필요한 내용을 잘 알지 않을까요?

A: 출판된 교재 중 비교적 괜찮은 것도 있습니다. 잘 찾아보면 내용이

괜찮은 교재가 꽤 나올 겁니다. 그런데 항상 교재 그대로 가르치는 교사는 거의 없습니다. 대부분은 교재를 출발점으로만 삼고 각자에게 맞는 내용을 취사 선택합니다. 내용을 바꾸고 자기만의 통찰을 넣고 적당한 활동을 추가하기도 합니다. 교사에게 중요한 것과 아이들이 중요하게 여기는 것에 관해 아이들과 대화를 나눕니다. 훌륭한 가르침은 개인적인 것입니다. 그러므로 출판된 교재를 사용하려면 복음을 지침 삼아 아이들에게 딱 맞도록 내용을 다듬어야 합니다.

Q: 그러다가 예수님에 관해 잘못된 내용을 가르치면 어떡하죠?

A: 수업 내용을 한 번이라도 더 고민해보고 예수님에 관해 스스로 배운 내용을 나눌 만큼 열의 있는 교사가 소심한 교사보다 백번 낫습니다. 실제로 예수님 중심으로 수업하려고 자꾸 노력하다 보면 결과적으로 어설프게 잘못 가르칠 수 있습니다. 그런 잘못은 피하려고 애써야 하며, 이 책의 후반부가 그에 도움이 될 것입니다. 그래도 여전히 실수는 할 수 있는데요, 괜찮습니다. 그보다 더 큰 실수는 성경을 가르치면서 예수님을 전혀 드러내지 못하는 것입니다.

Q: '하나님 중심'으로 수업하라는 표현이 낫지 않나요? 예수님께만 초점을 맞추다 보면 하나님에 관한 내용을 잔뜩 빼먹는 것 아닐까요?

A: 제자들도, 심지어 예수님 앞에서 똑같은 말을 했습니다. "빌립이 이르되, '주여, 아버지를 우리에게 보여주옵소서. 그리하면 족하겠나이다.' 예수께서 이르시되, '빌립아, 내가 이렇게 오래 너희와 함께

있으되 네가 나를 알지 못하느냐? 나를 본 자는 아버지를 보았거늘 어찌하여 아버지를 보이라 하느냐? 내가 아버지 안에 거하고 아버지는 내 안에 계신 것을 네가 믿지 아니하느냐? 내가 너희에게 이르는 말은 스스로 하는 것이 아니라, 아버지께서 내 안에 계셔서 그의 일을 하시는 것이라'"(요 14:8-10). 물론 우리는 성경 전체를 통해 하나님의 전모를 파악하지만 하나님을 가장 온전히 드러내는 것은 예수님이십니다. 성경에 "하나님의 영광을 아는 빛이 예수 그리스도의 얼굴에 있다"(고후 4:6)라고 나오지요. 예수님께 초점을 맞추는 것이 하나님을 중심에 두는 것입니다. 또한 예수님을 사랑하는 것이야말로 우리가 상상할 수 있는 가장 경건한 행동입니다. 성부는 성자를 완전하게, 영원토록 사랑하셨습니다. 예수님을 사랑하는 것은 아버지 하나님을 무시하는 것이 아니라 그분의 모습을 닮아가는 것입니다. 신학자 존 오웬은 이렇게 표현했습니다. "예수 그리스도에 대한 사랑만큼 우리를 하나님과 닮게 하는 것은 없다. 그분은 하나님께서 사랑하시는 가장 주된 대상이기 때문이다. 하나님의 영혼은 그분 안에 머물며 그분을 늘 기뻐하신다."[2]

Q: "예수님을 마음에 초청하라, 그러면 구원받을 것이다"가 복음이 아니라니요? 제가 혹시 잘못 읽은 것 아닌가요?

A: 아이들이 예수님께 믿음으로 반응해야 하는 것은 사실입니다. 그렇게 하라는 부름이 복음의 일부인 것도 맞습니다. 그러나 복음은 단지 '예수님을 초청하는 것' 이상입니다. 우리는 너무도 쉽게 믿음을 '어떤 기도를 드리는 것'과 같은 사소한 요건으로 바꿉니다. 그러

면 믿음은 결국 외적으로 행해야 하는 무언가로 변질하고 맙니다. 오순절 날 베드로는 '예수께서 행하신 일'이라는 복음을 설교했습니다(앞에서 말한 조처럼 구약 본문을 사용했지요). 그는 다짜고짜 행위적 반응을 요구하기보다 우선 복음을 전해 그것이 마음의 반응으로 이어지게 했습니다. "그들이 이 말을 듣고 마음에 찔려 베드로와 다른 사도들에게 물어 이르되, '형제들아, 우리가 어찌할꼬?' 하거늘"(행 2:37). 베드로는 그제야, 하나님께서 이미 그들 안에서 행하고 계신 구원 역사에 반드시 필요한 요소인 회개와 세례를 권했습니다. 복음이 믿지 않는 이들의 마음속에서 어떻게 역사하는지는 3장에서 더 자세히 설명하겠습니다.

Q: 사무엘은 경청하는 어린이의 훌륭한 본보기가 맞는 것 같은데, 왜 그렇게 가르치면 안 되나요?

A: 그렇게 가르쳐도 됩니다. 그 내용에는 문제가 전혀 없습니다. 실제로 성경 이야기는 유용한 본보기를 제시해줍니다. 그러나 아이들이 그들에게 가장 필요한 복음 대신 행위적 교훈만 얻고 마는 경우가 너무 많습니다. 우리에게 말씀하시는 위대한 하나님을 먼저 발견하지 못한 채로 경청했던 사무엘 이야기부터 듣게 되면, 아이들은 '어떤 행위를 해야 할까' 염려하는 방식으로 하나님과 관계 맺기 십상입니다. 조의 수업에서도 말씀을 놀이터 생활에 어떻게 적용할지 논의하는 시간이 중요했습니다. 3,000년 전 사무엘에게 임한 하나님의 말씀이 오늘날 예수님의 제자들에게도 매우 중요함을 보여줄 뿐 아니라, 아이들이 진리를 믿고 행하도록 격려했기 때문입니다.

하나님께 순종하도록 아이들에게 도전을 주는 것은 좋습니다. 다만 단순한 도덕주의적 동기에서가 아니라, 예수님에 대한 사랑 가운데 믿음으로 반응하게 해야 한다는 겁니다.

　　말씀하시는 하나님을 강조하지 않아도 좋습니다. 사무엘 이야기에는 다른 주제도 많습니다. 이를테면 '불의를 종식하겠다는 하나님의 결의'나 '좋은 왕을 예비하심'(사무엘상 전체의 넓은 주제) 등의 주제를 다뤄도 예수님으로 이어지는 좋은 수업이 될 수 있습니다. 그런 수업을 구성하는 구체적인 방법은 6장에서 설명하겠습니다.

Q: 조의 방식은 제게 너무 어렵게 느껴집니다. 저는 절대로 그런 수업을 준비하지 못할 거예요.

A: 못해도 됩니다. 사실 조는 많은 연습을 거듭해온 대단히 노련한 교사였습니다. 작게 시작하셔도 좋습니다. 수업마다 한두 가지 방식으로라도 예수님의 복음을 적용하는 것부터 시작하세요. 시간을 두고 점점 그것을 발전시키세요. 바울도 자신이 특별히 복음을 잘 가르친다고 생각하지 않았습니다. 말씀 안에 능력이 있습니다. 예수님의 복음을 알고 그것을 전하려는 용기만 있다면, 언변과 상관없이 하나님 나라의 확장을 위해 대단한 은사를 받은 것입니다.

## 즉시 실천하라

생각했다면 즉시 행동에 옮기는 것이 좋다. 이런 생각들을 곧바로 적용할 수 있는 방법은 무엇일까? 아래의 방안 중에 골라서 실천해볼 수 있을 것이다.

### 교사의 경우

수업이든 토의든 예배든 앞으로 인도할 모임에서 예수 그리스도의 십자가를 구체적으로 어느 시점에 언급할지 정하라. 이렇게 하다 보면 학생들이 예수님을 발견하도록 돕는 것 외에도 다음 두 가지 면에서 도움이 된다. 1) 그리스도인의 삶의 모든 부분과 십자가를 연결할 방법을 찾는 데 익숙해진다. 2) 십자가에 관해 이야기하는 것이 익숙해지기 전까지는 어색할 수 있는데, 그 일에 차차 편안함을 느끼게 된다. 어떤 시간을 인도할 때마다 매번 계획적으로 실천하라. 예수님이 우리를 위해 죽으셨다는 이야기를 하는 것이 수월하고 자연스러워질 때까지 계속 반복하라.

　매 수업에서 아이들에게 예수님을 보여주는 일에 헌신된 다른 교사를 찾으라. 그의 수업을 참관하라. 그가 복음을 가르치기 위해 썼던 방법을 메모하라. 배울 만한 점들을 말이다. 잘못한 점을 비평하는 것이 아니라 좋은 점을 배우는 것이 목적임을 기억하라. 좋았던 점을 본인에게도 말해주라!

## 부모의 경우

예수님께서 우리를 위해 죽으셨다는 이야기를 자녀와 나누는 것이 불편하다면, 지금 당장 십자가 이야기를 하는 습관을 들이면서 상황을 바꿔가라. 가정 예배 시간에나 차 안에서 대화할 때나 다른 상황에서 꾸준히 화제로 삼아보라. 따로 시간을 내기 어렵다면 식사 기도나 잠들기 전 기도에 덧붙이기만 해도 좋다. 이를테면 이런 식으로 기도하는 것이다. "하나님 아버지, 우리를 위해 죽으신 아들 예수님을 주셔서 감사합니다." 표현은 바꿔도 좋지만 반드시 '날마다' 이런 기도를 드리라. 예수님에 관해 다른 이야기도 나눠 버릇하라. 집에서 십자가 이야기를 하는 것이 자연스러워지고 더 이상 이상하게 느껴지지 않을 때까지 하라.

## 조부모의 경우

손주들을 정기적으로 만나지 못한다면 한 명 한 명에게 편지를 쓰라. 고린도 교인들에게 쓴 바울의 편지처럼 예수님에 관한 이야기를 반드시 포함하라. 아이들은 원래 편지 받는 것을 무척 좋아하는데, 할머니 할아버지에게 온 것이라면 더욱 좋아할 것이다.

## 모든 사람의 경우

앞으로 며칠 동안 개인 묵상 시간에 사무엘 이야기(삼상 3장)를 묵상해 보라. 다음 세 단계로 하라.

1. 인식: 본문 안에서 하나님께서 행동하신 방식을 인식하라. 이

장에서 말한 것보다 더 많은 내용을 찾을 수 있으니 그것들을 적어보라.

2. **묵상**: 예수님께서 신약성경 안에서뿐 아니라 오늘날에도 같은 방식으로 행동하신 예들을 묵상해보라. 그런 구원자가 되어주신 것에 감사하라.

3. **나눔**: 자녀들과 단독으로 있을 때나 수업 후 시간이 조금 남았을 때, 사무엘서를 묵상했던 시간과 그때 배운 것에 관해 나눠보라. 예수님을 보기 원하는 교사의 갈망을 아이들이 직접 보게 하라.

매일 죄를 범하는 자들이

평생 하나님과 화평하다는 것은

그리스도의 보혈 안에 있는 복음의 위대한 신비다.

-존 오웬[1]

## 2장

# 하나님의 성적표

복음은 무엇과도 비교할 수 없다

그날은 성탄절 다음 주일이라서 전형적으로 그 무렵에 오는 학생들이 모여 있었다. 기존 학생 중에는 빠진 아이가 많았다. 대신 다른 지역에 가지 않은 일부 학생이 집에 방문한 사촌들을 주일학교에 데려왔다.

이렇게 방문한 아이 중 니콜이라는 중학생이 있었다. 니콜은 교회를 편하게 느끼는 것 같았다. 함께 둘러앉아 기도도 하고 찬양도 곧잘 따라 불렀다. 우리 반은 성탄절 전까지 누가복음에 기록된 예수님의 탄생을 주제로 공부해온 터라 내용을 복습했는데, 니콜도 자신이 아는 것을 열심히 나눴다. 나는 이 아이가 복음을 잘 이해하고 있으리라고 생각했다. 교회에서 자란 아이 같았기 때문이다.

## 순종하신 유일한 분

성탄절 이후 첫 수업에서는 계속해서 누가복음을 통해 예루살렘을 방문한 열두 살 예수님 이야기를 살펴봤다. 이때 나는 이미 매주 복음 가르치는 것을 시작한 후였다. 그래서 아이들에게 예수님 탄생 이야기에 등장하는 인물들이 아기 예수를 "우리 죄를 용서하실 구세주", "하나님의 아들", "영원한 왕"으로 칭했다는 사실을 상기시켰다. 그리고 이렇게 물었다. "그런데 예수님 스스로 자신에 관해 어떻게 말씀하셨는지 아는 친구 있나요? 성경에서 예수님이 직접, 자신이 오신 이유를 알린 첫 말씀은 무엇이었을까요?"

물론 그 답은 예수님께서 부모님과 함께 예루살렘을 방문하신 이 야기에 나온다. 부모님은 집으로 돌아가는 길에 예수님이 사라진 것을 깨닫는다. 사흘 동안 찾아다니고 나서야 성전에서 예수님을 발견하는데, 이 대목에서 기록으로 남겨진 그분의 첫 말씀이 나온다. "내가 내 아버지 집에 있어야 될 줄을 알지 못하셨나이까?"(눅 2:49) 여기에는 많은 의미가 담겨 있다. "아버지의 집"은 성전만을 지칭한 것이 아니다. 아버지의 집에 있다는 것은 아버지의 일을 행한다는 뜻이었다. 순종하는 것, 아버지께서 맡겨 보내신 일을 행하고 완수하는 것이다.

예수님은 부모님과 집으로 돌아가셨고 부모님을 "순종하여 받드셨다"(눅 2:51). 누가복음 이야기가 펼쳐질수록, 순종을 위한 대가는 명백해졌다. 예루살렘을 마지막으로 방문하셨을 때도 예수님은 그곳을 떠나지 않고 머무셨다. 위험으로부터 도망치는 대신 성벽에서 불과 몇 걸음 떨어진 곳, 군인들이 잡으러 올 줄 아셨던 그 장소로 가셨다. 바로 겟세마네였다. 그곳에서 예수님은 기도하셨다. "내 원대로 마시옵고, 아버지의 원대로 되기를 원하나이다"(눅 22:42).

나는 큰 그림을 보여주기 위해 이것을 다 설명했다. 누가는 어린 이들도 공감하고 따를 만한 본보기를 보여주려고 예수님의 열두 살 때 기록을 남긴 것이 아니다. 그보다는 하나님의 율법과, 십자가를 통한 하나님의 구원 계획 모두에 온전히 순종하신 구세주의 초상을 그려내어 우리를 그저 놀라움 가운데 바라보게 한다. 핵심은 '우리도 순종해야 한다'는 것이 아니라 '예수님께서 순종하셨다'는 것이다.

명쾌한 이야기라고 생각했는데 니콜이 혼란스러워했다. 나는 비록 우리가 부모님과 하나님께 불순종할 때도 많지만, 그리스도인이라면 그럼에도 불구하고 다음번에 꼭 순종할 것을 확신하고 즐거워하며 고대할 수 있다고 설명했다. 우리의 삶을 하나님께서 기뻐하시는 것으로 만들기 위해 우리 대신 순종하여 죽으신 예수님께 우리가 속했기 때문에 이것이 가능하다고도 말했다. 이해에 도움이 되리라고 생각했다.

그러나 오산이었다. 니콜은 예수님의 순종이 하나님께서 자신을 어떻게 생각하시는지와 연관될 수 있다는 것을 납득하지 못했다. "그건 말도 안 돼요." 마침내 니콜이 말했다.

나는 무슨 말을 해야 할지 잘 생각이 안 나서 잠시 가만히 있었다. 그러다가 교구 상자 안에 도움이 될 만한 보조 자료가 있음을 깨달았다. 아이들에게 양해를 구한 후 자료를 찾으려고 상자를 뒤졌다. 생각한 대로 하나님의 성적표가 들어 있었다.

## 사전 경고

니콜 이야기는 이 장 후반부에 다시 하기로 하고, 그 전에 내가 말하려는 '복음'의 의미를 충분히 설명해야 할 것 같다.

먼저 경고부터 하고 싶다. 복음은 모든 사람을 불쾌하게 한다. 어느 순간에는 우리도 불쾌함을 느낄 것이다. 십자가의 참혹함, 구원이 완전히 거저 주어진다는 사실, 자기 주도적인 삶을 포기해야 한다는 것 등 다양한 이유가 있을 수 있다. 아니면 전혀 다른 이유일 수도 있다. 어쨌거나 솔직한 사람이라면 어느 순간에는 분명 "잠깐, **이것 별로인데?**"라고 말하게 될 것이다.

바울도 바로 그 이야기를 했다. "유대인은 표적을 구하고 헬라인은 지혜를 찾으나 우리는 십자가에 못 박힌 그리스도를 전하니, 유대인에게는 거리끼는 것이요 이방인에게는 미련한 것이로되, 오직 부르심을 받은 자들에게는 유대인이나 헬라인이나 그리스도는 하나님의 능력이요 하나님의 지혜니라"(고전 1:22-24).

1세기 유대인과 그리스인들은 오래전에 사라지고 없지만, 그런 유형의 사람들은 여전히 존재한다. 그리스인은 세상 물정에 밝은 이들로서, 여전히 피 흘리는 제사가 횡행하는 구식 종교를 믿는 이들보다 자기들이 훨씬 똑똑하다고 여겼다. 그들의 계몽된 감성에 십자가는 어울리지 않았다. 하나님께서 아들을 보내 죽게 하셨다는 이야기는 원시적이고 무분별한 어리석음이었다. 그것이 세상에서 앞서나가는 데 무슨 도움이 되겠는가?

반면 유대인은 제사를 문제 삼지는 않았으나, 지키기 힘든 자기 의와 종교의식에 대한 신뢰를 내려놓지 않았다. "어찌 그러하냐? 이는 그들이 믿음을 의지하지 않고 행위를 의지함이라"(롬 9:32). 유대인은 하나님께 잘 보이기 위해 '무언가를 해야 한다'는 생각을 고집했다.

내가 아는 교인의 대다수가 말로는 십자가를 인정하나 그들의 마음 깊은 곳은 그리스인이나 유대인과 비슷하다. '그리스인'에게 십자가는 창피한 것이다. 그것은 죄와 하나님의 진노에 관한 것이며, 모든 규칙을 정하는 어떤 신에게 복종해야 한다는 뜻이다. 그렇게 부정적인 이야기는 하지 않는 편이 낫지 않을까? 반면 '유대인'에게 십자가는 위험한 것이다. 그들의 세련된 기도와 종교 행위가 그저 그들을 하나님으로부터 멀리 떨어뜨려놓을 뿐일 때도 있음을 뜻하는 무서운 생각이다. 우리가 유지해온 교인다운 습관과는 아무 상관도 없이, 하나님께서 우리가 지은 평생의 죄를 십자가에서 사해주신다는 생각은 당혹스럽다. 십자가에서 모든 것이 해결되었다면 어떻게 남과 비교해서 좁은 길에 있다고 평가받을 수 있겠는가?

두 유형 모두에게 십자가는 구석으로 밀어두는 것이 최선이다. 너무 불편하고 충격적이기 때문이다.

이런 이유로 우리는 십자가를 경시할 수 있다. 그러면 누구에게도 불쾌감을 주지 않을 수 있다. 나도 여러 해 동안 십자가 주변을 조심스레 맴돌기만 했다. 그러나 이런 태도는 복음에 대한 모욕이다. 나는 하나님께서 실로 '모든 사람'에게 충격을 안겨주도록 십자가의 구원을 설계하셨음을 깨닫기 시작했다.

자, 이제 경고를 전했다. 지금 내가 참된 복음을 가르치고 있는지 확인할 수 있는 한 가지 기준은, 그것이 나에게 주는 모욕감과 개인적으로 씨름해왔느냐다. 또 다른 기준은 조만간 누군가가(심지어 교회의 중추 인물일 수도 있다) 내 수업 이야기를 듣고 항의하느냐다.


## 복음이란 무엇인가?

복음은 대단히 많은 것을 망라하지만 고린도전서 15장 초반부에 아주 잘 요약되어 있다.

형제들아, 내가 너희에게 전한 복음을 너희에게 알게 하노니, 이는 너희가 받은 것이요 또 그 가운데 선 것이라. 너희가 만일 내가 전한 그 말을 굳게 지키고 헛되이 믿지 아니하였으면 그로 말미암아 구원을 받으리라. 내가 받은 것을 먼저 너희에게 전하였노니, 이는 성경대로 그리스도께서 우리 죄를 위하여 죽으시고 장사 지낸 바 되셨다가 성경대로 사흘 만에 다시 살아나사(고전 15:1-4).

이제 바울이 "**먼저**(혹은 가장 중요한 사안으로서) 너희에게 전하였다"고 한 것의 정수라고 할 수 있는, "그리스도께서 우리 죄를 위하여 죽으시고"라는 단순한 구절을 중심으로 논의해보도록 하자. 우리는 다음의 세 단계를 거쳐 복음의 중심부로 들어갈 것이다.

1. 그리스도께서
2. 죽으시고
3. 우리 죄를 위하여

**복음은 예수 그리스도에 관한 것이다**

복음이란 영원하신 하나님의 아들이 예수라는 이름의 살아 숨 쉬는 인간이 되셨으며, 그가 죽으시고 부활하셨으며, 오늘날까지 살아 계신다는 실제 소식이다. 고린도전서 15장을 계속 읽어보면 바울은 부활하여 육신으로 계신 예수를 직접 목격한 사람을 하나하나 열거한다.

　예수님의 죽음과 부활은 하나님을 사랑하게 도와주는 감동적인 이야기 이상이다. 물론 하나님을 사랑하게 돕는 것도 사실이지만, 그것은 십자가가 하나님을 향한 우리의 사랑에 불붙이는 실제적인 사랑의 행위이기 때문이다. 예수님께서 실존하시며 부활하신 구세주로서 그분의 모든 백성을 구원하시기 때문이다.

예수님은 말 한마디로 맹렬한 폭풍을 잠잠하게 하시고, 바로 다음 장에서 나병 환자의 곪은 피부를 사랑으로 만져주신 그런 분이다. 허풍쟁이 종교인들은 "마귀의 자식"이라고 부르셨지만, 창녀들에게는 "너희가 죄 사함을 받았다"고 말씀하셨다. 죽은 자를 살려주시고도 찬사를 다른 데로 돌리셨다. 놀라운 분이다.

예수님의 칭호인 그리스도는 '기름 부음 받은 자'라는 뜻이다. 성경 시대에는 제사장, 예언자, 왕이 기름 부음을 받았다. 예수님도 우리의 제사장으로서 아버지와 우리를 이어주시지만 그분의 역할은 여기서 그치지 않는다. 그분은 가장 뛰어난 예언자이자 교사여서 우리는 그분으로부터 하나님의 신비를 배운다. 그분은 또한 우리를 창조하신 왕이자, 우리가 전적인 충성을 맹세해야 할 영원한 보호자시다. 인간의 몸이 된 지혜, 선한 목자, 주의 주 왕의 왕이시다. 바로 그런 분께서 우리 죄를 사하려고 죽으셨다.

## 복음은 예수님의 죽음과 부활에 관한 것이다

복음이 그리스도인의 삶의 모든 부분에 스며든다는 것을 생각하면 이는 좁은 정의다. 그러나 좁은 정의가 유익하다. 더 많은 것을 받아들이기 위해 시야를 넓히는 순간에도 우리의 초점만큼은 반드시 십자가와 부활에 머물게 하기 때문이다.

하나님의 구원 역사는 모두 서로 연결되어 있다. 십자가 사건보다 훨씬 전에 일어난 몇 가지 중대한 사건도 복음에 포함된다는 뜻이다. 하나님께서 "창세 전에"(엡 1:4) 우리를 예수님 안에서 택하셨다. 구약 성경 이야기들, 율법서, 예언서, 지혜서 속에서 구원은 이미 역사하고 있었다. 따라서 넓은 의미에서는 그것도 다 복음이라고 부를 수 있다. 그러나 천사의 무리가 목자들을 찾아오고 예수님께서 사역을 시작하시기 전까지는 복음이 분명하게 선포되지 않았다. 십자가 사건이 일어나기 전까지는 그것이 온전히 실현된 모습을 볼 수 없었다.

마찬가지로 예수님의 승리는 부활 '이후'에 새롭게 우리에게 적용된다. 이는 복음의 범위를 생각할 때 잊어서는 안 되는 부분이다. 예수님께서는 우리를 변호하고 다스리기 위해 하늘로 올라가셨다. 우리는 자녀로 입양되었고 성령 안에서 거룩함과 장래의 영광을 얻었다. 그런데 이 모든 것은 예수님께서 십자가에서 완수하신 사역에서 비롯한다. 그래서 나는 바울이 "먼저"라고 이야기한 좁은 의미의 복음을 이야기할 때가 많다. 특히 우리의 지속적인 선행은 보통 복음 자체와 분리해서 생각하는 것이 유익하다. 설사 우리가 하나님 나라를 위해 생명까지 바친다고 해도 그것은 예수님께서 주신 생명의 반향일 뿐이다.

**복음은 예수님께서 우리 죄를 위해 죽으셨다는 것이다**

예수님께서는 완벽한 삶을 살았으므로 정죄 받으실 것이 전혀 없었지만 대속물로서 우리 자리에 서셨다. 이는 우리가 여전히 죄를 짓지만, 그 와중에도 죄를 미워하는 거룩하신 하나님의 온전한 용납과 사랑을 받을 수 있다는 의미다.

복음을 가르치는 교사는 하나님의 요구를 듣기 좋게 돌려 말해서는 안 된다. 성경은 죄를 하나님과 우주에 존재하는 모든 아름다운 것에 대한 인간의 의지적 반항으로 묘사한다. 하나님은 성부, 성자, 성령이시며 각 위격이 서로를 사랑하신다. 하나님께서는 이 삼위의 사랑을 비춰내면서 그분의 좋은 세상을 돌보게 하려고 우리를 창조하셨다. 그러나 우리는 창조주를 거절하고 그분의 아름다움 대신 우리의 이익과 노력을 택했다. 우리의 간음이 하나님의 세상에 지독한 악취를 풍겼다. 집에 죽은 스컹크가 있다면 당연히 없애버리는 편이 좋을 것이다. 마찬가지로 하나님께서 우리를 멸하셔도 할 말이 없었을 것이다.

그러나 하나님께서는 우리를 멸하지 않으셨다. 대신 예수님께서 우리 자리에 서서 죄의 고통을 모두 감당하셨다.

- 죄가 있다는 것은 죽을 운명에 처했다는 의미다. 그러나 예수님께서 죽으심으로 우리에게 영원한 생명을 주셨다. "예수께서 우리를 위하여 죽으사, 우리로 하여금 깨어 있든지 자든지 자기와 함께 살게 하려 하셨느니라"(살전 5:10).
- 죄가 있다는 것은 저주를 받았다는 의미다. 그러나 예수님께서 저주를 받으심으로 우리를 복되게 하셨다. "그리스도께서 우리를 위하여 저주를 받은 바 되사, 율법의 저주에서 우리를 속량하셨으니"(갈 3:13).
- 죄가 있다는 것은 수치를 당했다는 의미다. 그러나 예수님께서 십자가의 수모를 견디심으로 우리를 존엄하게 하셨다. "이제는 그의 육체의 죽음으로 말미암아 화목하게 하사, 너희를 거룩하고

흠 없고 책망할 것이 없는 자로 그 앞에 세우고자 하셨으니"(골 1:22).

- 죄가 있다는 것은 죄책이 있다는 의미다. 그러나 예수님께서 정죄와 형벌을 받으심으로써 우리가 무죄를 선고받게 되었다. "우리를 거스르고 불리하게 하는 법조문으로 쓴 증서를 지우시고 제하여 버리사 십자가에 못 박으시고"(골 2:14).

- 죄가 있다는 것은 하나님의 원수가 되었고 그분의 진노를 받아 마땅하다는 의미다. 그러나 예수님께서 진노를 자신에게 돌리심으로써 우리로 하나님의 호의를 얻게 하셨다. "곧 우리가 원수 되었을 때에 그의 아들의 죽으심으로 말미암아 하나님과 화목하게 되었은즉"(롬 5:10).

- 죄가 있다는 것은 하나님과의 교제로부터 차단되었다는 의미다. 그러나 예수님께서 십자가에서 홀로 죽임을 당하심으로써 우리로 다시는 혼자가 되지 않게 하셨다. "그리스도께서도 단번에 죄를 위하여 죽으사 의인으로서 불의한 자를 대신하셨으니, 이는 우리를 하나님 앞으로 인도하려 하심이라"(벧전 3:18).

- 죄가 있다는 것은 지속적인 행복을 얻을 가망이 없다는 의미다. 그러나 예수님께서 우리에게 영원한 기쁨을 주시려고 슬픔을 당하셨다. "그는 실로 우리의 질고를 지고 우리의 슬픔을 당하였거늘"(사 53:4).

영적으로 고약한 냄새를 풍길 뿐 아니라 하나님을 기쁘시게 할 수 없던 우리는 이제 부활하신 구세주를 자유로이 섬길 수 있게 되었다.

"그가 모든 사람을 대신하여 죽으심은, 살아 있는 자들로 하여금 다시는 그들 자신을 위하여 살지 않고 오직 그들을 대신하여 죽었다가 다시 살아나신 이를 위하여 살게 하려 함이라"(고후 5:15). 그야말로 놀라운 전환이다.

하나님께서 이렇게 하신 이유가 무엇일까? 그가 우리에게 독생자를 주시고 형벌, 죽음, 외면, 수치 등을 당하게 하신 이유는 **우리를 사랑하시기 때문이다**. 성부가 성자를 향하여 품으신 것과 같은 영원하고 완벽한 아버지의 사랑을 하나님께서 우리에게도 베풀어주신다.

## 울음을 터뜨린 아이

우리가 구원받았음을 아는 것은 대단히 중요하다. 지옥에 갈 위험에 빠진 적이 없다고 생각한다면 예수님을 동경할 수는 있어도 사랑할 수는 없다.

한번은 유치부 아이들을 가르치다가, 우리가 때로는 화를 낸다는 화제로 이어진 적이 있다. 한 아이는 예수님께서 '누구든 화를 내는 사람은 지옥에 가게 될 것'이라고 말씀하셨다고 외쳤다. 나는 그와 비슷한 말씀을 하신 것은 사실이라고 말해줬다.

그때 다른 아이가 울음을 터뜨렸다. 아차 싶었다. 죄와 심판에 관해 너무 많이 이야기를 한 것이 틀림없었다. 이제 어떻게 해야 할까? 화제를 복음으로 돌려야 한다는 생각이 들었다. 그래서 이렇게 말했다. "맞아요. 예수님께서는 부당한 이유로 화를 내는 사람이 하나님의 벌을 받아 마땅하다고 하셨어요. 하지만 예수님은 한 번도 부당한 이유로 화를 내신 적이 없어요. 그렇다면 누가 벌을 받아야 할까요? 우리인가요, 예수님인가요?"

"우리요." 아이들은 대답했다.

"그런데 실제로는 누가 벌을 받았죠? 누가 십자가에서 죽으셨죠?" 내가 물었다.

"예수님이요."

"맞아요, 예수님께서 이미 벌을 받으셨어요. 그러니까 하나님께서는 예수님을 믿는 사람이라면 화를 낼 때가 있더라도 벌하지 않으세요. 예수님께서 이미 대신 벌을 받으셨기에 여러분을 다시 벌하는 것은 공평하지 못한 일이 되거든요."

울고 있던 아이가 고개를 들었다. 몇 초간은 진지하게 하는 말인지를 확인하려고 나를 가만히 살피는 것 같았다. 그러더니 미소를 지었다. 너무나도 환한 미소였다. 이번에는 내가 울음을 터뜨릴 뻔했다.

이런 순간은 수년간의 교사 사역에 보람을 느끼게 해주는 보상과 같다. 단순히 '예수님께서 우리를 위해 죽으셨다'는 사실만 가르쳤다면 이런 순간은 없었을 것이다. 아이도 그런 이야기라면 이미 많이 들어봤을 테니 말이다. 그러나 이번에는 먼저 하나님의 거룩하심 앞에서 자기 죄에 대한 날카로운 찔림(구원의 필요성)을 경험했기 때문에 복음이 기쁨을 가져다준 것이다. 아이의 미소는 예배였다. 그 순간, 예수님께서 아이에게 더 크신 분이 되셨다.

# 그리스도인답게 서는 법

복음은 형벌을 피하는 것일 뿐 아니라 새로운 삶이기도 하다. 고린도전서 15장에서는 복음을 "굳게 지켜야 한다"고 말한다. 복음이 선포되고 받아들여졌다면 이제 '그 가운데 서야' 한다. 예수님 안에서 우리는 하나님 앞에 설 자격을 얻었고, 그분의 명령대로 행하며, 그분의 돌보심을 누린다. 이것이 현재 진행형이라는 사실에 주목하라. 우리는 날마다 계속해서 복음 안에 선다. 복음은 지속적으로 가치가 있다.

복음은 우리가 행하는 일이 아니라 예수님께서 이미 행하신 일이지만, 그것은 우리를 행동으로 이끈다. 여기에 관한 바울의 설명을 보자. "너희는 그 은혜에 의하여 믿음으로 말미암아 구원을 받았으니, 이것은 너희에게서 난 것이 아니요 하나님의 선물이라. 행위에서 난 것이 아니니 이는 누구든지 자랑하지 못하게 함이라. 우리는 그가 만드신 바라. 그리스도 예수 안에서 선한 일을 위하여 지으심을 받은 자니, 이 일은 하나님이 전에 예비하사 우리로 그 가운데서 행하게 하려 하심이니라"(엡 2:8-10).

우리가 받은 구원은 너그럽고 온전하다. 과연 우리는 오직 은혜로 구원을 얻은 것이 맞다. 그러나 하나님께서는 악취 나는 우리에게도 사랑이 필요하다는 것과, 그런 악취를 벗어버려야 한다는 사실 모두를 알고 계신다. 그러므로 우리에게서 구세주를 향한 참된 예배가 터져나오는 것과 더불어, 선한 일을 하는 사람으로 거듭나는 것도 하나님의 구원에 포함된다.

우리는 **그리스도 예수 안에서 창조되었다.** 그분과 믿음으로 연합하여, 전에는 상상도 할 수 없던 일을 할 수 있게 된다. 진정으로 사심 없이 일하기 시작한다. 하나님의 사랑을 얻는 데는 한 푼의 가치도 없는 일이지만, 우리가 그리스도 안에 있기에 하나님께서는 그런 일을 하는 우리를 기뻐하신다. 감사한 마음에서 하는 우리의 서툰 행위를 그분을 향한 제물로 받으신다. 우리가 구원받은 것은 "종신토록 주의 앞에서 성결과 의로 두려움이 없이 섬기기" 위함이다(눅 1:75).

복음은 우리를 치유한 후에 우리에게 능력을 준다. 하나님과 이웃을 섬기고 싶은 열정을 준다. 성령께서 예수님 안에 있는 우리의 위치와 능력을 점점 더 보여주며 우리 안의 복음이 자라게 하실 때, 그 복음은 평생 계속해서 우리를 새롭게 한다. 이것이야말로 모든 교사가 학생들을 위해 바라는 바다.


## 하나님께서 성적을 주신다면

앞에서 이야기한 니콜과 다른 아이들은 예수님의 순종이 왜 자신에게 중요한지를 이해하지 못했다. 그것은 일상에 별 영향을 미치지 못하는 사소한 교리 정도로 들릴 뿐, 설득력이 없었다.

나는 교구 상자에서 서류 봉투를 꺼내 아이들에게 보여줬다. 봉투 위에는 '성적표'라고 쓰여 있고 그 아래에는 이름 적는 칸이 있었다. 나는 거기에 '나'라고 적었다.

"이것이 여러분의 성적표라서 하나님께 보여드려야 한다고 생각해보세요. 학교 과목 대신 다섯 개의 경건 과목에 대한 성적을 받는 거예요. '부모님에 대한 순종', '관대함', '친절함', '정직하게 말하기', '나를 가장 나중에 생각하기'라는 과목이죠. 지금까지 여러분의 성적은 어떨까요?" 내가 이렇게 물었다.

한두 과목에서 A를 받을 수 있다고 생각하는 아이들도 있었다. 그러나 대부분은 내가 수년간 봐온 수백 명의 아이들과 같은 반응이었다. B나 C를 받을 듯하다는 것이다. 니콜은 이 질문에 특별한 관심을 보이면서 친절함 B+와 관대함 D 범위에서 다양하게 자신을 평가했다. "저는 제 물건을 너무 좋아해요. 하나님께서는 제가 더 관대해지기를 바라세요." 니콜이 설명했다.

"선생님도 그럴 때가 있단다." 내가 니콜에게 말했다. "니콜은 하나님이 엄격하시다는 것을 잘 알고 있구나. 사실 하나님은 너무나도 엄격하셔서 우리가 아무리 잘해도 모두 똑같은 성적을 받게 되어 있단다."

나는 봉투를 열어 성적표를 꺼냈다. 과목명 옆마다 진한 글씨로 큼지막한 F가 적혀 있었다.

놀라는 아이들도 있었다. 나는 하나님께서 너무나도 거룩하신 분이기에 우리는 완벽해야 하며, 완벽함에 미치지 못하면 누구나 F라고 말했다. "전 과목이 F로 표시된 성적표를 들고 집에 가야 한다면 어떤 기분일까요?" 내가 물었다.

아이들은 낙심이 될 것 같다고 했다. 부모님께서 화를 내고 벌을 주실까 봐 겁이 날 것 같다고도 했다. 아빠가 더 이상 학교에 데리러 오지 않을 것 같다는 아이도 있었다. 그러면서 "제 성적을 아는 사람이 제가 아빠 차에 타는 것을 본다면, 우리 가족을 나쁘게 생각할 것 같아요"라고 했다.

현실을 인정하자 침울해졌다. 우리는 수치가 죄의 한 결과라는 이야기도 나눴다. "하지만 기쁜 소식은 하나님께서 우리의 죄 문제를 해결하신다는 거예요. 어떻게 해결하시는지 아는 사람 있나요?" 내가 말했다.

"우리를 용서하시나요?" 어떤 아이가 말했다.

"맞아요. 우리의 F를 모두 지워버리신 거예요. 그런데 혹시 그보다도 더 좋은 일을 행하시지는 않았을까요? 이 성적표에서 F를 다 지워버리면 뭐가 남죠?"

"빈 성적표요!"

"그래요." 내가 말했다. "선생님이라면 빈 성적표를 받아도 그리 기분이 좋지 않을 거예요. 빈 성적표를 좋은 성적으로 채우기 위해 아주 열심히 노력해야 한다는 뜻이니까요. 하나님께서 단순히 우리를 용서하신다고만 생각하면 그런 결과가 돼요. 여전히 착한 일을 해서 그분을 기쁘시게 해야 한다는, 불가능한 일에 대한 압박감을 느낄 거예요."

"하나님께서 모두에게 A를 주실 수도 있지 않나요?"

"좋은 생각이에요. 하지만 A는 자격이 되어서 받았을 때만 의미가 있죠. 우리는 A를 받을 만큼 선하지 않고요. 그러면 어떻게 A를 얻을 수 있을까요?" 아이들은 알지 못했다. 생각해낼 수 없었다.

"이제 선생님이 좋은 소식을 알려줄게요." 이렇게 말한 나는 상자에서 두 번째 성적표를 꺼냈다. 이 성적표의 봉투에는 '예수님'이라고 적혀 있었다.

"예수님은 완벽한 삶을 사셨어요. 전 과목에서 A+를 받으셨죠." 나는 봉투를 열어 모든 과목 옆에 A+라고 표시된 예수님의 성적표를 꺼냈다. 그 성적표를 '나'라고 표시된 봉투에 집어넣은 다음, 전 과목이 F인 성적표를 꺼내 '예수님' 봉투 안에 넣었다.

## 항의

"안 돼요! 그럴 수는 없어요!" 니콜이었다.

"예수님과 선생님이 성적표를 교환한 거야." 내가 말했다. "그게 마음에 안 드는 거니?"

"예수님께 그러면 안 돼요. 그건 잘못된 일이잖아요."

예상했던 반응이었다. 하나님의 성적표에 대한 해법을 제시할 때마다 항의하는 아이들이 꼭 있었다. 보통은 우리가 A를 너무 쉽게 받는다는 것이 불만인데, 니콜의 우려는 반대였다. 즉 예수님께서 F를 받는 것을 불편해했다.

"예수님께서 니콜의 죄로 인해 죽으셨다는 이야기를 들어본 적이 없니?" 내가 물었다.

물론 들어봤다고 했다. 그런데 니콜의 설명을 듣다 보니 이제껏 아이가 상상해온 예수님은 죽기 위하여 십자가로 용감하게 전진하는 고귀한 모습뿐이었다. 그런데 아이는 지금 예수님께서 그 이상을 감당하셨다는 이야기를 듣고 충격을 받았다. 그분께서 초라한 성적표를 들고 집으로 돌아오고, 벌을 받고, 수치심을 느끼고, 잘못도 없는데 혼이 나셨다는 것이다. "그분께 너무 창피한 일이잖아요." 니콜이 말했다.

"그래, 맞아." 내가 동의했다. "다른 사람을 위해 목숨을 버린 사람은 많단다. 하지만 어떤 누구도 예수님께서 니콜을 위해 하신 일의 근처에도 미치지 못했어. 예수님께서는 벌 받을 이유가 없는 분이었어. 부활하셨다는 사실이 그 증거란다. 그런데도 그분은 십자가에서 니콜이 받아야 할 모든 것을 짊어지셨어. 니콜의 창피함까지도. 모든 것을 떠안으신 거야."

## 더 얻어낼 것이 없다

니콜은 여전히 예수님께서 F를 받으셨다는 소식을 왜 그토록 기쁘게 전하는 것인지 의아해했다. 나는 아이가 하나님께 느끼는 감정으로 화제를 전환했다. "아까 네가 예배하고 기도하는 모습을 봤어. 그런데 니콜은 왜 하나님을 예배하고 그분께 기도하니?"

"재밌어서 할 때도 있어요. 하지만 가장 큰 이유는 좋은 일이라고 생각하기 때문이에요. 하나님께서 원하시는 일이요. 그래서 재미가 없을 때라도 하고 나면 기분이 좋아요." 니콜의 대답이었다.

"니콜이 예배하고 기도한다는 것 자체가 참 기쁘다. 그런데 네가 그렇게 하는 가장 큰 이유는 하나님의 호감을 얻기 위함인 것 같아. 잘 했을 때는 기분이 좋겠지만 못 했을 때는 죄책감이 들겠지." 니콜도 내 말에 동의했다.

"자, 그렇다면 이미 전 과목이 A+인 성적표를 받았을 때 우리가 어떤 기분일지 다 같이 이야기해볼까요?" 이번에는 모두에게 말했다.

아이들은 더 이상 두렵지 않을 것 같다고 했다. 부모님께서 상으로 아이스크림을 사주실 것이라는 여자아이도 있었다. 그렇다면 좋은 성적은 전부 예수님이 받아주신 것이니, 우리도 스스로 이룬 일에 자부심을 느낄 수 있도록 추가로 성적을 받으려고 노력하는 것은 어떻겠냐고 제안했다. 그러나 다들 그것은 어리석은 짓이며, 예수님의 호의에 대한 예의도 아님을 이해하고 있었다.

"좋아요. 이제 여러분은 그리스도인이 다른 모든 사람과 크게 다른 점 한 가지를 이해하게 됐어요. 그리스도인은 좋은 성적, 그러니까 성경이 '의'라고 부르는 것을 하나님에게서 받아요. '의'는 우리의 행위로부터 온 것이 아니에요. 많은 사람이 악한 행동을 멈추려고 노력하지만, 그리스도인은 자신의 선함을 증명하려는 행동까지도 멈추는 사람이에요."

수업을 마칠 때가 되어, 나는 니콜에게 이렇게 말했다. "네가 예수님과 연합했다면 하나님께서는 너를 기뻐하신단다. 마치 네가 예수님과 같이 완벽히 순종한 것처럼, 예수님을 기뻐하시는 것과 똑같이 너를 기뻐하신다는 거야. 물론 여전히 순종할 의무가 있지만 그건 하나님의 짜증을 돋우지 않기 위한 의무가 아냐. 사랑받았고 사랑에 빠졌기 때문에 우러나오는 수준 높은 의무지. 예수님께서 주시는 의로움만이 완벽하게 용납받는 길이란다. 전 과목에서 A+를 받은 것처럼, 더 이상의 수치는 없는 거지."

"그것을 믿으렴. 네가 예수님 안에서 안전하다는 것을, 너를 향한 그분의 사랑이 변하지 않는다는 것을 말이야. 이 사실을 믿을수록, 안 하면 안 될 것 같아서 기도하고 성경을 읽고 예배하는 일은 없어질 거야. 그 대신 이제는 하고 싶은 마음 때문에 기도하고 성경을 읽고 예배하겠지."

니콜은 진지하게 고개를 끄덕였다. 쉽게 믿어지지는 않는 듯했으나 이해한 것은 분명했다. 괜찮다. 믿기 어려울 만큼 좋은 것이 복음이기 때문이다. 나는 니콜을 향해 미소를 지어 보이고는 수업을 마쳤다.


## 더 나은 것이 없다

'하나님의 성적표'는 의미가 풍성한 비유다. 그것은 우리 죄를 위한 그리스도의 죽으심에 기초하여 사는 것이, 하나님께 접근하는 다음의 방법들보다 훨씬 낫다는 것을 선명하게 보여준다.

### 도덕주의보다 낫다

단순히 착한 삶을 살려고 노력하다 보면 아이들은 교만해지거나 낙심하게 된다. 그러나 복음은 교만을 허용하지 않는다. 의로움을 얻기 위해 우리가 한 일이 없기 때문이다. 복음에는 절망도 없다. 오직 예수님만 기준에 부합하면 되기 때문이다. 아이들은 겸손하면서도 하나님의 인정을 확실히 신뢰할 수 있다.

### 마지못한 용서보다 낫다

하나님께서 꼭 필요할 때는 마지못해 용서해주시지만 여전히 우리가 최선을 다하기를 기대하시면서 날카로운 눈초리로 우리를 내려다보실 때가 많다는 생각은 거짓이다. 복음은 그런 거짓을 능가한다. 마지못한 용서는 마치 빈 성적표처럼 하나님을 위해 살아야 한다는 사실에 불안해하게 만든다. 복음은 우리를 해방하여 이미 우리 편이신 하나님께 봉사하는 삶을 즐거워하게 한다.

## 값싼 은혜보다 낫다

복음은 우리를 애지중지하기만 하시는 하나님 개념을 뛰어넘는다. 비교적 착하게 살거나 올바른 기도를 드리기만 하면 더 이상 문제를 제기하거나 요구하는 것도 없이 덮어놓고 사랑만 하시는 그런 하나님 개념 말이다. 값싼 은혜는 위로가 되는 것처럼 들릴지 몰라도, 결국 하나님을 우리와 무관하고 지루한 분으로 만든다. 복음은 죄가 얼마나 치명적으로 심각한 것이며 죄 때문에 얼마나 값비싼 사랑이 필요했는지를 보여준다. 복음은 아이들의 마음을 사로잡아, 삶 전체를 돌이켜 회개하라고 요구하시며 그럴 만한 자격이 있으신 하나님을 향하게 한다.

## 심리치료적 종교보다 낫다[2]

그리스도인의 삶을 그저 내게 잘 맞는 기도법, 예배 방식, 가르침, 혹은 예수와 관련된 다른 무언가를 찾아내 감정 상태를 개선하고 좋은 습관을 들이는 것 정도로 생각하는 경우가 너무 많다. 그러나 복음에 따르면 그리스도인은 전 존재의 온전한 변화를 경험한다. 하나님은 사망에서 생명으로, 수치에서 영광으로 우리를 구출해내셨다. 부분적 자기 개선보다 이것이 훨씬 강력한 동기를 준다.

## 예수님을 본보기로 삼는 것보다 낫다

예수님께서 하신 것처럼 이 세상에서 선을 행하는 것은 중요하다. 그러나 예수님을 본보기로 삼는 것만으로는 그분과 같은 자기희생적 삶을 실제로 살아낼 능력을 얻을 수 없다. 아이들은 복음으로 능력을 입을 때에야 비로소 자신을 내던져 그분을 따르게 된다. 그때 그들을 멈출 수 있는 것은 아무것도 없다.

복음은 기독교가 아이들의 삶을 바로잡아주는 안내서에 그치도록 허락지 않는다. 바로잡는 것만으로는 충분하지 않다. 규율이란 단지 가업에 아무 권리가 없는 하인을 위한 것인데, 우리는 왕의 상속자다. 또한 거듭난 존재다. 한순간에 재앙에서 벗어나게 하신 하나님으로 인해, 우리는 크게 놀라고 지극히 기뻐하며 되돌릴 수 없는 변화를 겪게 된다.

　나는 니콜에게 이 모든 것을 말해주고 싶었다. 수업 시간에 설명한 내용은 예수님과 연합하는 것의 한 측면에 불과했다. 나는 우리가 입양되었고, 따라서 우리를 사랑하고 환영하시는 아버지께 순종하는 것이 얼마나 가슴 벅찬 일이 되었는지를 말해주고 싶었다. 하나님에 의해 거룩해졌기에 그리스도 안에 있는 새 사람답게 담대하게 살 수 있다고도 말해주고 싶었다. 영원한 소망에 관한 이야기를 해주고 싶었다. 부활의 약속으로 인해 간절한 기대를 품고 하나님을 섬기게 된다는 이야기도 좋을 것이다. 복음의 '모든 부분'이 확신에 찬 삶을 위한 연료가 된다는 말은 어떨까?

　그러나 니콜은 이미 사촌들과 함께 복도 저편으로 가고 있었다. 따라가볼까 생각도 했다. 그 집 식구와 우리 식구가 점심을 함께 먹으면서 더 이야기를 나누면 어떨까 생각도 했지만, 결국 자제하기로 했다. 이미 정해진 일정이 있겠지. 더군다나 예수님 이야기만 떠들어

대는 교회 선생님과 함께 성탄절 연휴를 보내고 싶어 할 중학생이 어디 있겠는가?

게다가 그 모든 이야기를 전하면서 그에 따른 경이감까지 온전히 전달하려면 오랜 시간이 걸릴 것이다. 그것은 평생이 걸릴 이야기다.

## 예상되는 질문

Q: 선생님의 말씀은 마치 그리스도인의 행위가 그리 중요하지 않다는 말처럼 들립니다. 그래도 하나님께 순종하기 위해 최선을 다해야 하지 않나요?

A: 이것은 예수님 안에서의 용납이 충격적일 만큼 자유로운 모습 그대로 제시될 때마다 꼭 나오는 이견입니다. 성경만큼이나 오래된 반박이지요. "그런즉 우리가 무슨 말을 하리요? 은혜를 더하게 하려고 죄에 거하겠느냐? 그럴 수 없느니라! 죄에 대하여 죽은 우리가 어찌 그 가운데 더 살리요?"(롬 6:1-2) 계속해서 죄를 짓는 것은 전혀 괜찮지 않습니다. 하나님의 은혜를 강조하다 보면 죄를 부추길 수도 있다는 생각은 그리스도인이 겪는 큰 변화를 간과한 생각입니다. 죄를 짓고 책임은 모면하려 드는 이전의 삶의 태도에나 어울리는 생각이죠. 그러나 우리는 거듭났습니다. 새 생명을 얻으면서, 하나님께 순종할 새롭고 더 나은 이유가 생겼습니다.

Q: 하나님의 성적표에 관해 이야기할 때, "좋은 성적을 받으려면 예수

님을 영접해야 한다"는 말도 해야 하지 않을까요?

A: 저 역시 회개하고 복음을 믿어야 한다는 말을 할 때도 많지만, 앞의 수업에서는 두 가지 이유로 그렇게 하지 않았습니다. 우선 '예수님께서 우리를 위해 하신 일'에 집중하길 원했기 때문입니다. 우리는 '우리가 할 일'에 집착하기 쉬운데, 그 순간 복음을 놓치게 됩니다. 어차피 성령님께서 마음을 만지시면 그렇게 구슬리지 않아도 적절한 반응이 따라오기 마련입니다. 두 번째로 앞의 수업에서 논의의 핵심은 그리스도인이 된 후에도 복음을 믿는 것이 중요한 습관이라는 점이었습니다. 앞의 수업은 구원받는 방법에 관한 것이 아니었죠. 하나님의 성적표 비유는 이미 신자가 된 아이들에게 하나님 앞에서 의로워졌다는 복음의 진리를 이해시켜 확신과 기쁨을 얻게 하는 것이 목적입니다.

Q: 예수님만이 유일한 구원의 길이라고 말하는 것은 배타적이고 타종교를 무시하는 발언처럼 들립니다. 예수님이 그렇게 특별한 분이라고 확신하시나요?

A: 네! 이 주장이야말로 복음이 충격을 주는 이유 중 하나입니다. 성경에 분명히 그렇게 나오기 때문에 다르게 이야기하는 것은 성경을 무시하는 처사입니다. 다른 주요 종교 중 어디서도 예수님 같은 인물이 있다고 주장하지는 않습니다. 그러니까 하나님의 아들로서 사람이 되어 우리 죄 때문에 고난받으시고 죽은 자 가운데서 살아나신 그런 인물이 있다고 주장하지 않습니다. 그분은 실로 유일무이하십니다. 아직도 확신할 수 없다면 골로새서 1:15-23을 읽고

나서, 거기 나오는 분이 우리가 알고 있는 여타의 종교와 어울리는 지 자문해보십시오.

Q: 예수님께서 가르치신 내용은 별로 언급하지 않으시네요. 그분이 행 하신 일만큼이나 그분의 가르침도 중요하지 않나요?

A: 예수님의 가르침은 지극히 중요합니다. 다만 저는 그분께서 행하 신 일을 놓치지 않으려는 것일 뿐입니다. 예수님의 가르침과 그 근 간이 되는 구원 사역을 분리하면 안 됩니다. 누가는 "우리 중에 이 루어진 사실에 대하여 저술하려고"(눅 1:1-2) 붓을 들어 기록했습 니다. 예수님에 관해서는 다른 무엇보다 행하신 일들이 중요합니다. 누가복음과 마가복음 모두 '메시아의 오심'이 왜 중요한지 설명하 는 것으로 시작됩니다. 메시아는 자기 백성을 그들의 죄에서 구원 하실 것이며(마 1:21), 영원히 다스리시고 하나님의 거룩한 아들이 되실 것이며(눅 1:32-35), 원수에게서 우리를 구원하실 것이며(눅 1:69-71), 구주가 되실 것이라고 했습니다(눅 2:11). 위대한 교사로 오실 것이라는 말씀은 없습니다. 물론 예수님은 위대한 교사시죠. 최고의 교사가 맞습니다. 참으로 그분을 구주로 받아들인 사람은 교사로도 받아들일 것입니다. 그러나 예수님의 가르침은 이 땅에서 행하신 나머지 사역과 마찬가지로, 십자가에서의 중심적 사역을 뒷 받침하는 역할을 합니다.

Q: 우리 아이들에게 하나님의 성적표 비유를 들려주면 선생님 아이들 과는 다르게 반응할 것입니다. 그럴 때는 어떻게 하죠?

A: 아이들의 마음에 파장을 일으키는 것을 따라가면 됩니다. 제 경우에도 가르칠 때마다 매번 반응이 달랐습니다. 예수님께서 우리 대신 죽으심으로 해결하신 문제는 수없이 많습니다. 그중 어느 것이라도 복음과 관련된 좋은 대화로 이어질 수 있습니다. 니콜에게 충격을 준 것은 십자가의 수치였기에 저는 그것을 공략했습니다.

Q: 복음의 다른 주제들은 어떻게 하죠?
A: 다음번에, 또 그다음 번에 다루면 됩니다. 출발점과 접근 각도를 달리하면서 복음을 여러 번 접하게 하는 것이 좋습니다. 모든 성경 이야기에는 백성을 돌보시는 하나님의 독특한 방식이 담겨 있어요. 그것을 찾아낸 후 출발점으로 삼아 복음을 가르친다면 계속해서 복음을 이해할 새로운 기회를 줄 수 있습니다. 여기에 관해서는 뒤에서 좀 더 다루겠습니다.

Q: 죄를 인정해야 한다는 것은 압니다. 하지만 제가 가르치는 아이들은 죄 이야기를 너무 많이 하면 죄책감을 느끼거나 자신을 미워하게 되곤 하더군요. 이것이 정말 좋은 방법일까요?
A: 선생님께서는 아이들의 핵심적인 영적 문제를 잘 진단해주셨습니다. 아이들이 실제로 의존하고 있는 것은 좋은 그리스도인처럼 행동하는 자신의 능력이었습니다. 그런데 죄에 대한 선생님의 이야기가 그들의 실패를 드러내고 만 것입니다. 착하게 살면 된다고 믿는 아이들은 자기 죄를 상기시킬 때 견딜 수 없어 합니다. 그로 인해 자신감(self-confidence)이 무너지고 마는데, 자신감은 말 그대로

자신(self)에 대한 확신(confidence)이기 때문입니다.

예수님을 굳게 신뢰하는 사람은 자기 죄를 철저히 살펴보더라도 예수님께 감사한 마음만 커질 뿐입니다. 죄에 부담을 느끼는 아이를 치료하는 방법은 이 주제를 피하는 것이 아니라(어차피 그런 말을 꺼내지 않아도 아이는 이미 부담을 느끼고 있습니다) 예수님을 신뢰하는 마음이 더 커지도록 복음을 대량 투여하는 것입니다. 우리가 죄인이기는 하지만 더 이상 우리에게는 죄책도 부정함도 수치도 없다는 복음을 전하는 것입니다.

## 즉시 실천하라

이제는 직접 하나님의 성적표를 만들어 아이들을 가르치거나, 그 외의 다른 방식으로 배운 내용을 실천할 준비가 되었다. 아래는 몇 가지 실천 방안이다.

### 부모의 경우

카드와 봉투를 가지고 본인과 각 자녀의 성적표를 만들어보라. 우선 앞면이 비어 있어 이름을 적을 수 있는 봉투와 그 안에 들어갈 카드가 사람 수만큼 필요하다. 카드에는 아까 말한 경건 과목 이름과 성적을 적을 공간이 있어야 한다. 다음으로 예수님의 이름이 적힌 봉투와 그 안에 들어갈 카드가 사람 수만큼 필요하다. 이 카드에도 경건 과목 이름이 쓰여 있는데 이번에는 그 옆에 이미 A+라는 성적이 매겨져 있어야 한다. 예수님의 성적표는 처음에는 숨겨두라.

1. 아이들에게 빈 성적표를 나눠주고 봉투에 자기 이름을 적게 하라. 본인이 생각하는 성적도 적게 하라.

2. 스스로 매긴 점수에 관해 이야기를 나누라. 하나님께서 완벽을 요구하신다고 설명하고 모두 자기 성적을 F로 고치게 하라.

3. 이 상황이 얼마나 큰 문제인지 알려주고, 아이들이 직접 해결책을 제시하게 하라(물론 하나님의 해결책에 미치지 못할 것이다).

4. 각 아이에게 예수님의 성적표를 나눠줌으로써 하나님의 해결책을 보여주라. 예수님께서 우리가 얻을 수 없는 A+를 얻으셨다고 설명하고 각자의 성적표를 모두 예수님 것과 교환하게 하라.

5. 이 교환이 예수님과 우리 양측에 무엇을 의미하는지 이야기하라. 예수님께서는 우리를 위해 무슨 일을 하셨는가? 값없이 용서받고 하나님으로부터 의를 '받는 것'과 자신의 노력으로 의를 '얻어내는 것'은 어떻게 다른가? 고린도후서 5:21을 읽어도 좋다. "하나님이 죄를 알지도 못하신 이를 우리를 대신하여 죄로 삼으신 것은, 우리로 하여금 그 안에서 하나님의 의가 되게 하려 하심이라"(고후 5:21).

## 교사의 경우

위와 같은 방식으로 하나님의 성적표들을 만든 후 교구로 보관하라. 수업 중에 이야기가 그쪽으로 흘러갈 때 언제든 꺼내서 사용할 수 있을 것이다. 다른 비유를 선호한다면 그에 맞는 시각 자료를 준비하라.

무엇이라도 준비해두는 것이 중요하다. 언제든 꺼내서 사용할 수 있는 자료나 소도구가 있으면 갑자기 복음을 설명해야 할 때 훨씬 쉽게 이야기를 시작할 수 있다.

### 어린아이를 가르치는 경우

하나님의 성적표는 만 8-9세 이하가 제대로 이해하기에는 지나치게 추상적일 수 있다. 그러므로 어린아이에게는 대안으로 다음과 같은 방법들을 사용해보라.

- **초등학교 저학년:** 이름표 크기의 탈부착 가능한 스티커를 준비하라. 그중 일부에 아이들이 직접 자신의 죄를 적거나 그려서 본인의 몸이나 옷에 붙이게 하라. 나머지는 예수님 스티커다. 예수님께서 하나님의 율법에 순종하신 모습을 교사가 적거나 그린 후(아픈 사람을 도우신 것, 부모님께 순종하신 것 등), '예수님'이라고 쓴 두꺼운 종이판에 붙이라. 예수님과 우리의 차이는 무엇인지 이야기해보라. 그런 다음 스티커를 바꿔 붙여, 예수님이 우리 죄를 친히 담당하시고 그분의 의를 우리에게 주신다는 것을 보여주라.
- **유치원생:** 손인형이나 일반 인형, 혹은 동물 인형 등을 사용하라. 인형 하나가 잘못을 저질러서 혼자 반성의 시간을 보내는 등 벌을 받아야 하는 상황을 연출하라. 다른 인형은 잘못한 것이 없고 벌을 받을 필요가 없다. 이때 잘못 없는 인형이 자진하여 벌을 대신 받겠다고 말한다. 예수님께서 이와 비슷한 일을

해주셨다는 이야기를 나누라. 우리는 하나님께 불순종했기에 벌을 받아 마땅했다. 그런데 벌 받을 일을 하신 적이 없는 예수님께서 우리 대신 벌을 받으셨다.

## 모든 사람의 경우

예수님과 연합하여 얻은 가장 큰 유익에 관해 간단히 성경공부를 하면서 복음에 더 익숙해지라. 우리가 얻은 유익들은 다음과 같다.

- **칭의**: 무죄를 선고받았고 그리스도의 의로 의롭다고 인정받았다(롬 3:21-24).
- **입양**: 하나님의 자녀가 되었다(롬 8:14-17).
- **성화**: 이미 거룩한 사람으로 변화되기 시작했고, 점점 더 거룩한 사람답게 사는 법을 배워간다(딛 2:11-15).
- **영화**: 언젠가는 나를 위해 내 안에서 일하시는 하나님의 역사가 완성되어 온전한 사람이 될 것이다(고전 15:42-44).

위의 유익을 하나씩 떠올리며 해당 본문에 관해 다음 두 질문에 답해 보라. 1) 이 본문은 내가 예수님 안에서 받은 것이 어떤 점에서 놀랍다고 말하는가? 2) 이것은 어떻게 예수님을 위해 살도록 동기를 부여하는가? 이 공부를 아이들과 함께하든, 혼자 한 후에 배운 것을 아이들과 나누든, 둘 중 하나는 반드시 하라.

인간의 영혼이 그리스도와 연합하게 하는 것이

우리 사역의 목적이다.

그 어떤 부채도, 죄도 그것을 방해하지 못하게 하라.

-리처드 십스[1]

## 3장

# '복음의 날'의 함정

교회 아이들에게도 복음이 필요하다

주일 아침, 눈이 내리고 있었다. 예배나 주일학교를 취소할 정도의 폭설은 아니었다. 하지만 우리 집 차고 앞의 눈을 치우면서 생각해보니 이 정도면 집에 있으려는 가정이 많을 것 같았다. 우리 반 출석률은 저조할 것이다.

물론 이것은 내게도 실망스러운 상황이긴 했다. 그런데 교회에 가보니 동료 교사 로라가 나보다 더 실망하고 있었다. 로라는 이번에 준비한 수업을 출석률 절반인 날 진행하여 낭비하고 싶지 않다고 했다. 그 대신에 할 만한 것을 알아보려고 바삐 돌아다니던 로라는 "원래 '복음의 날'을 진행할 생각이었어요"라고 말했다.

그게 무슨 말인지는 잘 알았다. 로라는 아이들의 구원에 관심이 많은 훌륭한 교사였다. 반 아이 중 몇몇은 명백히 예수님께 헌신했지만 나머지는 확실하지 않았다. 그들에게 계기를 줄 필요가 있었다. 적어도 하나님의 구원 계획과 믿음으로의 부르심을 분명히 제시받는 시간 정도는 필요하다고 생각했다. 그래서 일 년 중 하루를 따로 구분해 복음을 제시하기로 한 것이다.

그러나 그날 아침 로라는 어찌할 바를 몰랐다. 나도 같은 상황에 처해본 적이 있어서 무슨 일인지 금세 알아챘다. 그녀는 '복음의 날'의 함정에 빠진 것이었다.

# 함정

복음이 아주 중요하고 구원에 필수적이기는 하지만 일부 아이에게 만 가끔 필요한 것으로 생각할 때, 우리는 복음의 날의 함정에 빠지게 된다. 그런 생각은 두 가지 문제를 초래한다.

첫째, 일 년에 몇 번 정도 '복음 제시'라는 것을 하는 날은 인위적 이고 강제적인 시간이 된다. 아이들도 부담을 느끼지만 로라가 보여주 듯 교사도 부담을 느낀다. 그래서 목자들에게 복음을 전한 천사들처 럼 복음을 기쁨으로 선포하지 못하고, 오히려 긴장감을 고조하는 어조 를 사용한다. 마음을 기쁘게 해야 할 복음이 오히려 불편하게 한다. 복 음을 '특별한 것'으로 다루다가 오히려 기쁨으로 받아들일 기회를 망 친다. 아이들은 곧바로 복음을 부담스러운 것이라고 느끼고, 다른 주 제가 더 재밌다고 생각한다. 이것이 함정이다.

둘째, 소위 '교회 아이들'(믿는 가정에서 자라 교회에 출석하고 있다는 이 유로 신앙생활을 잘하고 있다고 우리가 넘겨짚곤 하는 아이들)은 복음을 거의 듣지 못하게 된다. 어떤 메시지든 그것이 삶을 바꿀 정도로 감명을 주 려면 계속 반복해서 들어야 하는 법인데 복음은 더욱 그러하다. 우리 모두에게는 예수님을 신뢰하기보다 자신을 스스로 증명하려고 하는 죄악된 본성이 있기 때문이다. 그래서 복음을 '적게' 듣는 아이는 예수 님을 '적게' 사랑하고 신뢰하는 아이가 되기 쉽다.

매 수업이 '복음의 날'이어야 한다는 뜻은 아니다. 오히려 그런 날 을 불필요하게 만드는 접근법을 제시하려 한다. 그날의 수업 주제가 마음속에 생생히 살아나게 하는 데 가장 실질적이고 소중한 도움을 주는 것이 복음이라고 여기고, 모든 수업에 복음을 엮어 넣는다면 그런 함정을 피할 수 있다.

성경 읽기나 기도를 일 년에 몇 번으로 제한하는 사람은 없을 것이다. 꼭 필요한 습관임을 알기 때문이다. 복음을 듣고 믿는 것도 마찬가지다. 아이들에게는 복음이 계속해서 필요하다.

교회에 출석하는 아이는 두 유형으로 나뉜다. 아직 구원받지 못한 아이와 구원받은 아이가 있다. 두 유형 모두 반드시 예수님을 봐야 한다. 먼저 전자가 예수님을 봐야 하는 이유를 살펴보자.

## 유형1: 구원받지 못한 아이

교회에 출석하는 아이 중 다수는 참된 신자가 아닐 수 있다. 믿지 못하겠다면 주위의 증거들을 보라. 참된 믿음은 지속적으로 회개하면서 새로운 방향으로 살아가게 한다. 그런데 교회 안의 다른 세대와 마찬가지로, 많은 젊은이가 세상 문화와 다를 것 없이 살아가고 있다. 자기 삶을 경건한 방향으로 재설정하기보다는, 딱 남들 눈을 속일 만큼의 기독교적 행위로 위장한다.

교회를 정말 좋아하는 경우도 있다. 예배하고 싶은 기분을 느끼고 친구를 전도하며 선교 여행을 가고 기도 모임을 인도한다. 그런데 이런 일을 하는 이유는 그들을 구원하시는 하나님과의 관계 때문이 아니라 교회 생활을 하는 것이 기분 좋기 때문이다. 그런 아이들의 종교적 열정은 자기 자신에 뿌리를 두고 있지만 당사자는 본인의 행동을 참된 믿음으로 오해할 수 있다.

어느 아이라도 구원이 필요한 상태일 수 있다. 우리가 몰랐을 뿐인 경우가 많다.

우리는 미국 교회 아이들의 절반 이상이 30세 이전에 교회를 떠난다는 최근 연구 결과를 보고 정신 차려야 한다.[2] 우리 중고등부, 주일학교 소그룹, 수련회에 참여하는 아이들이나 우리 자녀 중 많은 수가 돌이킬 수 없도록 복음에 사로잡혀본 경험이 없다는 뜻이기 때문이다.

낙심하게 하려는 것이 아니다. 오히려 필사적으로 하나님을 바라보는 계기가 되기를 소망하면서 말한다. 하나님만이 구원을 이루시며 그분의 긍휼은 매우 풍성하다. 하나님을 의지하고 그분의 방법을 사용한다면 아이들의 구원에 대해 큰 소망을 품을 수 있다.

**마음을 결정하게 하시는 분은 하나님**

예수님과 니고데모의 대화를 통해서도 이것을 배울 수 있다. 니고데모는 지도자급 종교 교사인 데다 주의 깊게 하나님을 좇던 인물로서, 예수님께서 행하신 표적을 보고 기뻐했다. 그런데 그가 예수님과 대화를 시작하며 한 말을 보면 약간 교만하다는 것을 감지할 수 있다. "랍비여, 우리가 당신은 하나님께로부터 오신 선생인 줄 아나이다. 하나님이 함께하시지 아니하시면 당신이 행하시는 이 표적을 아무도 할 수 없음이니이다"(요 3:2).

예수님께 그런 것이 통할 리 없다. 그분은 직설적으로 대답하신다. "진실로 진실로 네게 이르노니, 사람이 거듭나지 아니하면 하나님의 나라를 볼 수 없느니라"(요 3:3). 니고데모는 자기가 하나님 나라를 볼 수 있다고 생각했다. 학식과 종교 행위 덕에 무엇이 영적인 것인지 잘 분별할 수 있다고 생각했다. 그러나 예수님은 출생의 비유를 통해 종교적 행위를 신뢰하는 것이 정말 신뢰해야 할 하나님을 신뢰하지 못하게 방해하고 있음을 보이셨다. 태어나는 것은 '우리가 행하는' 일이 아니라 '우리에게 일어나는' 일이다. 성령님께서 마음속에 역사하여 영적 생명이 자라게 하시지 않는 한, 누구도 진정으로 영적일 수 없다.

예수님께서는 이어서 이렇게 말씀하셨다. "바람이 임의로 불매 네가 그 소리는 들어도 어디서 와서 어디로 가는지 알지 못하나니, 성령으로 난 사람도 다 그러하니라"(요 3:8). 성령님께서는 그분이 원하는 곳에서 역사하신다. 그리고 모든 사람에게는 하나님만 이뤄주실 수 있는 거듭남이 필요하다. 니고데모처럼 존경받는 교인이라도 마찬가지다. 우리 자신의 구원 공식은 내버려야 한다는 뜻이다.

우선 '**교인다운 행위**'의 공식을 신뢰하면 안 된다. 전반적으로 도덕적인 삶을 살며 기독교 규율을 실천하는 아이의 모습은 참 보기 좋다. 그러나 성령님의 감동으로 일어난 예수님에 대한 참된 믿음에서 흘러나온 행위가 아니라면, 하나님께서는 그것을 순종으로 보지 않으신다. "믿음이 없이는 하나님을 기쁘시게" 하지 못한다(히 11:6).

'**믿는 가정**'의 공식도 신뢰하면 안 된다. 물론 하나님께서는 가정을 통해 역사하신다. 그리스도인 가정에서 복음을 들으며 자라 거듭남과 회심을 너무 일찍 경험한 나머지, 예수님을 사랑하지 않았던 시간을 기억하지 못하는 참된 신자도 분명히 존재한다. 우리는 아이들이 이렇게 자라기를 소망하며 기도할 수 있다. 그러나 그런 일은 자동으로 일어나지 않는다. 회심에는 하나님의 역사가 절대적으로 필요하며, 하나님께서 우리의 바람보다 늦은 시기를 택하시는 일도 많다.

'영접 기도'의 공식도 신뢰하면 안 된다. 여러 세대에 걸쳐 교회 아이들은 그리스도인이 되려면 '죄인의 기도'를 드려야 한다고 배웠다. 회심의 순간에 기도드리는 것은 분명 적절한 일이지만, 마음속에서 일하시는 하나님의 역사에 이끌린 기도가 아니라면 그것도 의미 없는 주문에 불과하다. 참으로 마음을 결정하게끔 하는 분은 하나님이시다. 주일학교 수련회에 가서 손을 들거나 예배당 맨 앞으로 걸어나가는 행위도, 성령님께서 내면에 변화를 일으키셨을 때만 유효하다.

믿음의 참된 근거가 이런 공식 중 하나인 듯한 어조로 가르치면 아이들도 그렇게 믿는다. 우리는 그런 아이들이 구원받았다고 선언하겠지만, 그들은 성장한 후에 실은 자신이 변화되지 않았음을 깨달을 것이다. 그런 아이들은 기독교를 포기하게 될 것이며, 그들을 다시 데려오기는 어려울 것이다. 이미 예수님을 믿어봤지만 효과가 없었다는 잘못된 판단을 내렸기 때문이다.

### 교사의 힘

부모나 교사가 아이를 구원받게 만들 수는 없지만 그들을 믿음으로 이끄는 데 큰 역할을 할 수는 있다. 단, 성령님과 보조를 맞출 경우에만 가능하다. 우리는 그분의 공식을 사용해야 한다. 하나님의 전령으로서 마땅히 해야 할 일을 해야 한다. 즉 복음을 선포해야 한다! 하나님의 방법은 결국 믿지 않는 사람이 "복음의 말씀을 듣고 믿는 것"이다(롬

10:17).

바울은 데살로니가 교인들에게 보내는 서신에서 그런 교사의 소망을 표현했다. "하나님이 처음부터 너희를 택하사 성령의 거룩하게 하심과 진리를 믿음으로 구원을 받게 하심이니, 이를 위하여 우리의 복음으로 너희를 부르사 우리 주 예수 그리스도의 영광을 얻게 하려 하심이니라"(살후 2:13-14). 본문은 신자를 택하는 것도 그를 거룩하게 하는 것도 하나님이심을 명시한다. 그것은 성령님의 역사다. 그러나 복음을 직접 선포한 사람은 바울이었다. 그는 심지어 "우리의" 복음이라는 표현도 썼다. 잃어버린 영혼을 찾으시는 하나님의 수단인 복음의 선포를 맡았기 때문에, 바울은 성령님의 사역에서 강력한 역할을 담당한 것이다. "믿음은 들음에서" 난다(롬 10:17).

'어떻게 살아야 하는지' 가르치는 것으로는 영적으로 죽은 자를 깨울 수 없다. 이는 시체를 앞에 두고 가르치는 것이나 마찬가지다. 아이가 아직 자기 사랑에 빠져 죽어 있는 상태라면, 그런 가르침으로는 잘해봐야 이기적이고 하나님을 조종하려 드는 종교 생활이나 더 열심히 하도록 부추길 뿐이다. 그러나 복음이 선포될 때면 새로운 생명이 피어난다. 복음은 예수님에 대한 애정 어린 경이와 하나님에 대한 참된 감사를 낳는다. "이 복음은 모든 믿는 자에게 구원을 주시는 하나님의 능력"이기 때문이다(롬 1:16).

**구한 것을 얻는다**

한번은 아직 세례받지 않았는데 이제 받기를 원하는 십 대 남학생을 맡았던 적이 있다. 우리 교회의 세례 과정에는 장로님들과 면접하는 절차가 있었고, 나는 수년간 몇 안 되는 학생의 면접을 참관하는 특권을 누려왔다. 그런데 이번 면접은 다른 대부분의 경우와 달리 순조롭지 못했다.

면접을 진행하던 장로님이 아이에게 어떻게 구원받았냐고 물었다. 아이는 예수님께서 자신을 위해 죽으셨다고 대답했다. 훌륭한 대답이었지만 장로님이 찾고 있던 답이 아니었다. "그렇지, 그런데 내 말은 '네가' 어떻게 개인적으로 구원받게 됐냐는 것이란다."

아이는 혼란에 빠졌다. "그러니까 예수님께서 저의 죄를 짊어지고 저를 위해 죽으셔서요"라고 대답했다. 몇 분간 다그치자 마침내 아이는 예수님을 구세주로 영접하기는 했지만 정확한 순간을 자세히 설명할 수는 없다고 말했다. 기진맥진한 장로님은 그 정도면 충분한 답변인 셈 치기로 했다.

장로님이 신앙 고백을 들으려 한 것은 옳은 일이었다. 그렇지만 아이의 첫 대답에 이런 질문으로 대응했다면 어땠을까? "예수님께서 네 안에서 역사하고 계신다는 것을 어떻게 알 수 있니?" 나는 그 아이를 잘 알았다. 그렇게 물었다면 놀라운 답변을 들려줬을 것이다. 아이의 부모님도 이 아이의 태도가 완전히 달라졌다고 증언했을 것이다. 아이는 예수님을 신뢰했고 하나님을 위해 살고자 하는 열망이 생겼다. 장로님은 **내적인 믿음과 회개**가 아니라 **외적인 결단**이라는 증거를 구함으로써 깜짝 놀랄 간증을 들을 기회를 놓쳤다.

우리는 새로 거듭난 그리스도인의 전인적 변화에 주목해야 한다. 하나님께서 일으키시고 본인이 기쁨으로 끌어안은 그 변화 말이다. 그렇다고 회개와 믿음으로 복음에 반응해야 할 아이의 책임을 축소하려는 것은 절대 아니다. 우리 평생에 그보다 더 중요한 일은 없다. "하나님께서 보내신 이를 믿는 것이 하나님의 일"(요 6:29)이라고 했다. 그러나 아이들은 언제나 자신의 본성에 따라 선택하게 된다. 외적인 결단을 촉구한다고 하여 죄악된 본성에서 성령으로 거듭난 본성을 향해 돌이키는 일은 드물다. 그런 결단은 죄를 깨닫고, 구원하시는 하나님의 사랑에 관해 들으며, 예수님이라는 비할 바 없는 분에게서 기쁨을 찾을 때 일어난다.

## 유형2: 구원받았지만 확신이 없는 아이

아이가 이미 구원을 받고 그리스도인답게 살려고 애쓰기 시작한 경우는 어떤가? 그런 경우에도 성령님과 협력하면서 복음으로 살아야 한다. 바울은 복음의 말씀을 이렇게 칭했다. "여러분을 능히 든든히 세우사 거룩하게 하심을 입은 모든 자 가운데 기업이 있게 하시는 [하나님의] 은혜의 말씀"(행 20:32)이라고 말이다. 구원받은 아이들 역시 성장하기 위해 예수님을 봐야 한다.

많은 신자의 경우, 특히 어린 신자들은 복음이 영혼에 굳건히 뿌리내리지 못한 상태라서 기쁨과 사랑으로 충만한 삶을 누리지 못한다. 그런 아이들의 신앙이 실제로 어떤 모습인지 묘사하기 위해 나는 세 가지 이름을 붙여봤다.

## 걱정하는 앨리스

앨리스는 그리스도 안에서의 완전한 용서와 용납을 깊이 인식하지 못하고 있다. 예수님을 신뢰한다고 말은 하지만 사실 매 순간 자신이 얼마나 잘 순종하는지에 따라 자신을 향한 하나님의 사랑을 다르게 느낀다. 늘 불안하고 죄책감에 시달린다. 하나님께서 종종 자신에게 실망하시며 자신을 구원하지 않을 수도 있다고 확신한다. 걱정하는 앨리스는 하나님을 **사랑할 수 없다**. 어떻게 사랑하겠는가? 하나님께서 그녀를 지옥에 보내지 못해 안달하고 계시거나, 적어도 그녀에게 짜증을 느끼실 때가 많으리라는 의구심을 품고 있는데 말이다. 하나님께 잘 보이려고 애쓰다 보니 자연히 그분께 분노를 품게 된다. 하나님을 사랑한다고 말하지만 가식일 뿐이며, 본인도 그것을 잘 알고 있다.

## 의기양양 사라

사라는 자기 죄를 깊이 인식하지 못하여 뻔뻔하고 감사할 줄을 모른다. 본인도 종종 죄를 짓는다는 것은 인정하지만 그렇게 나쁜 사람은 아니라고 스스로 확신하고 있다. 나아가서 남들도 그렇게 믿도록 설득하기 위해 좋은 이미지를 유지한다. 의기양양 사라 역시 하나님을 **사랑할 수 없다**. 그럴 이유가 없기 때문이다. 그녀는 자신이 하나님을 얼마나 모욕하고 있는지도 모르고, 예수님께서 그런 자신을 위해 어떤 일을 해주셨는지도 이해하지 못한다. 자기 죄를 잘 보지 못하는 까닭에 회개할 필요도 느끼지 못한다. 더 강건한 그리스도인으로 성장하지도 못하고 있다. 성장할 필요가 있다는 것을 스스로 인정하지 않기 때문이다.

## 안일한 카일

카일은 하나님께서 주시는 구원의 위대함을 온전히 인식하지 못하고 있다. 자기 안에 계신 그리스도께서 죄를 이기고 자신을 흥미진진한 방식으로 변화시키는 하나님의 능력 되심을 깨닫지 못한다. 때로는 기독교를 통해 더 나은 사람이 되려고 노력할 때도 있지만, 진정한 거룩의 열매를 맺게 하시는 하나님을 향한 전적인 신뢰를 키워나가는 일에는 별로 관심이 없다. 안일한 카일도 다른 아이들처럼 하나님을 **사랑할 수 없다.** 하나님과의 관계 안에 어떤 설렘도 없는데 왜 그분을 사랑하겠는가? 세련된 예배팀과 재밌는 목회자가 있는 교회를 찾거나 교회 사역에 동참하여 어느 정도 흥분을 느껴보려 애쓸 수는 있겠지만, 사실 예수님에 대해서는 지루해하고 있다.

뜻밖에도 내가 아는 많은 아이는 세 문제 모두와 싸우고 있었다. 신앙이 있는 십 대들에게 세 가지 모습을 설명하면서 본인과 가장 비슷한 유형을 물어보면, 다 아니라고 하는 아이는 거의 없다. 대부분 하나만 고르기가 어렵다고 한다.

우쭐한 동시에 늘 걱정한다는 것을 이해하기 어려울 수도 있겠지만, 그것은 복음이 우리 마음을 완전히 장악하고 있지 않을 때 나타나는 일종의 혼란이다. 오직 복음만이 우쭐함과 불안감 모두에 맞서, 우리가 끔찍한 죄인인 동시에 감히 상상하는 것 이상으로 큰 사랑을 받는 자라고 선포할 수 있다. 복음은 또한 우리 안에서 역사하는 하나님의 능력으로 우리가 변화될 수 있다고 말해준다.

## 이중의 힘

구원은 복음을 듣고 예수님을 신뢰해서 받지만, 그리스도인으로서 성장하는 방법은 다르다고 생각한다면 이는 착각이다. 바울은 골로새 교인들에게 "너희 들은 바 복음의 소망에서 흔들리지 말고"(골 1:23), 처음 가졌던 믿음 안에 머물라고 당부했다. 그리고 몇 절 뒤에 다시 한번 강조한다. "그러므로 너희가 그리스도 예수를 주로 받았으니, 그 안에서 행하되 그 안에 뿌리를 박으며 세움을 받아 믿음에 굳게 서서"(골 2:6-7)라고 말이다. 우리는 그리스도인이 되는 것과 같은 방식으로 성장도 한다. 예수님 안에 뿌리내리고 복음에 소망을 둠으로써 성장한다는 것이다.

지난 수 세기 동안 많은 신자가 더 거룩해지려고 다른 방법을 써 봤다. 엄격한 규율을 짊어져 보기도 했다. 수도사와 같은 단순함을 추구한 이들도 있었다. 신비한 복이나 비밀스러운 종교의식을 좇은 이들도 있었다. 그러나 그 모든 것이 무익했다. 성경의 단순한 말씀을 간과한 시도들이었다.

17세기 영국의 목회자 월터 마셜은 복음이 신자의 삶에 역사하는 이중의 힘을 탁월하게 지적했다.

- 우리가 용서받고 입양되어 하나님께 영원히 사랑받게 되었다는 복음은 예수님과 함께하는 삶에 대한 감사와 소망을 낳는다. 조류가 배를 끌어당기듯, 복음은 사랑 안에서 우리를 그분께로 이끈다.

- 우리가 그리스도 안에 있으며 성령을 받았다는 복음은 곧 우리

안에 있는 하나님의 능력을 의지할 수 있음을 뜻한다. 바람이 배를 밀어 앞으로 나아가게 하듯, 복음은 우리가 죄로부터 달아나게 하는 **능력**이 된다.[3]

조류와 바람, 이끎과 능력, 끌어당김과 밀어줌. 복음은 믿는 아이들에게 필요한 이중의 능력이다.


## 처음 복음을 듣다

나는 어느 여름 수련회에서 여기에 관해 더 많이 배우게 됐다. 한 주 동안 누가복음 본문으로 가르치기 위해 수련회에 참여했을 때였다. 첫 수업은 예수님의 탄생으로 본격적인 이야기가 시작되는 누가복음 2장에서 시작하기로 했다. 게다가 누가는 여기서 '유앙겔리온'을 아주 극적으로 소개한다. 목자들을 향한 천사들의 선포를 통해서 말이다. 복음이 그토록 낮은 자들에게 가장 먼저 임한 것을 통해 얼마나 중요한 진리를 가르칠 수 있겠는가!

수업을 준비하면서 문맥을 파악하기 위해 최소한 이전 장인 1장은 읽어보기로 했다. 1장은 제사장 사가랴에 관한 기술로 시작한다. 성경은 그의 생활 방식을 높이 평가했다. 사가랴는 "하나님 앞에 의인이니, 주의 모든 계명과 규례대로 흠이 없이 행하더라"(눅 1:6)라고 했다. 그는 제비 뽑기를 통해 성전 안에서 분향하도록 선택받았는데 이것은 쉽게 주어지지 않는 흥분되는 임무였다.

그 중대한 순간에 사가랴에게 한 천사가 나타나더니, 그의 아내가 메시아의 전조가 될 아들을 낳을 것이라는 소식을 전했다. 수 세기의 기다림이 기쁨으로 막을 내리게 된 것이다. 그런데 사가랴는 흥분하기보다 경계했다. 그는 확신할 만한 표적을 구했고, 천사는 이를 언짢아했다. "나는 하나님 앞에 서 있는 가브리엘이라. 이 좋은 소식(복음)을 전하여 네게 말하라고 보내심을 받았노라. 보라! 이 일이 되는 날까지 네가 말 못하는 자가 되어 능히 말을 못하리니, 이는 네가 내 말을 믿지 아니함이거니와"(눅 1:19-20).

잠깐, 복음이라고? 나는 다시 읽어봤다. 그리스어 본문도 확인했다. 가브리엘은 분명히 '유앙겔리온'을 전한다고 했다.

결국 누가가 복음을 처음으로 소개한 대목은 천사가 목자들에게 선포한 장면이 아니었다. 사가랴를 향한 선포가 먼저였다. 내 수업의 전제가 무너진 것이다. 게다가 사가랴가 불신을 보인 순간, 그의 의로운 생활 방식도 그리 중요하지 않았다. 그는 벙어리가 되어 성전에서 나왔고, 몸짓으로 무슨 일이 있었는지 설명하려 했지만 별 소득이 없었다.

누가는 좋은 소식이 도착했다는 이야기만 한 것이 아니었다. 올바르게 살고 있는 교인에게도 기쁨으로 복음을 믿는 것이 삶의 결정적 원동력임을 보여준 것이다. 내가 맡았던 아이들은 말하자면 '목자들'이 아니었다. 부모님이 축구 캠프나 승마 캠프 대신 돈을 들여 교회 수련회에 보내주는 아이들이었다. 성경 말씀을 인용할 수도 있고, 교회 건물 안에서 어떻게 행동해야 하는지도 알았다. **즉 작은 사가랴들이었다.** 이들은 복음이 이미 교회를 다니는 사람(사가랴)에게도 임했다는 이야기를 들어야 했다. 또한 복음이 하나님과 함께하는 그의 삶의 중심이 되어야 했음을 알아야 했다.

가브리엘 천사의 선포는 결국 사가랴의 마음에 파고들었다. 아들이 태어나자 그는 마침내 믿음을 표현한다. 성령으로 충만하여 구원하시는 하나님의 호의를 노래하기 시작한 것이다. 이것은 예의 바르고 조심성 있는 사가랴 같은 이에게서 예상할 수 있는 행동이 아니었다. 그러나 사가랴는 변했다. 그에게서 예배가 흘러나왔다. 하나님과 함께하는 그의 삶이 이전보다 커졌고 성전 안에서 신중한 접근을 취했을 때 보다 더 나아졌다.

사가랴 이야기의 결말이 교회 생활에 이골이 난 아이들의 결말이 되어야 한다. 마음속에서 그러한 결말로 향하는 길은 복음을 가로지른다.


## 교사를 위한 지침

디도서는 바울이 교회 안의 교사들에게 쓴 서신이라서 우리가 배울 것이 많은 훌륭한 책이다. 바울은 하나의 긴 문장을 통해 신자가 하나님께 순종해야 하는 이유를 제시한다. 이 문장을 읽으면서 복음(하나님께서 우리를 위해 행하시는 일)과 선행(우리가 하나님을 위해 행하는 일)을 구분해보자.

모든 사람에게 구원을 주시는 하나님의 은혜가 나타나 우리를 양육하시되, 경건하지 않은 것과 이 세상 정욕을 다 버리고 신중함과 의로움과 경건함으로 이 세상에 살고, 복스러운 소망과 우리의 크신 하나님 구주 예수 그리스도의 영광이 나타나심을 기다리게 하셨으니, 그가 우리를 대신하여 자신을 주심은 모든 불법에서 우리를 속량하시고 우리를 깨끗하게 하사, 선한 일을 열심히 하는 자기 백성이 되게 하려 하심이라(딛 2:11-14).

구분해봤는가? 쉽지 않았을 것이다. 복음과 경건한 삶은 너무 긴밀히 연결되어 있어 세세히 분리하기가 쉽지 않다. 하나님의 은혜가 우리를 훈련하여 불경건한 것을 버리게 한다. 그리스도의 다시 오심에 대한 소망은 의로운 삶의 동력이 된다. 예수님께서 자신을 내어주심으로 인해 우리가 선한 일을 열심히 하는 백성이 되게 하셨다.

열심! 얼마나 멋진 말인가? 나는 최근 아이들과 함께 순종하는 어린이의 그림을 넣은 십계명 벽보를 만들었다. 벽보에 이 디도서 말씀을 적어, 우리가 억지로 순종하는 것도 아니고 심지어 기꺼이 순종하는 것에 그치지도 않음을 강조했다. 복음 때문에 우리는 '열심히' 순종한다. 이는 예수님께서 십자가로 향하시며 마음에 품으신 목적 중 하나다.

아이들이 교회를 떠나는 것은 그들의 영적 목마름을 채우고 그들이 갈망하는 열심을 일으킬 만큼 강렬한 예수님과 십자가에 대한 시각을 우리가 제공하지 못한 탓이다. 아이들은 예수님이라는 분이 그 어떤 '예수 프로그램'보다 낫다는 것을 경험하지 못했다. 예수님은 그분을 예배할 때 사용하는 음악보다 좋으시다. 선교 여행보다 좋으시다.

아이들이 가장 좋아하는 중고등부 리더보다 좋으시다. 돈보다 좋으시다. 비디오 게임보다도, 낭만적인 하이틴 영화보다도 좋으시다. 섹스보다도, 인기나 권력보다도 좋으시다.

우리는 수많은 아이에게 도움이 되지 못했다. 해야 할 일을 떠 먹여주고 예배의 느낌이 나는 경험을 떠 먹여줬을 뿐, 복음은 한 숟가락도 먹이지 못했다. 이제 굶주린 아이들은 무엇이라도 먹으려 들 것이다. 자신에게 잘 맞는다고 느껴지는 '무언가'(심지어 교회 생활일 수도 있다)로 굶주린 영혼을 채우려 할 것이다. 그런데 사실 아이들에게 정말 필요한 것은 그들 자신보다 훨씬 빼어난 '누군가'다.


## 가장 좋은 답변

교회 아이들에게도 여느 아이들과 똑같이 복음이 필요하다는 정도의 말이 아니다. 복음은 오히려 교회 아이들에게 '더' 필요하다. 나는 또 다른 수련회에서 그런 예를 경험했다. 수련회에 참석한 아이들 대다수가 교회에 다니고 있었지만 라이언은 아니었다. 그의 어머니가 라이언을 수련회에 보낸 것은 이웃의 초대 때문이기도 했고, 다른 방학 프로그램보다 저렴하기 때문이기도 했다. 아이는 교회에 가본 적이 거의 없었고 집에 성경책도 없었다.

수련회를 시작할 때는 라이언이 잘 따라올 수 있을지 걱정이 되었다. 하지만 그것은 쓸데없는 걱정이었다. 라이언은 집중도 가장 잘 하고 좋은 질문을 던졌으며 신이 나서 수업을 경청했다.

성경 교사라면 대부분 이런 경험을 해봤을 것이다. 같은 내용을 전해도 교회에 다니는 기존 아이들은 지루해하는데 새로 온 아이들은 놀라움을 금치 못한다. 보통은 교회 아이들이 내용을 이미 들어봤기 때문이라고 여기지만, 이번에는 그 이상의 무언가가 있었다. 나는 매 수업 성경 이야기로 복음을 가르쳤고, 교회의 기존 아이들도 충분히 흥미를 보이기는 했다. 다만 흥분할 만큼은 아니었다. 게다가 복음 부분은 의식하지도 못하고 있다는 것을 금세 알 수 있었다.

한 주가 끝나갈 무렵의 어느 날 저녁, 나는 다윗 왕과 므비보셋에 관한 수업을 했다. 다윗은 그의 원수 사울이 전쟁터에서 죽은 후 왕이 되었다. 사울의 후손은 많이 남아 있지 않았는데 이는 다윗에게는 잘 된 일이었다. 그들은 왕좌에 잠재적 위협이 될 존재들이기 때문이다.

한편 므비보셋은 사울의 손자였다. 그는 어릴 때 다리는 절게 됐지만 살아남아 가문의 땅에서 멀리 떨어진 이스라엘 영토 변방 후미진 곳에서 생활하고 있었다. 다윗 입장에서는 잠재적 원수가 그대로 있는 편이 안전했다. 그러나 다윗은 사울의 가족에게조차 친절을 베풀고 싶어 하는 기이한 인물인지라, 므비보셋을 궁정에 불러들였다. 무척이나 두려웠을 므비보셋에게 다윗은 이렇게 말한다. "무서워하지 말라. 내가 네 할아버지 사울의 모든 밭을 다 네게 도로 주겠고, 또 너는 항상 내 상에서 떡을 먹을지니라"(삼하 9:7). 다윗은 므비보셋을 친아들처럼 대했으며, 성경은 "그가 언제나 왕의 식탁에서 떡을 먹었다"고 세 번이나 더 언급한다.

나는 아이들에게 자유롭게 답변할 수 있는 질문을 던졌다. "이 이야기를 통해 하나님과 함께하는 삶에 관해 무엇을 배울 수 있을까요?"

몇 명이 손을 번쩍 들었다. "우리도 친절을 베풀어야 해요." 한 아이가 말했다. "하나님은 우리가 원수까지도 사랑하기를 원하세요." 다른 아이가 말했다. 나머지가 동의하듯 고개를 끄덕였다. 모두 좋은 대답이었지만, 과연 가장 좋은 답변이었을까?

"또 다른 사람은 없나요?" 내가 물었다. 없었다. 모두 똑같이 생각하는 듯했다. 그때 라이언이 손을 들었다. "제 생각에는 하나님과 우리 이야기 같아요." 라이언이 대답했다. "우리가 므비보셋이에요. 우리도 상처를 입었고 하나님의 편이 아니었어요. 그래도 하나님은 우리에게 친절을 베풀어주세요. 하나님은 정말 좋은 분이에요."

그렇다. 이것이 가장 좋은 대답이었다. 교회에 다니는 기존 아이들도 깨닫지 못한 것을 라이언이 먼저 깨달은 것이다. 기존 교회 아이들은 여러 해 동안 성경공부를 하면서 하나님에 관한 질문에 답할 때 "나는 지금 그분을 위해 무엇을 해야 하는가"를 먼저 생각하도록 학습이 되었다. 먼저 이런 생각을 버려야만, 상처 입은 원수인 우리를 자신의 식탁으로 불러주시는 왕으로서의 예수님을 바라볼 수 있다. 교회의 기존 아이들도 라이언도 한 주 내내 복음을 들었다. 그러나 하나님에 관한 질문에 "하나님은 참 좋으시다"라는 생각으로 반응할 준비가 된 것은 라이언뿐이었다.

## 그리스도인은 어떻게 성장을 멈추는가?

믿는 가정에서 자라고 교회에 익숙한 아이들에게 복음이 더 필요한 이유가 한 가지 더 있다. 이번에는 어떤 문제 때문이 아니라, **그리스도인의 성장이 이루어지는 방식 때문이다.**

아이들은 하나님의 선하심과 거룩하심을 배워가며 그분에 대한 경외심을 키워야 한다. 이것은 성장이다. 자신을 점검하여 내면의 추악함을 발견해가면서 죄에 대한 깨달음도 커져야 한다. 이것도 성장이다. 그러나 예수님 안에서 받은 용서와 의에 대한 이해가 그만큼 커지지 않으면, 둘의 조합은 아이들을 절망하게 할 것이다.

한 아이가 새롭게 그리스도인이 되어 하나님의 빛을 보기 시작했다고 생각해보자. 진리를 배워갈수록 아이의 삶 속에 비치는 빛줄기가 두 가지를 보여줄 것이다. 1) 하나님의 거룩한 요구와, 2) 그 요구에 미치지 못하는 자신의 죄 말이다. 이에 대한 이해를 돕기 위해 선교단체 서지(Serge)에서 사용하는 도표가 있다.[4] 아래 도표는 앞에서 말한 둘을 하나님의 빛 상단의 가장자리와 하단의 가장자리로 표현한다. 아이는 위의 두 가지를 깨달음과 동시에, 자기 죄와 하나님의 요구 사이의 간극을 메우는 십자가를 발견한다. 이때 아이에게는 기쁨과 확신이 있으며 하나님을 위해 살려는 갈망이 있다.

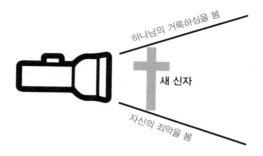

신앙생활을 계속하면서 아이는 더 많은 것을 배운다. 하나님의 거룩한 요구에 대한 이해도 커진다. 자신의 삶도 마음도 그 요구에 절대 미치지 못한다는 것을 더욱 온전히 이해하게 되면서, 자신의 죄에 대한 이해도 커진다. 빛의 폭이 넓어진 것이다. 그런데 이때 복음에 대한 감사가 함께 커지지 않는다면, 즉 아이의 삶 속의 십자가가 비슷한 크기로 남아 있다면, 간극이 생기고 만다.

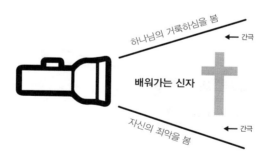

이런 아이는 걱정하는 앨리스가 된다. 그는 자신의 선행도 하나님을 향한 감정도 충분하지 못함을 알고 있다. 심지어 자신의 위선도 알고 있어서 남몰래 죄책감에 시달린다. 따라서 가식적인 사람이 되어 자신은 물론 친구들과 부모님을 끊임없이 속임으로써 상황이 그리 나쁘지 않다고 믿게 하려 한다.

더 잘하려고 열심히 노력하지만 헛수고다. 그래서 안일한 카일 같은 행동도 보인다. 십자가와 하나님의 거룩하심 사이를 메우기 위해, 하나님의 요구가 실상은 그렇게 극단적이지 않다는 듯 행동한다. 자신의 기운을 짜내서 할 수 있는 작은 순종 정도면 충분하다고 스스로 되뇐다.

또한 같은 아이가 의기양양 사라 같은 행동도 보인다. 십자가와 죄 사이를 메우기 위해, 자기 죄가 실은 그렇게 끔찍하지 않다는 듯 행동한다. 아이는 더 이상 회개하지 않는다. 대신 그리스도인다운 이미지를 유지하기 위해 거짓말을 하고, 지적하는 사람에게는 방어적인 태도를 보이며 남들을 비난한다. 오로지 좋게 보이려고 교인처럼 행동하고 부모님께 순종한다.

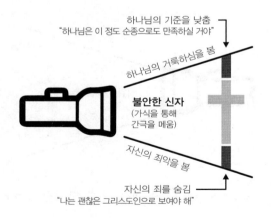

하나님의 기준을 낮춤
"하나님은 이 정도 순종으로도 만족하실 거야"

하나님의 거룩하심을 봄

불안한 신자
(가식을 통해
간극을 메움)

자신의 죄악을 봄

자신의 죄를 숨김
"나는 괜찮은 그리스도인으로 보여야 해"

요컨대 이 아이의 신앙은 성장을 멈춘다. 하나님의 위대하심을 더 배워도 도움이 되지 않는다. 아이가 소화할 수 없기 때문이다. 죄를 짓지 말고 더 순종하라는 말도 도움이 되지 않는다. 아이가 그런 말에 저항하거나, 귀를 닫아버리거나, 아니면 두 가지 다 하기 때문이다. 교회에서 자란 아이라면 이런 성장 지연 현상이 그리스도인이 된 직후에도 일어날 수 있다. 이미 하나님과 죄에 관해 너무 많이 알고 있기 때문이다.

해결책은 다른 모든 것과 함께 십자가도 자라게 하는 것이다. 자신과 하나님에 관해 더 알아갈수록, 복음을 신뢰하고 기뻐하는 법도 반드시 함께 배워가야 한다. 그리스도 안에서 온전히 용납되었고, 하나님께 용서받고 입양되었음을 점점 더 확신해야 한다. 이것이 지속적으로 성장할 수 있는 유일한 방법이다.

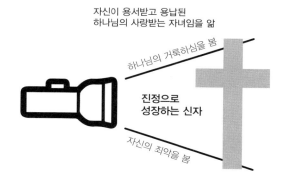

성경은 우리에게 이런 역동을 기대하라고 말한다. 성전에서 천둥 같은 하나님의 환상을 본 예언자 이사야를 생각해보라. 이사야는 환상을 본 순간 하나님의 거룩하심에 대한 이해가 순식간에 어마어마하

게 커져, 그가 감당할 수 없을 정도가 되었다. "화로다, 나여! 망하게 되었도다"(사 6:5). 그런데 한 천사가 나타나서 뜨거운 숯을 그의 입술에 대며 이렇게 선언했다. "네 악이 제하여졌고, 네 죄가 사하여졌느니라"(사 6:7). 하나님의 거룩하심과 자신의 죄를 이해하게 된 만큼 하나님의 용서에 대한 확신도 커져 균형을 이룬 후에야, 이사야는 사역을 할 준비가 되었다.

복음을 꾸준히 섭취해온 아이는 예수님과 그분이 자신을 위해 행하신 모든 일에 나날이 더 감사한다. 그런 아이는 놀랍고 가식 없는 그리스도인이 된다. 있는 그대로의 모습보다 더 나아 보이려고 노력하는 대신, 자기 죄를 솔직하게 고백하고 진지하게 회개한다. 교인들이 하는 행위를 조금 따라하는 것으로 하나님을 쉽게 만족시킬 수 있다는 듯 행동하지 않고, 대신 과감하게 거룩하신 하나님께 점점 더 가까이 나아간다. 아이의 죄와 하나님의 거룩하심 사이의 간극은 아이가 얼마나 큰 용서를 받았는지를 보여줄 뿐이라서, 예수님을 향한 사랑만 더 커진다.


## 왕을 향한 사랑

앞서 말한 므비보셋 이야기는 성경 속 모든 이야기를 통틀어 내가 가장 좋아하는 결말로 끝을 맺는다. 므비보셋은 수년간 다윗의 식탁에서 식사했다. 왕의 원수가 될 수도 있었던 그에게 왕자의 권리가 주어진 것이다. 그러던 중 다윗이 아들 압살롬의 반역으로 도망자 신세가 되었다. 다윗 왕궁의 모든 충신이 그와 함께 길을 나섰다.

그런데 므비보셋은 다윗과 함께 떠난 충신 중에 없었다. 다윗에게 도움을 준 므비보셋의 종 시바가 주장하기를, 자기 주인이 정치적 격변을 틈타 스스로 왕이 되려 했다고 한다. 이 말을 들은 다윗은 므비보셋에게 줬던 땅을 빼앗아 종에게 상으로 하사했다(삼하 16장).

시간이 흐른 후 다윗이 돌아와서 왕위를 되찾았다. 므비보셋이 나와 그를 맞이하는데, 전혀 왕이 되려고 했던 인물로는 보이지 않았다. 그는 다윗이 떠나고 상심한 나머지 몸을 씻거나 단장하지도 못하고 있었다. 므비보셋은 모함을 당했다고 설명했다. 종 시바가 다리를 절어 혼자 움직일 수 없는 므비보셋을 두고, 그의 나귀를 타고 떠나버린 것이다.

다윗은 확신하지 못하고 결국 므비보셋과 기회주의자 종이 땅을 나눠 가지도록 했다. 그러나 므비보셋의 대답은 완벽했다. "내 주 왕께서 평안히 왕궁에 돌아오시게 되었으니, 그로 그 전부를 차지하게 하옵소서"(삼하 19:30).

이와 같은 헌신은 우리에게 전혀 합당하지 않은 친절을 보여주신 왕의 식탁에 앉아 매일 떡을 나누는 삶으로부터 흘러나온다. 우리는 하나님께 입양된 자녀다. 날마다 복음을 상기하고 복음으로 마음껏 포식할 때, 그분께서 주시는 다른 무엇보다 왕 되신 그분 자체를 좋아하게 된다. 그분을 사랑하게 된다.

# 예상되는 질문

Q: 제가 가르치는 아이들은 이미 복음을 알고 있어요. 아주 어릴 때부터 십자가와 예수님에 대한 믿음을 가르쳐왔거든요. 가끔 상기시킬 필요가 있다는 것까지는 알겠지만, 그 정도로 충분하지 않을까요?

A: 이것이 일반적인 사고방식입니다. 우리는 아이들이 이미 복음에 잘 뿌리내리고 있어서 다른 내용을 가르칠 때도 당연히 복음이 바탕에 있을 것이라고 짐작합니다. 그러나 우리가 그렇게 당연시하면 복음은 금세 잊히고 맙니다. 복음으로 계속 회복되지 않으면 아이들은 물론이고 어른들도 금세 자기 힘이나 의지로 하나님께 순종하려고 노력하기 시작합니다. 복음은 절대로 배경에 머물러서는 안 됩니다. 전경이 되어야 합니다. 다른 모든 것을 수행할 능력을 줄 것으로 기대하며 바라보는 유일한 근원이 되어야 합니다. "인내로써 우리 앞에 당한 경주를 하며, 믿음의 주요 또 온전하게 하시는 이인 **예수를 바라보자**"(히 12:1-2).

Q: 이미 일정 횟수 이상 복음을 들은 아이라면, 더 이상 무엇을 배울 수 있을까요?

A: 저는 언제나 복음에 관해 새로운 것을 배웁니다. 나이가 들수록 예수님이라는 분과 그분 안에서 얻은 축복의 풍족함을 이제 겨우 이해하기 시작했음을 깨닫지요.

이에 관한 여러분의 가르침이 진부해졌다면(저에게도 일어나는 일입니다) 신약성경을 더 읽고 연구하시기를 권합니다. 예수님과 우리가 받은 축복에 관해 신약성경이 뭐라고 하는지 찾아보십시오. 얼마 안 가 이제껏 깊이 생각해보지 못한 무언가를 발견하고, 그 오래된 복음에 관해 새롭게 이야기할 거리가 생길 것입니다. 서지에서 소그룹용 교재로 나온 "복음의 변화" 시리즈의 『복음의 정체성』(Gospel Identity), 『복음의 성장』(Gospel Growth), 『복음의 사랑』(Gospel Love)도 예수님 안에서 우리가 소유한 축복에 관해 새로운 통찰을 얻을 수 있는 훌륭한 자료입니다.[5]

저는 에베소 교인을 향한 바울의 기도를, 아이들을 향한 제 목표로 삼을 때가 있습니다. "너희가 사랑 가운데서 뿌리가 박히고 터가 굳어져서 능히 모든 성도와 함께 지식에 넘치는 그리스도의 사랑을 알고, 그 너비와 길이와 높이와 깊이가 어떠함을 깨달아, 하나님의 모든 충만하신 것으로 너희에게 충만하게 하시기를 구하노라"(엡 3:17-19). 그리스도의 사랑에는 언제나 더 넓어지고 더 깊어질 여지, 즉 그 사랑을 더 배우고 더 소유하고 영혼에 더 깊이 스미게 할 여지가 있습니다.

Q: 회심이 아이의 마음에 역사하시는 하나님의 일이라면, 누가 회심했고 누가 하지 않았는지 어떻게 구분할 수 있을까요?

A: 확실히 알 수 없는 경우가 많습니다. 그러나 다행히도 두 유형 모두에게 똑같은 가르침(많은 양의 복음과, 복음을 믿고 회개하라는 격려)이 필요하므로 굳이 알아낼 필요가 없습니다. 저도 알아내려고 애쓰지 않습니다.

Q: 그렇다면 아이들을 대할 때 이미 구원받았다는 전제로 대하시나요,
   아직 아니라는 전제로 대하시나요?

A: 때로 믿음을 가지도록 강력히 촉구할 때는 두 상태의 차이를 표현
   하기도 합니다. "처음으로 믿어야 할 사람도 있고, 성장하기 위해
   더 깊은 믿음을 가져야 할 사람도 있다"는 식으로 말이죠. 그러나
   보통 교회 아이들을 상대로 이야기할 때 저는 이미 구원받았다고
   전제하는 편입니다. 설사 아직 회심하지 않았더라도 교회라는 가족
   의 일원이라면 이들 안에서 하나님이 역사하실 것을 기도하는 마음
   으로 기대해야 합니다.

   　앞 장에서 제가 하나님의 성적표 이야기를 해준 니콜을 예로
   들어보죠. 저는 니콜을 대할 때 믿기는 하되 확신이 없는 아이로 대
   했지만, 실은 아직 회심하지 않았고 그저 이기적인 이유로 교인처
   럼 행동하는 것일 수도 있었습니다. 그러나 니콜에게 무엇을 가르
   쳐야 하는지의 관점에서 그것은 중요하지 않았습니다. 어느 쪽이
   든, 니콜이 복음을 듣고 믿어야 하는 것은 마찬가지였습니다. 이것
   이 복음의 매력입니다.


## 즉시 실천하라

이번 장에서 배운 것을 실천하기 위해 할 수 있는 일을 선택해보자. 이
를테면 다음과 같은 일을 할 수 있다.

**모든 사람의 경우**

그리스도인이 되고 그리스도 안에서 성장하는 것은 '성령님'의 역사이므로, 아이들의 삶에서 하나님이 역사하시도록 정기적으로 기도하기 시작하라. 개인 기도에 그런 내용을 추가하라. 혼자 규칙적으로 기도하지 못하고 있다면 아이들과 함께 드리는 기도에 넣으라. 매주 수업 시간에 드리는 기도나 가정 예배나 자기 전에 드리는 기도에 넣어라. 아이에게 믿음이 있는지 확신하기 어렵다면 "아버지, ＿＿＿의 마음속에 역사하셔서 주님을 향한 큰 믿음과 사랑이 자라나게 해주세요"와 같이 기도하라. 이는 믿지 않는 사람과 믿는 사람 모두에게 필요한 기도다.

**부모의 경우**

정직하게 자신을 돌아보면서 자녀가 구원받았다고 안심하는 근거가 무엇인지 생각해보라. 그 근거는 이런 것일 수 있다.

- 착한 행동
- 믿음의 유산과 교회 활동
- 영접 기도나 공개적인 결단

좋은 요소들이기는 하다. 그러나 자녀의 마음속에 역사하시는 하나님보다 이런 것에 더 소망을 뒀다면 지금 하나님께 고백하라. 부모인 자신의 아버지께, 내 자녀의 아버지가 되어달라고 간구하라. 그런 후에 배우자와 함께 시간을 정하거나 매일 볼 수 있는 곳에 메모를 적어두고 하나님께서 자녀의 마음속에 역사하시도록 날마다 기도하라. 이런 지속적인 기도야말로 자녀가 신앙을 가지게 되고 그리스도 안에서 성장하도록 돕기 위해 일정에 넣고 실천할 수 있는 가장 실질적인 일이다.

## 교사의 경우

다음번에 성경 이야기로 수업할 때, 이야기를 어떻게 적용해야 할지 아이들에게 한번 시험 삼아 물어보라. 내가 수련회에서 했던 질문을 해보라. "이 이야기를 통해 하나님과 함께하는 삶에 관해 무엇을 배울 수 있을까요?" 이때 자신이 더 잘해야 한다는 이야기는 많이 하는데 하나님께서 행하시는 일에 관해서 거의 말하지 않는다면, 복음을 듣는 것에 익숙하지 않다는 뜻이다. 우리가 어떻게 행동해야 하는지 배우는 것도 성경을 사용하는 좋은 방법이지만, 그 무엇보다 좋은 방법은 '하나님께서' 행하시는 일을 발견하고 그에 감사하는 것이라고 말해주라. 아이들이 하나님을 찾고 그분 안에서 기쁨을 얻기까지 매주 같은 질문을 계속하라.

## 중고등부 사역자의 경우

청소년들에게 교회에 다니지만 성장하지 않는 아이의 세 유형인 걱정하는 앨리스, 의기양양 사라, 안일한 카일에 관해 설명하라(같은 이름의 학생이 있다면 이름을 바꿔서 말하라). 이 중 자신의 신앙생활과 가장 비슷한 모습은 어느 것인지 물어보라. 이 질문을 시작으로 예수님과 그분의 복음을 더 확고하게 믿는 것이 어떻게 그들의 성장을 도울 수 있는지 토의해보라. 자신의 죄악을 더 깊이 깨달아야 하는 경우인가? 그리스도 안에서의 용서를 더 깊이 믿어야 하는 상황인가? 그분께서 죄를 이기는 능력 주심을 더욱 믿어야 하는가? 아니면 세 가지 모두 필요한가? 이때 토의의 목적이, 다른 무엇보다 복음을 더 깊이 믿음으로써 신앙이 성장할 수 있도록 격려하는 것에서 벗어나지 않도록 하라.

인격과 행실의 여러 변화 중 기만적인 것이 얼마나 많으며,

깊고 진실된 것은 얼마나 적은가! 영적 존재의 가장 깊은 곳에 이르는

변화만이 변화라 불릴 만한 결과를 낸다.

우리를 진실로 변화시키는 단 한 가지 마력은 십자가뿐이다.

-호레이셔스 보너[1]

## 4장

# 아이들이 타고나는 마음

복음이 굳은 마음을 변화시킨다

그날 나는 4학년인 우리 반 아이들과 주일 아침을 잘 보내고 있었다. 아이들은 예의 있게 행동하고 진실하게 기도했으며 아브라함에 관한 나의 수업에도 열심히 참여했다. 이제 간식 시간이었다. 간식 담당자는 아이들에게 하나씩 돌아갈 치즈스틱과 다 같이 나눠 먹을 크래커 한 봉지를 주고 갔다.

크래커는 정확히 서른네 개였고 아이들은 아홉 명이었다. 자기 몫을 공평하게 받기 원하는 한 아이가 크래커를 세어봐서 알게 된 사실이다. 간식 시간만 되면 매서워지는 산수 실력이 놀라울 지경이었다. 또 다른 아이는 나눗셈을 하더니, 각 사람이 크래커를 네 개씩 받을 수 있지만, 두 명은 할 수 없이 세 개에 만족해야 한다고 공표했다.

"나는 네 개!" 한 아이가 말했다.

"안 돼, 그것도 쪼개서 나눠야 해!" 다른 아이가 소리쳤다. 몇몇은 나머지 크래커를 어떻게 쪼갤지 토론을 벌이기 시작했다. 소심한 아이들에게 세 개만 먹으라고 강요하는 아이들도 있었다. 탐욕이 지배하기 시작했다. 뿌리 깊은 탐욕이 크래커 한 조각에까지 손을 뻗친 것이다.

나는 이 상황을 끝내기로 했다. "모두 세 개씩만 받아요."

"남은 크래커는요?" 누군가 물었다.

"그대로 남겨두면 돼. 아무도 먹지 않을 거야." 그렇게 상황은 일단락되었다. 아니, 실은 일단락된 것이 아님을 나도 잘 알고 있었다. 논쟁을 중단시키기는 했지만 탐욕에는 손을 대지 못한 것이다.

# 잊힌 수업

이런 행동은 아이는 물론이고 어른들 사이에도 흔히 나타난다. 어린아이들은 어린이집에서 장난감을 가지고 싸우고, 고등학생들은 가장 큰 피자 조각을 차지하려 한다.

그러나 그날 아침 아이들이 차분히 앉아 치즈와 크래커를 먹기 시작했을 때, 나는 비로소 방금 목격한 논쟁이 절대 일어나서는 안 됐었다는 사실을 깨달았다. 그날만큼은 아니었다. 간식 시간 직전에 했던 수업 내용이 어떻게 하면 탐욕을 피할지에 관해서였던 것이다. 그러나 탐욕은 너무 강력한 습관이라서 아이들은 내가 크래커를 꺼내 들자마자 방금 배운 것도 잊고 말았다.

설상가상으로 나조차 그것을 잊고 있었다. 나는 그날 배운 내용을 상기시켜주지도 않고 아이들의 논쟁을 끝내버렸다. 크래커 사건을 적용의 기회로 활용할 수 있었는데, 어리석게도 놓쳐버린 것이다.

그날 공부한 내용은 아브라함이 가나안에서 조카 롯과 헤어지는 대목이었다. 하나님께서 아브라함을 축복하겠으며 그의 자손에게 모든 땅을 주겠다고 약속하셨지만, 아브라함은 그 말씀을 실제로 믿는 법을 배워야 했다. 처음에는 그도 자신을 스스로 지켜야 한다는 사고방식에 따라 움직였다. 그런 사고방식 때문에 이집트에서 아내에 관해 거짓말을 했다.

롯과 목초지를 두고 분쟁을 벌인 것이 아브라함의 두 번째 위기였는데, 이번 대응은 훨씬 나았다. 아브라함이 지역을 나누자고 제안하면서 롯에게 우선권을 준 것이다. 롯은 이기적으로 선택하여 비옥한 하천 유역을 차지했고 아브라함에게는 메마른 산간 지대가 돌아갔다.

수업 시간의 대부분은 아브라함이 롯에게 우선권을 줄 만큼 욕심 없이 행동할 수 있었던 이유에 할애했다. 아브라함은 손윗사람이자 족장이므로 그가 더 좋은 쪽을 얻는 것이 관습에도 맞았다. 우리는 음수대의 물 한 모금이라도 먼저 마시려고 싸우는데 아브라함은 어떻게 그 소중한 권리마저 포기할 수 있었는지 아이들에게 물어봤다. 아이들은 아브라함이 하나님의 약속을 믿은 것이 분명하다고 생각했다. 그는 우리가 애써서 얻어내는 것이 아니라 하나님께서 주시는 것이 인생에서 가장 좋은 것임을 배웠다. 아브라함이 가장 좋은 땅을 포기할 수 있었던 것은 하나님께서 훨씬 더 큰 유산을 주실 것을 알았기 때문이다.

이것이 어떻게 우리의 삶에 적용되는지도 이야기했다. 하나님께서는 아브라함이 받은 것보다 더 큰 축복을 우리에게 주신다. 예수님과 영원히 함께 살며 그분의 모든 부를 함께 누리는 축복을 말이다. 이 진리에 붙들릴수록 이 세상의 값싼 잡동사니에 욕심내지 않게 된다.

이것이 오늘 수업의 내용이었다. 사건 바로 직전에 이 모든 이야기를 한 것이다. 그래서 나는 아이들이 마지막 크래커를 입에 욱여넣고 있을 때쯤, 아까 놓쳤던 적용을 이제라도 하기로 하고 아이들에게 이렇게 물었다. "여러분이 아까 크래커 때문에 했던 행동은 오늘 배운 내용과 어떤 관계가 있을까요?"

"네?"

"아까 크래커 때문에 다퉜죠? 오늘 배운 내용을 잊었던 건가요?" 내가 말했다.

한 아이가 천천히 수업 내용을 적용했다. "욕심부리면 안 돼요."
다른 아이가 맞장구쳤다. "맞아요. 욕심부리면 안 돼요. 우리가 하나님
의 법을 어긴 것 같아요."

다른 아이들도 고개를 끄덕이며 동의했다. 꾸중을 들었다고 느꼈
는지, 아이들은 이렇게 말했다. "선생님, 잊어버렸어요. 다음에는 잘할
게요. 욕심부리지 않도록 노력할게요."

나는 할 말을 잃었다. 정말 내가 이렇게 밖에 못 가르친 것인가?
나의 의도는 전혀 그렇지 않았다!


## 마음의 초기 설정

이 이야기를 들려준 이유는 아무리 좋은 내용을 가르쳐도 아이들의 마
음이 본능적으로 향하는 방향이 있음을 보여주기 위해서다. 나는 복
음을 부각시키는 수업을 했다. 훈계하지 않으려고 주의했고, 하나님의
사랑과 그리스도 안에서 누리는 축복을 보여주려 했다. 다른 무엇보다
이 복음을 믿으라고 격려했다. 그런데도 아이들의 마음속에서 내 이야
기는 '하나님을 기쁘시게 하려면 나는 무엇을 해야 하는가'로 바뀌어
있었다.

모든 사람의 마음이 본능적으로 이렇게 작동한다. 아이들의 마음
은 하나님께 점수를 따기 위해 노력하도록 미리 설정되어 있다. 초기
설정이 이루어진 상태로 공장에서 배송된 전자제품처럼, 아이들도 복
음을 믿지 않도록 미리 설정되어 있다. '자신의 종교적·도덕적 노력에

대한 믿음'이라는 초기 설정이 '예수님에 대한 믿음'을 대신한다. 그 믿음이 너무 강력한 나머지 복음을 가르쳐도 오해하기 쉬운 것이다.

복음에 관한 수업이 항상 실망으로 끝나는 것은 아니다. 성령님 께서 복음을 통해 아이들의 마음에 파고드신 적도 많다. 그러나 행위 를 통해 하나님께 잘 보이려 하는 교활한 충동은 우리 마음의 부패한 초기 설정 깊숙한 곳에 뿌리내리고 있다. 이것을 제거하려면 의도적인 노력이 필요하다. 우리의 일부가 될 때까지 복음을 반복하고 또 반복 해야 하는 것이다.


## 사랑이 선택이 아닌 이유

자, 우리가 수업을 하려고 아이들 앞에 섰다고 생각해보자. 아니면 중 고등부 아이들과 이야기를 나누고 있다고 생각해보라. 고민이 있다는 십 대와 점심을 먹는 중이거나, 자녀를 축구장에 태워다주는 중일 수 도 있다. 아이들의 신앙생활에 변화가 필요하다는 것은 알지만, "그렇 게 하지 마라", "하나님께서는 네가 이렇게 하기를 원하신다"라는 말 외에 무슨 말을 해야 할지 모르겠다.

그런 순간에는 '아이가 무엇을 해야 하는지'가 아니라 '어떻게 아이의 마음에 닿을 수 있는지'가 관건이다. 예수님의 아름다우심과 그가 행하신 일에 대한 기쁨이 너무 커서 그것이 삶의 방식으로 흘러 넘칠 때까지, 아이들은 예수님 안에서 안식해야 한다. 감상적으로 들 릴 수도 있지만 우리의 목표는 하나님을 점점 더 사랑하는 것이어야 한다. 여기에는 적어도 두 가지 이유가 있다.

## 하나님을 향한 사랑에서 나온 것이 아니면 참된 순종이 아니다

가장 근본적인 계명이 무엇인지 묻는 말에 예수님은 이렇게 대답하셨다. "네 마음을 다하고 목숨을 다하고 뜻을 다하여 주 너의 하나님을 사랑하라 하셨으니, 이것이 크고 첫째 되는 계명이요"(마 22:37-38). 사랑 없는 순종에 만족할 때, 우리는 다른 무엇보다 중요한 순종을 가볍게 여기게 된다. 그 무엇도 그 누구도 예수님보다 먼저일 수 없다. 예수님께서는 충격을 줄 만큼 강력한 말로 다른 무엇보다 그분을 향한 사랑이 훨씬 커야 함을 설명하셨다. 그분은 "무릇 내게 오는 자가 자기 부모와 처자와 형제와 자매와 더욱이 자기 목숨까지 미워하지 아니하면 능히 내 제자가 되지 못하고"(눅 14:26)라고 하셨다.

## 예수님을 향한 사랑 없이는 급진적으로 순종할 능력이 없다

예수님은 또 이렇게 말씀하셨다. "나의 계명을 지키는 자라야 나를 사랑하는 자니"(요 14:21). 다른 모든 계명은 이 위대하고 첫째 되는 계명에 달려 있다. 다른 계명 중 하나를 지키지 못했다면, 첫 번째 계명을 지키지 못한 것이 분명하다. 예수님보다 우리 자신을 사랑한 것이다.

아이들이 하나님을 사랑하지 않더라도 착한 교인답게 집에서 기도 등을 하도록 설득할 수는 있다. 그러나 이는 기껏해야 하나님이 거절하시는 이기적이고 영악한 종교 활동일 뿐이다. 기쁨 없는 가식은 아이들에게 위험하다. 그것은 마치 거룩한 삶처럼 보여서 예수님을 따르고 있다고 착각하게 만들지만, 사실 아이들의 마음은 냉담할 뿐이다. 우리는 마음을 얻어야 한다.

사랑을 키우는 방법으로 성경이 제시하는 해답은 복음이다. "우리가 사랑함은 그가 먼저 우리를 사랑하셨음이라"(요일 4:19). 복음을 가르치는 교사는 능숙하게 아이의 마음을 인도하여 숨이 멎을 만큼 엄청난 예수님의 아름다움을 보게 한다. 오직 예수님만이 친구들의 인정이나 비디오 게임의 즐거움에 묶인 아이의 마음을 사로잡으실 수 있다. 오직 예수님만이 그들의 사랑을 받기에 합당하시다.

아이가 이것을 이해하면, 더 노력해야 한다고 억지로 인정하는 데 그치지 않고 오히려 다음 기회를 기대하게 된다. 그러다가 또다시 크래커에 대한 욕심이나 다른 죄를 마주하면, "우리가 하나님의 법을 어겼구나"라고 말하는 대신 "우리가 아버지의 마음을 아프게 했구나"라는 생각을 가장 먼저 할 것이다.

## 나는 어떻게 잘못 가르쳤는가?

예언자들은 하나님께서 외적인 순종보다 순전한 마음을 요구하신다고 했다. "이 백성이 입으로는 나를 가까이 하며 입술로는 나를 공경하나, 그들의 마음은 내게서 멀리 떠났나니"(사 29:13). 예수님께서도 겉으로만 순종하는 바리새인들을 겨냥하여 이 구절을 인용하셨다. 또한 마음이 행위를 이끈다고도 말씀하셨다. "선한 사람은 마음에 쌓은 선에서 선을 내고 악한 자는 그 쌓은 악에서 악을 내나니, 이는 마음에 가득한 것을 입으로 말함이니라"(눅 6:45).

　　나는 이것을 알면서도 마음을 무시할 때가 정말 많다. 마음의 변화를 기대하는 것이 너무 지나쳐 보여 쉬운 길을 택하는 것이다. 그리하여 금세 눈에 보이는 결과를 가져온다고 입증된 열등한 동기에 의존하곤 한다. 어쨌든 결과적으로 우리 반 아이들이 크래커를 세 개씩만 먹게 하지 않았는가. 나는 설득에 능한 편이라 십 대 아이가 이보다 더한 일도 하게 할 수 있다. 더 이상 부모님께 거짓말을 하지 않거나 순결을 지키게 하는 것처럼 말이다. 다시 말해 악한 행동을 멈추게 할 수 있다. 잠시 동안은 말이다. 그렇다 보니 악한 행위의 근원인 악한 마음을 다루는 대신 행위 자체에 손을 대곤 한다.

　　다음은 내가 수년간 이용해온 잘못된 동기들이다. 여러분에게도 익숙한 부분이 있을 것이다.

### 자부심에 호소하기

하나님께 순종한다면 좋은 그리스도인이라는 뜻이므로, 자신을 대견하게 여길 수 있다고 말했다. 예수님과 부모님과 교사인 나를 기쁘게 하고 있으니 당당하게 고개를 들고 다닐 수 있다고 했다.

### 자기 유익에 호소하기

하나님의 법을 따르는 것이야말로 행복하고 만족스러운 삶을 누릴 수 있는 유일한 방법이라고 말하기도 했다. 무엇이 유익한지는 하나님께서 가장 잘 아시기 때문에 인생이 잘 풀리길 원한다면 그의 방법대로 살아야 한다고 했다.

### 두려움과 보상에 호소하기

간접적으로나마, 하나님께서 악한 행동은 벌하시고 선한 행동에 대해 복을 주신다고 가르쳤다. 불순종하며 살고 있다면 기도 응답도 기대할 수 없다고 했다.

### 편안한 무지 상태에 두기

"더 노력하라"고 말하기도 지쳐서, 죄를 진지하게 다루지 않은 채 하나님의 사랑 이야기만으로 안심시켜보기도 했다. 여기에 유쾌하고 활력 넘치는 활동을 넣기도 했다. 즐거운 시간을 보낸 아이들이 하나님에 대해 유쾌한 감정을 느끼며 돌아가면 도움이 되지 않을까 했다.

사실 내가 한 말 중 일부는 사실이다. 특히 하나님에 대한 순종은 우리에게 정말 유익하다. 그러나 이것들은 기껏해야 이차적인 동기일 뿐이다. 나쁘게 말하면 이 모든 것은 우리 자신을 위한 논리다. 자존감, 자기 보존, 자기 발전 등등…. 모두 기독교적으로 보이도록 가장한 이기심이다. 나는 이런 이기적인 회개로 인도하는 내 행동을 미워해야 한다. 또한 그런 회개가 지속되지 않는 것은 놀랄 일도 아니다.

　몇 년 전 혼전 순결을 지키겠다고 서약한 십 대들이 비슷한 환경에서 자라 그런 서약을 하지 않은 십 대들만큼이나 순결을 지키지 못했다는 연구 결과가 있었다.[2] 이것으로 많은 중고등부 사역자가 충격에 빠졌다. 그 아이들은 하나님과 부모님을 기쁘게 하겠다고 굳게 결심했다. 길게 보면 순결을 지키는 편이 훨씬 행복하다는 이야기를 듣고 또 들었다. 그들의 결정을 자랑스럽게 느끼도록 서약식을 열어 축하해주기도 했다. 그러나 모두 자아를 중심에 둔 일이었을 뿐, 아이들의 마음에는 가 닿지 못했다.


## 우리는 참된 변화를 믿는다

믿지 않는 사람들은 언제나 그리스도인들이 그런 이기적인 이유로 바르게 행동한다고 생각한다. 그들에게는 마음이 진짜로 변화될 것에 대한 소망이 없기 때문이다. 이런 세속적 접근이 우리와는 무관한 것이어야 한다. 우리는 성령의 공급에 의한 지속적인 변화가 가능하다고 믿는다. 아이들에게 복음으로 동기를 부여할 때, 생활의 몇 부분을 고치는 것만으로 충분하다는 터무니없는 생각을 거부해야 한다. 복음은 **자기 삶의 죄를 십자가에 못 박아야 한다**는 진리를 말해준다. 아이는 질투하시는 하나님께 끔찍하게 반역하는 경향이 있으며, 하나님은 그것을 가볍게 여기지 않으신다. 죄는 생명을 앗아갈 정도로 심각한 것이다.

　　예수님은 다른 무엇보다 죄를 심각하게 받아들이신다. 손이 범죄하게 하거든 그것을 잘라버리라고 말씀하신 것도 그분이다. 예수님께서 죄를 얼마나 심각하게 여기셨는지 정말로 이해하려면, 그가 우리와 같은 인간이 되어 천국을 두고 우리가 망쳐놓은 그의 땅으로 와주셨음을 생각해보라. 예수님은 배고프고 피곤하셨다. 오해받으시고 매 맞으시고 비웃음과 침 뱉음을 당하셨다. 우리가 간음한 결과로 받은 저주를 자기 몸에 지고, 우리를 자유롭게 하기 위하여 순순히 십자가에 못 박히시고 그곳에서 죽으셨다. 우리의 죗값은 온전히 치러졌다. 눈에 보이는 몇 가지 죄뿐 아니라 남몰래 죄를 사랑했던 추악한 마음까지 모두 용서받았다.

복음은 날마다 우리의 절망을 경이에 찬 웃음으로 바꾼다. 우리는 안심하는 눈빛으로 이 모든 일을 행하신 분을 바라본다. 그렇다면 이때 어떤 분을 보게 될까? 우리가 상상할 수 있는 한 가장 강하면서도 가장 온화하시며, 가장 당당하면서도 가장 겸손하신 분을 보게 된다. 무엇보다도 우리가 지금까지 알지 못했던 사랑으로 우리를 사랑하시는 분을 보게 된다. 우리를 향한 예수님의 사랑은 순전해서, 우리가 얼마나 사랑스러운지와는 조금도 상관이 없다. 사랑스러운 부분이 있었더라면 그 부분을 유지해야 한다는 압박에 시달렸을 것이다. 그러나 그런 것은 없다. "우리는 미쁨이 없을지라도 주는 항상 미쁘시니"(딤후 2:13)라고 했다. 그분은 우리를 영원히 사랑하신다. 갚을 필요도 없고 조건도 없다. 죄책감에 사로잡힐 필요도 없다. 우리는 사랑받고 있으며, 그것이 전부다.

아이들이 이것을 믿을 때 우리는 그들의 마음을 얻게 된다.


## 교사의 책임과 학생의 책임

처음으로 수업을 바꾸기 시작했던 몇 년 전, 나는 주말에 열린 어느 중고등부 수련회에서 가르치게 되었다. 수련회가 시작될 때 아이들에게, 그들이 나에게 기대하는 것은 무엇이며 내가 그들에게 기대할 것은 무엇이냐고 물어봤다. 아이들은 하나님께서 성경에서 하라고 명하신 것을 가르쳐주는 것이 내 책임이라고 했다. 그들의 책임은 잘 듣고 행하는 것이라고 했다. 물론 다른 마음을 품고 수련회에 온 아이도 있었겠지만 대부분은 진지했다. 아이들은 공부하고 성장하기를 원하고 있었다.

이것은 정확히 내가 기대했던 대답이었다. 내가 이런 반응이 나오도록 유도한 것이다.

그 수련회에서는 예수님의 제자 시몬 베드로의 삶을 주제로 일련의 수업을 했다. 첫 번째 본문은 예수님이 베드로를 도와서 배 한가득 고기를 잡게 하신 장면이었다. 베드로는 이미 예수님과 친분이 있었기에 예수님께서 그의 배 위에서 말씀을 선포하고 계셨다는 사실은 놀랍지 않다. 누가는 그 이야기를 다음과 같이 기록했다.

말씀을 마치시고 시몬에게 이르시되, "깊은 데로 가서 그물을 내려 고기를 잡으라." 시몬이 대답하여 이르되, "선생님 우리들이 밤이 새도록 수고하였으되 잡은 것이 없지마는 말씀에 의지하여 내가 그물을 내리리이다" 하고 그렇게 하니, 고기를 잡은 것이 심히 많아 그물이 찢어지는지라. 이에 다른 배에 있는 동무들에게 손짓하여 와서 도와달라 하니, 그들이 와서 두 배에 채우매 잠기게 되었더라. 시몬 베드로가 이를 보고 예수의 무릎 아래에 엎드려 이르되, "주여 나를 떠나소서! 나는 죄인이로소이다!" 하니, 이는 자기 및 자기와 함께 있는 모든 사람이 고기 잡힌 것으로 말미암아 놀라고, 세베대의 아들로서 시몬의 동업자인 야고보와 요한도 놀랐음이라. 예수께서 시몬에게 이르시되 "무서워하지 말라. 이제 후로는 네가 사람을 취하리라" 하시니, 그들이 배들을 육지에 대고 모든 것을 버려두고 예수를 따르니라(눅 5:4-11).

본문을 다 읽은 후, 나는 예수님께서 베드로에게 "가서 고기를 잡으라"고 말씀하신 첫 번째 장면으로 돌아가 보자고 했다. 그리고 학생들에게 이렇게 물었다. "베드로의 반응을 보세요. '우리들이 밤이 새도록 수고하였으되 잡은 것이 없지마는 말씀에 의지하여 내가 그물을 내리리이다'라고 했죠? 여러분은 이 대답을 어떻게 생각하나요? 베드로는 예수님께 잘 반응한 것일까요?"

활기찬 토론을 기대했지만 그렇게는 되지 않았다. 대신 고학년 여학생 하나가 불안한데도 순종한 베드로에 관해 이야기하기 시작했다. 아이는 깊은 감명을 받은 모양이었다. 아이는 그것이 가장 어려운 종류의 순종이었고, 가서 그물을 내린 베드로는 큰 칭찬을 받아 마땅하다고 했다. "우리도 모두 그렇게 해야 해요. 어려울 때라도 예수님께 순종해야 해요. 베드로의 행동은 최고였어요."

웅성거리며 찬성하는 소리가 들려왔다. 반대하는 사람은 하나도 없는 듯했다.

결국 내가 아이에게 이의를 제기했다. "그렇지만 이야기 전체를 볼 때, 베드로가 더 강건한 제자가 된 것은 그 이후지 않니? 이 사건을 통해 베드로가 성장했다고는 생각하지 않니?" 아이는 아니라고 했다.

"베드로가 예수님 앞에 엎드려 예배한 사건은 어떻게 생각하니?" 아이도 그 장면을 알지만 그물을 내린 것만큼 인상적이지는 않다고 생각했다.

이해할 수 있었다. 이 아이는 예수님이 명하시는 대로 하려고 노력하는 삶에 관해서는 모든 것을 알았다. 그러나 예수님을 인격적으로 만나는 것이나, 그분에 대한 경외감에 휩싸이는 것에 관해서는 아는 바가 없었다. 아이는 그런 개념을 거의 인식하지 못했다.


## 베드로는 어떻게 성장했는가?

여러분도 그물을 내린 베드로의 행동이 훌륭했다고 생각할 수 있다. 물론 감탄할 만한 행동이었다. 베드로에게는 이미 어느 정도의 믿음이 있었다. 그러나 내가 강조하고 싶은 사실은 예수님을 더 알아갈수록 그분과 함께하는 삶도 더 나아진다는 것이다.

고기를 잡기 전의 베드로는 망설이면서 순종했고, 이후에는 순종하고 싶어서 순종했다. 이전의 베드로는 노련한 어부의 의견이 중요하다고 생각했지만, 이후에는 자신이 예수님의 발 앞에 엎드리는 것 외에 아무것도 할 수 없는 존재임을 깨달았다. 이전의 베드로는 어리석게만 들리는 명령에도 그물을 내리는 자신을 우쭐하게 생각했다. 그가 순종하겠다고 선언하는 대목을 보라. 그러나 예수님의 도움을 받고 나자, 예수님께 자신의 도움이 필요하다는 어리석은 생각은 사라졌다.

이전의 베드로는 초점이 잘못되어 있었다. 생각해보라. 영원하신 하나님의 아들과 한 배에 있는데, 그의 마음은 겨우 물고기에 가 있었다. 이후에는 자기 삶에서 한때 중요했던 다른 무엇보다 예수님을 무한히 더 경배하게 되었다. 이 이야기는 베드로가 영웅이라는 내용이 아니다. 오히려 베드로가 그의 마음을 사로잡은 영웅을 발견하는 이야기다.

예수님을 만난 베드로는 자신이 누구인지도 알게 되었다. 그는 예수님께 자신을 떠나달라고 말한다. 이는 하나님 곁에 선 우리가 이기적인 죄인임을 깨닫는 순간 자연스럽게 일어나는 반응이다. 그러나 예수님께서는 떠나지 않으셨다. 예수님은 자기가 죄인임을 알고 그분을 신뢰하는 사람을 절대로 떠나지 않으신다. 그는 오히려 사람을 낚는 일에 동참하도록 베드로를 부르셨다.

베드로는 방금 자신이 그분과 동역하기는커녕 한 배에 있을 자격조차 없음을 깨달았다. 예수님과 동행할 기회만 해도 순전한 은혜였다. 이제는 잘 보이기 위해 애쓸 필요가 없었다. 분기별 인사 고과에 따라 해고당할 수도 있는 그런 일이 아니었다. 실적이 문제였다면 애초에 부름받지도 못했을 것이다.

예수님과 동역하게 되다니, 현실이라고 믿기 어려울 만큼 설렐 뿐이다! "누구요? 저요?" 베드로가 배와 가족과 물고기를 비롯해 모든 것을 두고 기꺼이 떠난 것도 놀랍지 않다. 이처럼 예수님에 대한 베드로의 헌신이 새로운 차원으로 올라선 것은, 그가 새롭게 순종할 방법을 찾아 실천하기로 결단한 결과가 아니다. 예수님을 인격적으로 경험한 결과다.

## 우리는 어떻게 성장하는가?

우리도 거룩하신 하나님의 사랑을 받아, 유일하신 예수님의 놀라운 보혈로 구원받은 죄인들이다. 우리도 은혜로 부름받고 불안에서 자유로워졌으며 선한 일을 하라는 임무를 받았다. 그 수련회에서 나는 아이들이 이것을 경험하길 바랐다. 그날의 수업은 내 역할과 학생의 역할에 대한 아이들의 생각이 부분적으로는 옳다고 말하며 마무리 지었다. 나도 아이들이 순종을 더 잘하길 바라지만, 순종은 선행을 연구한다고 되는 것이 아니다. 복음을 연구하고 받아들임으로써 가능하다. 우리는 베드로의 눈을 통해 그가 예수님 안에서 경험한 경이를 포착하려고 노력할 것이다. 그것이 우리의 동력이 되리라.

## 영적인 '언덕 위의 왕' 놀이

여러 해가 지난 요즘 이런 성장의 방식을 아이들에게 보여주기 위해 내가 가끔 사용하는 예화가 있다. '언덕 위의 왕'이라는 놀이에 기초한 예화다. 이 놀이에서는 한 아이가 흙더미 위에 올라서 있고, 나머지 아이가 그를 밀어내 자리를 차지하려 한다. 보통 가장 덩치 크고 튼튼한 아이가 왕 자리에서 제일 오래 버틴다.

　우리는 그리스도인의 삶을 마음과 머리 사이에서 벌어지는 '언덕 위의 왕' 놀이처럼 생각할 때가 많다. 언덕 위에는 여전히 죄를 사랑하는 마음이 있고, 마땅히 행해야 할 경건한 행동이 무엇인지 알고 있는 머리가 그것을 밀어내려고 애쓴다. 머리와 마음 사이의 끊임없는 전쟁, 우리는 그런 것이 그리스도인의 삶이라고 생각한다.

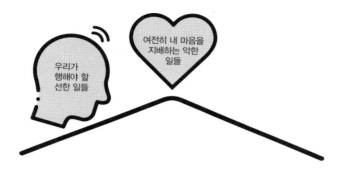

이런 대치 상황에서 누가 승리할 것인가? 간혹 머리가 꼭대기를 차지할 때도 있을 것이다. 그러나 대부분의 경우 마음이 이긴다. "입에서 나오는 것들은 마음에서 나오나니"(마 15:18)라고 했다.

그렇다면 해결책은 무엇일까? 여전히 내 마음을 지배하는 죄와 싸우기 위해서는 더 큰 마음을 동원해야 한다. 예수님을 향한 더 큰 사랑만이 죄에 대한 사랑을 이기고 그 자리를 차지할 수 있다.

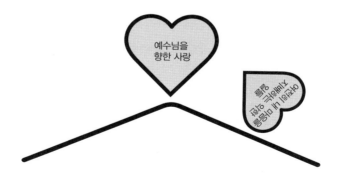

요한은 이렇게 기록했다. "누구든지 세상을 사랑하면 아버지의 사랑이 그 안에 있지 아니하니"(요일 2:15). 또 예수님은 이렇게 가르치셨다. "한 사람이 두 주인을 섬기지 못할 것이니 혹 이를 미워하고 저를 사랑하거나 혹 이를 중히 여기고 저를 경히 여김이라"(마 6:24). 두 사람 다 우리가 죄와 하나님을 동시에 사랑할 수 없다고 말한다. 하나의 사랑이 다른 하나를 밀어낸다.[3]

## 두 종류의 아이들

복음을 믿어 하나님을 향한 사랑을 키워가는 아이는 선행으로 하나님을 기쁘시게 하려고 애쓰는 아이와 다른 삶을 살게 된다. 선행의 아이는 여전히 사랑과 인정을 구한다. 반면 복음의 아이는 자신이 이미 하늘 아버지께 영원히 사랑받는다는 사실을 알고 행동도 더 바르게 한다.

| 선행의 아이 | 복음의 아이 |
| --- | --- |
| 세상을 선한 사람과 악한 사람으로 나눈다. 고기를 잡기 전의 베드로처럼 자신이 선한 아이임을 끊임없이 증명하려 한다. | 인간은 악하고 오직 한 분 예수님만 선하심을 깨닫는다. 고기를 잡은 후의 베드로처럼 선하신 한 분을 믿고 따르는 일에 자기 삶을 드린다. |
| 혀로 죄를 잘 짓는다. 자기 이미지를 보호하려고 거짓말하고, 타인의 비판에 방어적 태도를 보이며, 자신이 타인보다 더 낫게 보이려고 뒷말을 한다. | 잘못했을 때 잘못을 인정하고 타인의 지적을 두려워하지 않는다. 자신감의 근원이 그리스도 안에 있기 때문이다. 타인에게 자신의 약점을 고백하고 상대의 장점을 칭찬한다. |

| | |
|---|---|
| 주로 타인의 잘못을 지적한다. 예수님의 비유에 나오는 성전의 바리새인처럼 자신을 타인과 비교해서 표현할 때도 많다. "하나님이여, 나는 다른 사람들과 같지 아니함을 감사하나이다"(눅 18:11). | 타인의 죄를 굳이 지적하지 않는다. 자신이 무슨 일을 했든 하나님께서 사랑하심을 알기에, 예수님의 비유에 나오는 세리처럼 죄를 기꺼이 고백한다. "하나님이여, 불쌍히 여기소서! 나는 죄인이로소이다"(눅 18:13). |
| 예배, 기도, 성경공부에 참여하는 것은 하나님이나 타인의 시선과 인정 때문이다. 큰 소리로 기도하거나 모임에서 발언할 때, 타인의 생각에 신경을 쓴다. | 예배, 기도, 성경공부에 참여하는 것은 하나님을 사랑하고 그분과 교제하는 것이 기쁘기 때문이다. |
| 선한 행동을 했을 때 부모, 교사, 친구들이 알아주길 바란다. 집이나 교회에서는 순종하더라도 학교에 있을 때나 믿지 않는 친구들과 있을 때 등 다른 신자가 보지 않을 때는 순종이 어려울 수 있다. | 주위에 알아줄 사람이 없을 때도 하나님께 순종한다. 예수님과 연합되어 이미 하나님께 충분히 용납받았다고 느끼기 때문에 칭찬이라는 보상을 받을 필요가 없다. |
| 타인에게 전도하는 등, '창피한' 교회 활동에는 억지로 참여할 뿐이다. 교회 밖 사람들이 생각하는 것과 교회 사람들이 생각하는 것 사이에서 갈등하고, 하나님이 어떻게 생각하실까에 대한 죄책감에 마음이 괴롭다. | 타인의 생각 때문에 염려하지 않는다. 하나님이 자신을 자녀로 사랑하신다는 것을 알기 때문이다. 자신을 향한 예수님의 사랑 때문에 그것을 타인에게도 열심히 전하게 된다. |
| 참된 예배, 진지한 공부, 의미 있는 죄의 고백 보다, 가볍고 '재미있는' 교회 활동을 선호할 수 있다. 전자는 지나치게 부담스럽거나 자기를 많이 노출해야 하는 활동이라 편치가 않다. | 물론 다른 신자들과 재미있는 시간 보내는 것을 좋아하지만, 가장 큰 이유는 자신이 그리스도 안에서 느끼는 기쁨과 자유가 교제 가운데 흘러넘치기 때문이다. 예배, 성경공부, 죄 고백이 하나님과의 관계 및 다른 신자들과의 관계를 위한 동력이 된다. |

목록을 다시 한번 살펴보라. 여러분이 실제로 아이들을 가르치며 경험한 것과 여기 나오는 복음의 이상이 너무나도 동떨어져 비현실적이라고 생각할 수도 있다. 그러나 하나님께서는 아이들이 이런 모습이 되도록 부르셨고 그런 축복을 주겠다고 약속하셨으므로 아이들을 그렇게 키워내야 한다. 주일이 거듭되고 해가 거듭될수록 아이들이 복음

안에서 기초를 세우도록 해줘야 한다.


## 베드로는 어떻게 더욱 성장했는가?

아까 말한 중고등부 수련회에서도 결국 그런 기초의 일부를 세우게 되었다. 아이들과 나는 예수님을 보고 놀라움을 느끼는 경험을 하기 위해 성경을 열심히 연구했다.

　우리는 베드로 이야기와 함께, 예수님께서 열두 살짜리 소녀의 손을 잡아 부활시키신 후 군중이 자신을 비웃고 있는 상황에서도 그 일을 알리지 말라고 명하시는 장면을 봤다. 놀라운 장면이었다. 제자들에게 한 소년의 도시락으로 오천 명을 먹이라고 하신 장면도 봤다. 제자들이 불가능하다고 하자 그렇지 않음을 몸소 보여주셨다. 또한 그 제자들을 배에 태워 보내셔서 폭풍을 만나 놀라게 하시고, 물 위를 걸어 다가오시고, 베드로를 자신에게로 부르시고, 순식간에 바다를 잠잠하게 하시며, 믿음의 능력에 대해 잊지 못할 교훈을 주셨다. 더욱 놀라운 장면이었다.

　우리는 수련회를 마치며, 많은 고기를 잡은 사건이 있은 지 삼 년 후의 베드로를 살펴봤다. 베드로는 **예수님과 삼 년을 보냈다.** 그러나 예수님이 돌아가시기 전날 밤, 베드로는 아직도 자신에 관해 알아야 할 것이 남아 있었다. 그날 밤 그의 배신은 충격적인 실패였다. 예수님께서는 그에게 희생양을 잡고 요리해 유월절 식사를 준비하는 영예를 주셨다. 식사를 하던 중에 예수님은 베드로가 겁먹고 자신을 부인하게 될 것이라고 경고하셨다. 베드로로서는 그런 일을 상상도 할 수 없었다. 그는 혈기를 주체하지 못하고 이렇게 말했다. "내가 주와 함께 죽을지언정 주를 부인하지 않겠나이다"(마 26:35). 이때는 진심이었다.

그러나 예수님께서 잡히신 후, 그분을 붙잡았던 무리가 베드로를 알아보는 듯하자 그는 자신이 예수님의 친구가 아니라고 극구 부인했다. 세 번이나 말이다. 설득력을 더하려고 마지막에는 저주까지 했다. 그러고 나니 눈물이 흘렀고 부끄러움은 말할 수 없었다. 처음에는 대체 무슨 일이 일어난 것인지 이해할 수 없었다.

예수님께서는 죄인을 위해 십자가로 향하셨다. 베드로 같은 죄인들을 위해서였다. 베드로가 목숨을 건지려고 예수님을 부인할 동안, 예수님은 바로 그런 배신에 대한 형벌을 대신 받으심으로써 베드로를 구하셨다. 그분은 단순히 몸을 낮춰 베드로와 한 배에 오른 거룩한 분이 아니었다. 베드로를 위해 고난 받고 목숨을 버리신 완벽한 하나님의 아들이었다. 다른 무엇보다 이것이 가장 놀라운 사실이었다.

그래서 베드로는 수년이 지난 후에도 어린양과 십자가 사건이 있었던 그날 밤을 기억하며 이렇게 기록할 수 있었다. "너희 조상이 물려준 헛된 행실에서 대속함을 받은 것은 은이나 금 같이 없어질 것으로 된 것이 아니요, 오직 흠 없고 점 없는 어린양 같은 그리스도의 보배로운 피로 된 것이니라"(벧전 1:18-19). 베드로는 결국 담대한 교회 지도자가 되었다. 그를 속속들이 사랑하시는 예수님 안에서 그가 안전함을 깨달았기 때문이다.

## 최고의 사역

베드로가 그랬듯이, 나와 아이들도 그 수련회에서 복음에 대한 이해를 넓혔다. 나는 분명히 몇 명이라도 도움을 받았을 것이라고 확신한다. 내게도 도움이 됐다. 예수님이라는 분과 나를 향한 그분의 사랑을 알아가는 것을 주된 목적으로 복음서를 공부하며 느낀 흥분이 지금도 기억에 남아 있다. 하나님께 잘 보여야 한다는 부담은 사라지고 훨씬 강력한 순종의 동기, 즉 사랑에 따라오는 의무가 그 자리를 차지했다. 복음이 선행을 이기는 이유도 여기 있다. 내가 이전 방식을 절대로 돌아보지 않는 이유도 마찬가지다.

여러분도 교사로서, 부모로서 좌절감을 느껴왔을 수 있다. 아이들에게 하나님을 위해 사는 법을 가르쳤고, 최선을 다해 설득했다. 그러나 아이들은 계속해서 자신을 위해 살아가고 이제 도무지 어떻게 해야 할지 모르는 지경에 이르렀다. 그러나 낙심할 것 없다. 물론 아이들에게 교정이 필요할 때도 있지만, 우리의 임무는 아이들을 따라다니며 괴롭히거나 그들에게 애원하거나 무언가를 하도록 꼬드기는 것이 아니다. 그리스도께서 주시는 구원, 평안, 믿음, 의로움에 관한 하나님의 말씀을 전하는 것이 우리가 할 일이다. 이것이 바울이 말한 "마귀의 간계를 능히 대적하기 위한 하나님의 전신 갑주"다(엡 6:11).

이것이야말로 아이들이 삶에서 치를 전쟁에 대한 최고의 대비책이다. 그들이 하나님께 순종하고 유혹으로부터 안전하도록 하는 최고의 준비다. 이것은 내가 상상할 수 있는 최고의 사역이다.

## 예상되는 질문

Q: 아이들이 선한 행위가 아니라 복음을 공부함으로써 성장하기 원하
신다는 것은 알겠습니다. 그렇다고 선한 행위에 관해 공부하는 것
이 잘못된 일인가요? 그건 이치에 맞지 않는 것 같습니다.

A: 하나님의 명령을 연구하고 순종하려고 애쓰는 것은 좋을 뿐 아니라
필요한 일입니다. 계명의 기능 중 하나는 우리가 어떻게 살아야 하
는지 보여주는 것입니다. 하나님과 이웃을 향한 사랑이 우리의 모
든 행위를 빚어낼 때 어떤 모습이 되는지를 보여주는 것이지요. 그
러나 이것이 성경을 펼치는 거의 유일한 이유가 돼버린다면 문제입
니다. 그러한 계명들을 비롯한 성경 전체의 또 다른 기능은 우리의
죄를 보여주고 예수님을 믿게 하는 것이기 때문입니다.

　　선한 행위에 집중하다 보면 아이들은 결국 하나님께 잘 보일
걱정만 하고 복음은 뒷전이 될 것입니다. 제가 복음에 집중하는 이
유가 그것입니다. 그렇다고 행위에 관해 공부할 필요가 없다는 뜻
으로 받아들이지는 말아주세요. 복음으로 마음이 감화된 아이는 계
명에 관해 공부하기를 좋아하게 됩니다. 그리스도처럼 되는 법을
가르쳐주기 때문입니다. 계명은 아이에게 축복이 됨과 동시에 아
이가 도달하려고 노력하는 대상이 될 것입니다. 하나님의 사랑을
경험한다고 갑자기 죄의 문제가 사라지는 것은 아니지요. 여전히
순종하기 위해 노력하고 연구해야 합니다. 다만 우리는 아이가 계
속해서 복음에 기초를 두고 있는지 확인해야 합니다. 복음이 기본
이기 때문입니다.

Q: 하나님을 사랑하고 즐거워하는 마음으로 한 것이 아니면 온전한 순종이 아니라고 하시며 기준을 대단히 높게 잡으셨습니다. 이것이 과연 현실적일까요?

A: 저는 예수님이 세우신 기준에 따를 뿐입니다. 그리고 그런 마음으로 순종할 수 있게 해주시는 것도 예수님입니다. 사랑과 기쁨을 지나치게 높은 목표로 본다는 것은 하나님께 기대하는 바가 그리 많지 않다는 뜻입니다. 물론 우리는 모두 죄를 짓고, 그분의 기준에 크게 못 미치지요. 그러나 아이가 복음을 붙들고 지속적으로 용서의 기쁨을 누린다면 믿음과 하나님을 향한 사랑이 커질 것입니다. 성령의 열매로 열거된 것 중 처음 나오는 두 가지가 사랑과 기쁨입니다(갈 5:22). 아이가 사랑과 기쁨 없이 순종만 한다면, 과연 성령에서 비롯된 순종이 맞는지 생각해봐야 합니다.

Q: 아이들에게 다른 선한 행동을 하라고 말하는 대신, 먼저 하나님을 사랑하라는 말부터 해야 한다는 뜻인가요?

A: 아닙니다. 먼저 복음을 전하고 그것을 믿도록 권면해야 한다는 뜻입니다. 누가 시킨다고 해서 하나님 사랑과 이웃 사랑을 배우는 사람은 아무도 없습니다. 우리가 누군가를 사랑하는 것은 그 사람이 아름답고 사랑스러우며 그도 우리를 사랑하기 때문입니다. 다행히 하나님은 다른 무엇이나 그 누구보다 훨씬 더 아름다우시고 사랑받을 만하시고, 우리를 넘치도록 사랑하십니다. 아이들이 이 복음을 배우고 믿을 때, 하나님을 향한 사랑은 자연스럽게 흘러나오기 마련입니다. 그래서 예수님께서는 하나님을 사랑하라는 것이 가장 높

은 계명임을 강조하셨습니다. 하나님은 그런 사랑을 받아 마땅하신 분이며, 이를 보지 못하는 것은 어리석은 일입니다.

Q: 하나님께서는 우리가 전혀 사랑스럽지 않은데도 사랑하신다고 하셨습니다. 우리에게서 사랑스러운 구석을 전혀 보지 못하신다고 확신하십니까?

A: 자녀를 향한 하나님의 영원한 사랑에는 변함이 없고, 이는 우리가 그 사랑을 받기에 합당한지와 전혀 무관합니다. "우리가 아직 죄인 되었을 때에 그리스도께서 우리를 위하여 죽으심으로 하나님께서 우리에 대한 자기의 사랑을 확증하셨느니라"(롬 5:8)라고 했습니다. 우리는 하나님을 바꿀 수 없습니다. 어떤 행동으로도 그분의 사랑을 더 크거나 작게 만들 수 없습니다. 이 독특하고 완벽한 사랑 덕분에 우리는 안도하고 확신하며 감사합니다. "온전한 사랑이 두려움을 내쫓나니"(요일 4:18)라는 말씀처럼 말입니다.

그러나 하나님의 사랑에는 다양한 측면이 있어서, 그리스도 안에서 새로워진 모습 때문에도 우리를 사랑하신다고 볼 수 있습니다. 예수님과 연합한 우리는 사랑스러운 일을 하게 됩니다. 이런 관점에서는 하나님께서 우리가 사랑스럽기 때문에 사랑하신다고도 말할 수 있습니다. 그래서 예수님은 이렇게 말씀하셨습니다. "나를 사랑하는 자는 내 아버지께 사랑을 받을 것이요"(요 14:21). 그렇다고 우리가 하나님의 사랑을 얻어낼 수 있다거나, 그런 행동이 용납의 근거라고 생각해서는 안 됩니다. 그런 사실은 오히려 하나님께서 우리를 전적으로, 모든 면에서, 우리의 자격을 훨씬 뛰어넘어 사랑하심을 더욱 확신시켜줄 뿐입니다.

Q: 성경도 우리가 얻을 유익을 순종의 동기로 활용하지 않나요? 그것을 왜 그토록 반대하십니까?

A: 그리스도 안에서의 삶은 축복으로 가득합니다. 하나님을 섬기는 것은 분명 우리에게 유익이 되고, 성경도 그것을 자주 강조합니다. 심판을 면한다거나 더 행복하게 살게 된다고 말합니다. 그런 것도 모두 하나님께 순종해야 하는 합리적 이유가 맞습니다. 그러나 오로지 자기 유익을 위해서 하나님을 섬긴다면 하나님의 성품의 핵심을 놓치게 됩니다. 하나님은 자신을 내어주시며 사랑으로 충만하신 분입니다. 십자가를 보십시오. 오로지 자기 유익을 위해 살면서 하나님의 백성이라고 자처하기는 어려울 것입니다. 순종할 때 얻는 유익을 강조하는 것은 좋지만, 그러다가 마음을 변화시키는 복음의 능력을 놓치면 안 됩니다. 성경이 우리에게 주는 여러 동기는 모두 타당하지만 가장 좋은 동기는 우리를 사랑하신 하나님을 향한 사랑입니다.

Q: 그래도 아이들에게 순종하라고 요구할 때는 하나님께서 벌을 주신다는 경고 등 엄한 방식으로 강하게 나가야 하는 경우도 많지 않습니까?

A: 불순종에 대한 경고는 성경 전반에 나타납니다. 우리는 그것을 진지하게 받아들여야 하고, 죄에 매몰돼 있을 때 우리를 교정하시는 아버지 하나님의 훈계를 기쁘게 여겨야 합니다. 그러나 위협적

인 접근이 복음보다 더 강력하다고 생각한다면 오해입니다. 성경의 '위협'과 '보상'에 집중하는 교사는 도를 넘지 않도록 주의해야 합니다. 아이가 순종하지 못했을 때 쉽게 낙심하고 순종했을 때 쉽게 교만해질 수 있기 때문입니다. 복음에 깊이 뿌리내리게 하고, 하나님이 자신을 사랑하심을 확실히 알게 하는 것이 언제나 더 낫습니다. 여기에는 논쟁의 여지가 없습니다. 그런 후라면 훨씬 더 강력하게 순종을 권면할 수도 있습니다

## 즉시 실천하라

바로 지금부터 마음에 초점을 두고 가르치라. 아래의 예 중에서 하나를 골라 실천해도 좋다.

### 부모의 경우

'하나님의 전신갑주'에 관한 말씀으로 자녀를 축복하고 그들을 위해 기도하라. 다음의 순서대로 하라.

1. 여섯 장의 색인 카드를 준비해 에베소서 6:14-17에 나오는 복음의 전신갑주를 하나씩 적어넣으라(진리, 의, 평안, 믿음, 구원, 하나님의 말씀). 함께 언급된 허리띠, 호심경 등의 그림을 붙여 장식해도 좋다.
2. 며칠에 한 번 식사 시간이나 취침 시간에 카드를 한 장씩 뽑게

하라. 뽑은 전신갑주와 관련해 예수님께서 아이를 위해 하신 일을 말해주며 격려하라. 이를테면 다음과 같이 격려할 수 있다.

- **진리**: "예수님께서 말씀하신 모든 것이 진리고 너에게 유익하다는 것을 확신해도 좋아."
- **의**: "오직 예수님만이 네 힘으로는 얻을 수 없는 완벽한 의를 너에게 주셔."
- **평안**: "예수님께서 너의 죄를 위해 죽으심으로써 하나님과 화평(평안)하게 하셨어."
- **믿음**: "예수님을 믿는 믿음은 절대로 너를 실망시키지 않을 거야. 예수님만큼 신뢰할 만한 분은 없어."
- **구원**: "예수님께서는 죄에서 비롯된 모든 악으로부터 너를 구원해주셔."
- **하나님의 말씀**: "이 땅에 있는 어떤 능력도 예수님의 강력한 말씀과는 비교할 수 없어."

3. 에베소서 6:18에 따라 이 복음에 대한 믿음이, 삶 가운데서 죄와 싸울 때 아이를 강건케 해달라고 아이와 함께 기도하라.

## 교사의 경우

학생들에게 마음과 머리가 다투는 '언덕 위의 왕' 놀이의 비유를 들려주라. 종이에 머리를 그린 후 '우리가 행해야 할 선한 일들'이라고 적으라. 다른 종이에는 하트 모양을 그린 후 '여전히 내 마음을 지배하는 악한 일들'이라고 쓰라. 삶에서 보통 어느 쪽이 이기는지 아이들에게 물어보라. (내 경험으로는 어린아이들이라도 솔직한 경우라면 보통 마음이 이긴다는 것을 안다.) 마지막으로 '예수님을 향한 사랑'이라고 적힌 더 큰 하트를 보여주라. 죄에 대한 사랑을 쫓아내기 위해서는 예수님을 더 사랑하는 길을 추구해야 한다는 것과, 지금부터 그렇게 할 방법을 논의하라.

### 중고등부 담당자의 경우

이 장에 나오는 선행의 아이와 복음의 아이의 차이 목록을 복사해 나눠준 후 그것을 출발점으로 토론해보라. 아이들에게 이렇게 물어보라. "여러분을 가장 잘 설명한 것은 어느 쪽인가요?" "복음을 확실하게 믿는 사람처럼 행동할 수 없다면 그 이유는 무엇일까요?" "복음을 더 깊이 믿는다면 삶이 어떻게 달라질까요?" "예수님께서 우리에게 주시는 것을 더 깊이 믿도록 서로 돕기 위해 공동체로서 무엇을 할 수 있을까요?" "개인적으로 예수님을 더 깊이 믿기 위해 무엇을 할 수 있을까요?"

그리스도만이 다른 모든 것을 불현듯 사라지게 한다.

-장 칼뱅[1]

## 5장

# 왕후의 침실에 들어온 어머니

### 복음이 성경의 주제가다

누군가 교실 밖을 서성이는 모습이 보였다. 한 학생의 어머니였다. 몇 분 전에 성경 공부를 시작했는데, 교실 문에 달린 창으로 그분의 모습이 보였다. 그리 특별한 일은 아니었다. 원래 학부모님들이 교실을 편하게 오갔기에 그저 아이를 데리러 왔겠거니 생각했다. 수업을 방해할까 봐 조심하시는 것 같아 나는 들어오시라고 손짓했다.

그 어머니는 교실 문을 열더니 이렇게 물었다. "죄송하지만 제가 오늘 수업을 참관해도 될까요?"

"물론이지요"라고 대답했다. 나는 학부모님들에게 언제든 수업을 참관해도 좋다고 말해왔고, 실제로 참관할 때면 늘 기뻐했다. 그분이 아이들 사이에 자리를 잡은 후 나는 다시 수업을 이어갔다. "가만있자, 어디까지 이야기했죠?"

확인한 나는 갑자기 이런 생각이 들었다. '이런, 이거 문제가 될 수 있겠는데?'


## 그림으로 표현한 에스더서

그날은 초등학교 고학년 아이들에게 에스더서를 가르치는 중이었다. 나 같은 이야기꾼에게 에스더서 이야기는 1등급이었다. 색색의 마커를 사용하여 커다란 화이트보드에 배경이 되는 페르시아의 수도를 재현했고 막대 인형으로 등장인물도 만들었다. 나는 수업 전에 모든 장소를 그려뒀다. 도시의 거리, 왕궁 문, 왕좌가 있는 알현실, 연회장과 침실은 물론 왕후의 궁과 그곳에 딸린 연회장, 고관의 집, 왕실 금고가 있는 건물과 후궁 처소까지 전부 말이다. 교수대도 그렸는데 대충 그린 것이 아니다. 고증에 맞게 꼭대기에 뾰족한 못들이 박혀 있어 왕의 원수의 시신을 꽂아 전시할 수 있는 장대의 모습을 그렸다.

이야기는 아하수에로 왕이 고집이 지나쳤던 와스디 왕후를 대신할 새 왕후를 찾아 나서는 장면으로 시작된다. 전국에서 가장 예쁘다는 여성들이 후궁의 처소로 불려들어갔다. 그들은 일 년간 훈련을 받은 후 한 사람씩 왕과 하룻밤을 보냈다. 왕과 밤을 보낸 여성은 둘째 처소로 옮겨졌으며, 왕의 요청이 있기 전에는 왕을 다시 만날 수 없었다. 그리고 왕이 가장 마음에 들어 하는 여성이 새 왕후가 된다. 역겨운 이야기다!

에스더는 사촌 오빠 모르드개와 함께 도성 수산에 살고 있던 유대인 소녀의 페르시아식 이름이었다. 여기서 우리는 의아해진다. 에스더는 포로 시대가 끝나고 예루살렘으로 돌아간 독실한 유대인들과 함께하지 않았다. 가족들이 페르시아의 매력에 빠져버린 것일까? 본인이 다르게 살도록 부름받은 하나님의 선민임을 잊은 것일까?

어쨌든 에스더도 후궁의 처소로 불려들어갔다. 얌전한 소녀가 있을 만한 곳은 아니었지만 에스더는 자기 몫을 잘 해낸다. 그녀는 왕을 기쁘게 하는 방법에 관해 잘 듣고 배워뒀다. 하룻밤을 보낸 왕은 에스더를 왕후로 택했다. 그 와중에 모르드개는 대궐 문 앞에 앉아 있다가 왕에 대한 암살 음모를 알게 된다. 그가 두 역적을 고발하자 왕은 역적들을 나무에 매달아 처형한다.

여기서 나는 마커를 들고 화이트보드로 가서 장대 꼭대기에 두 역적의 막대 인형을 붙여 마치 꽂혀 있는 것처럼 보이게 했다. 아이들이 정말 좋아했다.

"피도 그려주세요." 한 아이가 재촉했다. "피가 흘러야 해요."

고민이 되었다. 장대에 시체가 달린 것만으로도 충분히 끔찍했다. 이러다가는 적정선을 넘을 수도 있었다. 그러나 아이들이 계속 사정하는 통에 넘어가고 말았다. 결국 그림 속 시신에 붉은 얼룩을 그려 넣은 후 이야기를 이어갔다.

바로 그때 교실 밖에 서 있는 어머니를 발견한 것이었다.


## 섹스, 폭력, 예수님

경솔한 행동이라고 생각할 수도 있겠지만, 나도 신중하게 고민한 끝에 역모 사건이나 왕후 간택 과정을 수업에 넣은 것이다. 섹스와 폭력을 배제하고 수업을 구성하려고도 해봤다. 불쾌한 내용은 은근슬쩍 넘어가고 에스더를 그저 용기 있는 행동으로 칭송받는 여성으로 제시하는 방법도 생각해봤다. 그러나 그런 식으로 성경을 살균하다 보면 하나님에 관해서나 예수님 안에서 기뻐하는 것에 관해 어떤 의미 있는 말도 할 수 없다. 그래서 검열하지 않는 방법을 택한 것인데, 사실 이편이 더 성경에 충실한 방식이었다. 어머니를 의식해서 순간 괜찮을까 의구심이 들기도 했지만 결국 그냥 밀고 나갔다. 내가 후궁들을 그리고 장대에 역적들을 꽂은 데는 그럴만한 이유가 있었다. 그 대목까지 가야만 했다.

이 이야기에서 모르드개는 하나님께 충성했다. 그는 왕의 고관이자 하나님 백성의 원수 가문인 하만에게 절하지 않았다. 모욕감을 느낀 하만은 높은 장대를 세워 거기에 모르드개를 달려고 했다. 그는 왕국 안의 유대인을 전멸시켜도 된다는 승인을 받으려고 비열한 꾀를 내어 황실 재정고에 기부까지 했다.

이런 살육을 막을 위치에 있는 사람은 에스더뿐이었다. 그러나 왕에게 다가가서 부탁하는 것은 에스더가 숙달한 왕궁 규례에 위배되는 행위였다. 그녀는 결국 페르시아의 왕과 하나님 중 누구를 우선으로 섬길지 결정해야 했다. 에스더는 하나님께서 함께하신다는 것과, 이 일이야말로 왕후가 된 진짜 이유임을 믿어야 했다.

그러자 다행스러운 '우연의 일치'가 연달아 일어났다. 하만은 왕에게 자신을 높여달라고 부탁했는데 오히려 굴욕을 당했고, 에스더는 용기를 내어 왕의 규례를 거역했지만 오히려 왕이 좋아했다. 하만은 장대에 매달렸고 유대인들은 구원받았다. 모르드개는 고관이 되었다.

나는 하나님이 이 모든 것을 주관하셨다고 말했다. 하나님께서는 그분이 더 뛰어난 왕임을 증명하셨다. 하만은 아하수에로가 아니라 하나님께서 자신을 높여주시기를 바랐어야 했다. 또한 에스더는 하나님을 먼저 신뢰함으로 현명함을 드러냈다.

"에스더는 아하수에로 왕이 줄 수 있는 재물을 신뢰하려는 유혹도 받았을 거예요. 우리도 그런 유혹을 받죠. 세상의 보물이 하나님의 보물보다 더 나은 줄 아는 거예요. 그럴 때 우리도 에스더처럼 우리가 하나님의 백성임을 기억해야 해요. 우리에게는 페르시아의 위대한 왕보다 훨씬 뛰어난 왕이 계세요. 우리의 최우선이 되실 만한 분이죠."

이렇게 말한 후, 아이들과 함께 화이트보드에 그려진 이야기 속 사건을 하나씩 되짚어봤다. 그러면서 우리의 왕이신 예수님을 고려하여 사건을 바라봤다.

- 페르시아의 왕은 한 왕국을 다스렸지만, 우리의 왕이신 예수님은 하늘과 땅 전체를 다스리신다.
- 왕이신 예수님은 국고에 바치는 뇌물에 넘어가지 않으시며, 오히려 모든 것의 주인으로서 너그럽게 나눠주신다.
- 왕이신 예수님은 우리를 하룻밤 동안만 사랑하거나 자신의 쾌락을 위해 이용하고 버리지 않으시고, 우리에게 영원토록 신실하며 희생적인 사랑을 베푸신다.
- 왕이신 예수님은 변절자를 모조리 처형하는 분이 아니다. 우리는 모두 그분께 불충하였으며 그분에 대해 역모를 꾸몄기 때문에 죽어 마땅하다. 그러나 예수님께서 우리를 대신해 나무에 달리셨으며 피를 흘리고 손발을 찔리셨다.

"우리의 왕 예수님 같은 분은 어디에도 없어요. 모든 것을 주관하시고 자기 백성을 보호하시는 그분을 신뢰하세요. 여러분이 누구이며 누구를 섬기고 있는지를 기억하세요. 그러면 여러분도 에스더처럼 지혜롭고 용감할 수 있어요." 나는 이렇게 말했다.

그리고 마지막으로 우리 삶에서 에스더서의 후궁 처소와 비슷한 곳은 어디인지를 논의했다. 예를 들면, 학교, 스포츠팀, 친구들과 함께 하는 곳 등이 있었다. 아이들은 그런 장소에 있을 때 그곳의 방식에 순응하면 행복을 약속해줄 듯이 찾아오는 유혹의 예를 들기 시작했다. 유익한 토론이었다.

다 끝났다고 생각한 순간 아까 그 어머니가 입을 열었다. 덧붙이고 싶은 말이 있다면서 말이다. 그분은 나이가 들수록 그런 압박감이 심해질 뿐임을 반드시 알아야 한다고 했다. 자신이 거쳐온 직장도 모두 이야기 속 후궁의 처소와 같아서, 어디서나 하나님의 방식이 아닌 다른 방식에 따르도록 순응을 강요당했다고 한다. 그러면서 아이들에게 이 수업을 반드시 기억하라고 당부했고 우리에게 더욱 뛰어난 왕이 계심을 잊어서는 안 된다고 하셨다.

아이들은 이 어머니의 말을 잘 이해한 것 같았다. 그분이 그날의 수업을 완벽하게 마무리해주신 것이다. 그러나 솔직히 말하자면, 장대에 걸린 시체를 개의치 않았다는 사실만으로도 안심이었다.


## 하나의 이야기

내가 알기로 에스더 이야기를 가르치면서 학부모님을 만족시킬 방법은 단 두 가지다. 하나는 섹스와 폭력을 생략하는 것이다. 다른 하나는 이야기를 십자가로 매듭짓는 것이다.

에스더 이야기를 가지고 그저 "용기를 내라"든가 "하나님의 백성을 도와라"와 같은 도덕적 교훈을 주려 했다면, 원래 이야기를 편집하는 편이 효과적이었을 것이다. 이것만 봐도 성경은 정돈되고 분리된 도덕적 교훈의 재료로 쓰라고 있는 책이 아님을 알 수 있다.

성경은 자기 백성을 구원하시는 하나님에 관한 하나의 거대한 이야기다. 이런 큰 맥락을 이해하지 않고는 어느 부분도 제대로 이해할 수 없다. 이 거대한 이야기의 중심에는 예수님이라는 인물과 그분의 사역이 자리하고 있다. 성경의 중심이자 전체 줄거리인 예수님 이야기에서 개별 이야기들을 분리해버리면, 성경이 말하려는 중심 내용을 놓치면서 성경적이지 않은 성경 이야기를 만들어내게 된다.

성경이 하나님의 말씀인 이유는 '그 말씀'이신 예수님에 관한 책이기 때문이다. 우리가 하나님의 자녀인 이유도 '그 아들'이신 예수님 안에 있기 때문이다. 성경을 삶에 적용할 때 절대로 예수님을 피해가면 안 된다. 그렇게 하는 것은 성경에도 맞지 않고 우리에게도 맞지 않는 일이다.

예수님은 제자들에게 모든 성경이 자기에 관한 것임을 설명하시며 이렇게 말씀하셨다. "이같이 그리스도가 고난을 받고 제삼 일에 죽은 자 가운데서 살아날 것과, 또 그의 이름으로 죄 사함을 받게 하는 회개가 예루살렘에서 시작하여 모든 족속에게 전파될 것이 기록되었으니"(눅 24:46-47). 성경 전체가 예수님에 관한 것일 뿐 아니라, 더 구체적으로는 복음(예수님의 죽음과 부활, 회개와 죄 사함)에 관한 것이라는 말씀이다. 성경의 모든 길은 복음으로 통한다.

## 최초의 그리스도인 교사들

사도행전은 그리스도인 교사가 성경을 본문으로 가르친 세 가지 예를 상세하게 제시한다. 셋 다 설교의 형태로, 사도행전 전체에서 가장 연구가 적게 이루어지는 부분이다. 보통 그 부분은 건너뛸 때가 많은데, 이미 들어본 이야기를 반복하는 것처럼 느껴지기 때문이다. 그러나 우리는 여유를 가지고 그 부분을 자세히 봐야 한다. 각각의 설교에서 성경 교사들은 성경의 이야기와 진리들이 예수님과 복음으로 귀결되어야 함을 보여준다.

- 사도행전 2장에서 베드로는, 구원의 소식을 전한 예언자들과 시편에서 영원한 왕 이야기를 한 다윗에 관해 설교했다. 그는 다윗이 "미리 본 고로 그리스도의 부활을 말했다"고 했다(행 2:31).

- 사도행전 7장에서 스데반은 아브라함부터 솔로몬과 예언자들에 이르는 성경 이야기를 연이어 들려주면서 하나님의 백성이 당한 고통과 그들이 받은 구원에 관해 설교했다. 그리고 예수님께서 궁극의 "고통받는 선지자"이시며 "너희가 잡아 죽인 의인"이라고 말했다(행 7:52).

- 사도행전 13장에서 바울은 성경에 나오는 모세와 여호수아, 사무엘, 사울, 다윗 이야기를 통해 하나님의 돌보심에 관해 설교했다. 그런 후 하나님께서 예수님을 통해 용서를 베푸심으로써 모든 사람을 온전히 보살피셨다고 했다. "우리도 조상들에게 주

신 약속을 너희에게 전파하노니, 곧 하나님이 예수를 일으키사 우리 자녀들에게 이 약속을 이루게 하셨다 함이라"(행 13:32-33).

이상하게도 요즘 많은 교회에서는 성경에 나오는 교사들이 아주 효과적으로 사용한 이런 구약 본문을 성인들의 성경 교육에서 거의 제외하고 있다. 그래서 주로 주일학교 성경공부 시간에 이 내용을 듣게 된다. 그럴수록 이것을 가르쳐야 할 우리의 책임이 크다. 교회 안에서 예수님으로 이어지는 이런 줄거리를 들을 가능성이 가장 큰 곳이 우리의 성경공부 반일지도 모르기 때문이다. 우리는 성경에 나오는 교사들이 가르친 대로 시선을 구세주께로 고정하고 이런 이야기를 가르쳐야 한다.


## 하나님의 이야기, 사람의 이야기

때로는 성경에 등장하는 인물이 유익한 도덕적 교훈을 주기도 한다. 내가 에스더 이야기를 사용한 데는 에스더가 훌륭한 모범이라는 이유도 있었다. 이 이야기가 성경에 기록된 이유에는 에스더와 같은 용기를 불러일으키려는 의도도 있다고 믿는다. 또한 에스더 이야기는 일견 구약의 다른 많은 본문에 비해 성경의 중심 줄거리인 구원 이야기와 접점이 덜해 보이기도 한다. 그런데 이런 이야기마저도 복음과 연결할 때 훨씬 강력해지지 않았는가? 하나님의 구원 사역과 예수님께 집중함으로써 가장 강력하게 동기를 부여할 수 있었다.

다른 많은 이야기도 이렇게 접근해야 일관성이 있다. 야곱을 예로 들어보자. 내가 가르쳐본 아이들은 모두 야곱이 도덕적으로 본이 되지 못한다는 사실을 이해했다. 그는 하나님께 신실하긴 했지만 정직하지 못했다. 하나님을 신뢰했지만 불필요한 꾀도 많이 부렸다. 아내는(적어도 둘 중 하나는) 사랑했지만 자녀를 차별했다. 그러므로 야곱에 관해서는 그가 선한 사람이었다거나 악한 사람이었다기보다, 하나님의 사람이라고 말하는 것이 최선이다. 야곱은 문제투성이였지만 그 와중에도 하나님은 선하셨다는 것이 그의 인생 이야기다.

예수님께서는 만나는 사람들의 삶을 항상 이런 눈으로 바라보셨다. 복음서는 등장인물에게 어떻게 행동하라고 요구하시는 예수님의 모습을 보여주는 경우가 드물다. 그보다는 그분에 대한 믿음을 칭찬하시거나, 믿지 않는 것에 대한 실망을 표현하시는 예수님의 모습이 많이 나온다. 예수님께서 놀라셨던 예가 두 번 나오는데, 하나는 마태복음 8:10에 나오는 로마인 백부장의 예다. 그는 예수님께서 말씀으로 병자를 고치실 수 있다고 믿는다. 다른 하나는 마가복음 6:6에서 믿기를 거부한 나사렛 사람들의 경우다. 두 경우 모두 가장 중요한 문제는 믿음이었다. '하나님의 행위'에 대한 사람의 반응이 '사람의 행위'보다 훨씬 중요했다.

성경 어디를 펼치든 그 배경은 하나님의 구원 역사다. 율법서, 예언서, 시가서는 모두 구원 이야기 안에 존재한다. 복음은 성경의 기본 박자다. 어느 부분에서라도 그 박자를 무시한다면 주제가를 잘못 연주한 것이다.

## 어려운 것을 가르치는 예수님의 방법

내가 아는 어느 훌륭한 교사는 마가복음의 세 장을 차례로 본문으로 사용하여 세 번의 수업을 했다. 십 대가 대상이었는데, 첫 주 본문은 마가복음 8장이었다. 예수님께서 처음으로 제자들에게 그분의 죽음과 부활이 임박했음을 알리신다. 우선 예수님께서는 "인자가 많은 고난을 받고, 장로들과 대제사장들과 서기관들에게 버린 바 되어 죽임을 당하고 사흘 만에 살아나야 할 것을 비로소 그들에게 가르치"(막 8:31)셨다. 그리고 이 바로 뒤에 나오는 내용은 예수님께서 성경 전체에서 가장 강력한 부르심으로써 전심으로 순종하라고 요청하신 대목이다. "누구든지 나를 따라오려거든 자기를 부인하고 자기 십자가를 지고 나를 따를 것이니라. 누구든지 자기 목숨을 구원하고자 하면 잃을 것이요, 누구든지 나와 복음을 위하여 자기 목숨을 잃으면 구원하리라"(막 8:34-35). 이것이 첫 수업의 내용이었다.

둘째 주에는 9장을 가르쳤는데 여기서는 예수님께서 이렇게 말씀하셨다. "인자가 사람들의 손에 넘겨져 죽임을 당하고, 죽은 지 삼 일 만에 살아나리라"(막 9:31). 이어서 등장하는 또 하나의 어려운 본문도 다뤘다. "누구든지 첫째가 되고자 하면 뭇 사람의 끝이 되며, 뭇 사람을 섬기는 자가 되어야 하리라"(막 9:35). 여기까지가 두 번째 수업의 내용이었다.

셋째 주에는 예루살렘에 다가감에 따라 두려워하는 제자들보다 꾸준히 앞서서 걸어가신 예수님을 보여줬다. 예수님께서는 제자들에게 이렇게 말씀하신다. "보라! 우리가 예루살렘에 올라가노니, 인자가 대제사장들과 서기관들에게 넘겨지매 그들이 죽이기로 결의하고 이방인들에게 넘겨주겠고, 그들은 능욕하며 침 뱉으며 채찍질하고 죽일 것이나, 그는 삼 일 만에 살아나리라"(막 10:33-34).

학생들은 똑같은 내용이 반복되는 것 같아 지루해하기 시작했다. 그러나 교사는 예수님께서 그 순간을 이용해 또 하나의 어려운 내용을 가르치셨음을 보여준다. "너희 중에 누구든지 크고자 하는 자는 너희를 섬기는 자가 되고, 너희 중에 누구든지 으뜸이 되고자 하는 자는 모든 사람의 종이 되어야 하리라. 인자가 온 것은 섬김을 받으려 함이 아니라 도리어 섬기려 하고, 자기 목숨을 많은 사람의 대속물로 주려 함이니라"(막 10:43-45). 세 번째 수업의 내용이었다.

참으로 영리한 교사였다. 성경에 나오는 예수님의 가르침, 그중에서도 가장 어려운 가르침들이 진공 상태에서 주어진 게 아님을 절대 잊지 말라고 이렇게 구성한 것이었다. 그런 어려운 가르침들은 "예수님께서 우리를 위하여 죽기로 결단하셨다"는 맥락 속에서 주어졌다. 십자가를 향한 그분의 발걸음은 모든 복음서의 중심 주제다. 현명한 교사는 이런 맥락을 절대 간과하지 않으며, 예수님의 말씀을 그분의 십자가와 분리하지 않는다.


## 구원에서 반응까지

하나님의 명령은 언제나 그분의 구원 사역에서 흘러나왔다. 시내산에서부터 그랬다. 십계명과 나머지 모세의 율법은 어떻게 시작하는가?

하나님께서 백성을 구원하셨음을 상기시키는 말로 시작한다. "나는 너를 애굽 땅, 종 되었던 집에서 인도하여 낸 네 하나님 여호와니라. 너는 나 외에는 다른 신들을 네게 두지 말라"(출 20:2-3).

당시에는 어떻게 아이들이 하나님의 율법에 따르도록 가르쳤을까? 모세는 자녀들에게 하나님께서 백성을 구원하신 이야기를 들려주라고 했다. "후일에 네 아들이 네게 묻기를 '우리 하나님 여호와께서 명령하신 증거와 규례와 법도가 무슨 뜻이냐' 하거든, 너는 네 아들에게 이르기를 '우리가 옛적에 애굽에서 바로의 종이 되었더니 여호와께서 권능의 손으로 우리를 애굽에서 인도하여 내셨나니'"(신 6:20-21). 그러므로 하나님의 구원 사역이 예수님 안에서 절정을 이룬 이후에, 성경이 계속해서 구원으로 우리에게 동기부여한다는 사실은 전혀 놀랄 일이 아니다.

신약성경의 많은 서신서는 먼저 복음을 전한 후 그에 대한 반응으로서 어떻게 살아야 하는지 보여주는 방식을 취한다. 로마서는 장장 열한 장에 걸쳐 복음을 이야기하는 것으로 시작한다. 그 부분을 보면 특히 하나님께서 우리를 자신에게로 부르셨고(1:6), 의를 주셨고(3:22), 의롭다고 여겨주셨고(3:24), 하나님과 화평을 누리게 하셨고(5:1), 죄에 대해서는 죽고 그분에 대해서는 살게 하셨고(6:11), 성령 안에서 생명을 주셨고(8:6), 자녀 삼아주셨고(8:15), 영광의 확신을 주셨고(8:18), 우리를 영원히 사랑하셨고(8:38-39), 자신의 백성으로 택해주셨고(9:25), 수치를 없애주셨으며(10:11), 긍휼을 베푸셨다(11:32)는 내용이 나온다.

좋은 소식이 참 많기도 하다! 성경은 이 모든 것을 확실히 하고 나서야 이러한 복음에 반응하여 어떻게 살아야 하는지를 설명한다.

"그러므로 형제들아, 내가 하나님의 모든 자비하심으로 너희를 권하노니 너희 몸을 하나님이 기뻐하시는 거룩한 산 제물로 드리라. 이는 너희가 드릴 영적 예배니라"(롬 12:1). 로마서의 나머지 내용은 대부분 어떻게 살아야 하는지에 관한 설명이다.

성경 구절을 하나씩 따로 떼어 생각하는 습관이 있다면 이와 같은 성경 저자의 방식을 놓치고 있는 셈이다. 우리는 교리(하나님께서 우리를 위해 예수님 안에서 하신 일)와 지시(우리가 하나님을 위해 해야 하는 일)가 분리되어 있다고 생각한다. 실은 둘이 연결되어 있음을 깨닫지 못한다. 그러나 둘은 함께 가르쳐야 한다. 복음이 선한 행위로 귀결되어야 한다는 긴박감과 결국 그렇게 되리라는 기대감을 품고 복음을 가르치지 않으면 우리가 가르치는 교리는 다 식은 음식 같을 것이다. 선한 행위를 가르치되 그것이 복음으로부터 흘러나온다는 맥락 안에서 가르치지 않으면 아이들이 도덕주의에 숨 막혀할 것이다.

서신서 구절을 자세히 하나하나 살펴보면 끊임없이 복음을 통해 선한 행위에 동기부여하는 방식을 취하고 있다. 몇 가지 예를 생각해 보자.

- **무엇이 우리를 관대하게 하는가?** 복음이다. 예수님께서는 우리에게 관대하시다. "우리 주 예수 그리스도의 은혜를 너희가 알거니와, 부요하신 이로서 너희를 위하여 가난하게 되심은 그의 가난함으로 말미암아 너희를 부요하게 하려 하심이라"(고후 8:9).
- **무엇이 성적으로 순결하게 하는가?** 복음이다. 예수님께서는 우

리의 몸을 구원하셨다. "너희 몸은 너희가 하나님께로부터 받은 바 너희 가운데 계신 성령의 전인 줄을 알지 못하느냐? 너희는 너희 자신의 것이 아니라 값으로 산 것이 되었으니, 그런즉 너희 몸으로 하나님께 영광을 돌리라"(고전 6:19-20).

- 무엇이 서로 용서하게 하는가? 복음이다. 예수님께서는 우리를 용서하셨다. "서로 친절하게 하며 불쌍히 여기며, 서로 용서하기를 하나님이 그리스도 안에서 너희를 용서하심과 같이 하라"(엡 4:32).

- 무엇이 사랑하게 하는가? 복음이다. 하나님께서는 우리를 위해 죽으실 아들을 보내주셨다. "사랑하는 자들아, 하나님이 이같이 우리를 사랑하셨은즉 우리도 서로 사랑하는 것이 마땅하도다"(요일 4:11).

- 무엇이 우리의 악한 죄를 저지하는가? 복음이다. 우리에게는 예수님과 함께할 영광스러운 미래가 있다. "우리 생명이신 그리스도께서 나타나실 그때에 너희도 그와 함께 영광 중에 나타나리라. 그러므로 땅에 있는 지체를 죽이라. 곧 음란과 부정과 사욕과 악한 정욕과 탐심이니, 탐심은 우상 숭배니라"(골 3:4-5).

- 무엇이 서로를 위해 생명을 내어주게 하는가? 복음이다. 예수님께서는 우리를 위해 그분의 생명을 내어주셨다. "그가 우리를 위하여 목숨을 버리셨으니, 우리가 이로써 사랑을 알고 우리도 형제들을 위하여 목숨을 버리는 것이 마땅하니라"(요일 3:16).

이런 본문이 수십 개에 달하는데 나는 그중 길이가 짧은 것 몇 가지를 예로 들었을 뿐이다. 복음의 능력을 활용하는 것이 성경 저자들의 방식임을 발견했길 바란다. 그들의 명령은 따르기 어려운 것이었지만 가르침의 근거를 복음에 두었기에 그리스도인들에게 그렇게 살라고 담대히 요구할 수 있었다.

이런 방식은 대단히 실용적이다. 그리스도인 아이들이 관대한 아이가 되기를 꿈꾸는가? 성적으로 순결하고 남을 용서하며 타인을 위해 자신의 생명을 내려놓는 아이가 되기를 꿈꾸는가? 그렇다면 우리에게는 사도들로부터 직접 전해져 내려온 사역의 본보기가 있다. 죄의 추악함에 대해 솔직해야 한다. 자신의 의지를 의존하지 않고 하나님을 신뢰하게 해야 한다. 그리고 아이들 앞에서, 십자가에 달리고 부활하신 그리스도 예수님의 아름다움을 자세히 풀어내고 자랑해야 한다.


## 예상되는 질문

Q: 어린아이에게 성경 이야기를 들려줄 때도 성적이거나 폭력적인 측면을 적극적으로 포함하시는 것 같습니다. 그것이 과연 지혜로운 일일까요?

A: 물론 아이들이 감당할 만한 수위인지를 잘못 판단한 경우도 분명히 있을 겁니다. 연령대를 고려해 수위를 낮춘 적도 많습니다. 어느 정도는 아이들을 보호하고, 부모님들이 각자 적절하다고 생각하는 정도를 직접 판단하게 하는 것도 바람직합니다. 그러나 그 외의 경우에는, 특히 폭력적인 장면이라면 다음 두 가지 이유 때문에 성경에

나오는 그대로 이야기하곤 합니다.

첫째, 성경의 원래 기록에 최대한 충실한 편이 좋습니다. 하나님께서 그렇게 주셨기 때문입니다.

둘째, 아이들이 차라리 성경을 통해서 세상의 잔혹성에 먼저 노출되는 편이 낫습니다. 성경에는 하나님의 치유와 용서 이야기가 함께 나오기 때문입니다. 성경 안에서 폭력을 직면하는 것도 힘들겠지만, 성경 없이 직면하는 것은 훨씬 더 힘든 일입니다. 저는 하나님께서 죽음과 고통과 인간의 잔혹함까지도 통제하고 계신다는 것과, 예수님 안에서 우리를 그것으로부터 구원하고 계심을 아이들이 발견할 수 있도록 합니다. 참으로 성경은 피로 물들어 있습니다. 그 악하고 섬뜩한 기록들은 아이들에게 성경을 있는 그대로 가르칠 때 심각한 걸림돌일 수 있습니다. 예수님의 보혈에 관해 가르치기 위함이 아니라면, 아이들이 그런 것에 시달리게 할 이유가 전혀 없겠지요.

Q: 성경에 나오는 인물의 삶에서 도덕적 교훈을 도출하는 것이 잘못됐다는 주장은 받아들이기 어렵습니다. 교사들도 수백 년 동안 그렇게 가르쳐왔는데, 그것이 그렇게 잘못입니까?

A: 정말로 잘못인 경우가 있습니다. 해당 본문에 별 근거가 나오지 않거나 아예 존재하지도 않는 도덕적 교훈을 억지로 끌어내려 하는 경우가 그렇습니다. 제가 가지고 있는 가장 두꺼운 책 중 하나는 구약을 인용한 신약 본문을 모두 다루는 안내서입니다.[2] 그중 구약에 등장하는 인물의 삶을 본보기로 제시하는 본문은 소수에 불과합

니다. 구약성경을 주로 삶의 본으로 가르친다면 성경 자체와는 다른 접근법을 취하는 것입니다.

그런 경우가 아니라면 유익하고 적절한 방법일 수 있습니다. 예수님께서는 그분의 나라가 임할 때 제자들이 세상의 것들을 버릴 준비가 되어 있어야 한다고 말씀하시며 소돔을 떠날 때 뒤를 돌아봤던 롯의 아내를 예로 드셨습니다. "롯의 처를 기억하라. 무릇 자기 목숨을 보전하고자 하는 자는 잃을 것이요, 잃는 자는 살리리라"(눅 17:32-33). 바울은 광야에서 멸망한 많은 이스라엘 백성을 예로 들었습니다. "이러한 일은 우리의 본보기가 되어 우리로 하여금 그들이 악을 즐겨 한 것 같이 즐겨 하는 자가 되지 않게 하려 함이니, 그들 가운데 어떤 사람들과 같이 너희는 우상 숭배하는 자가 되지 말라"(고전 10:6-7).

물론 등장인물들의 행위가 본이 될 수 있습니다. 그것도 하나님의 구원 계획의 일부입니다. 실존하는 인간의 삶에 역사하셔서 그들로부터 배울 수 있게 하신 것입니다. 그 이야기에서 하나님의 역할을 빼먹지만 않으면 됩니다. 앞서 언급한 두 본문도 문맥을 보면 구원 역사와 복음을 믿어야 할 필요성에 연결되어 있습니다. 예수님과 바울 모두의 가장 큰 관심사가 거기 있었습니다.

Q: 경건한 삶에 관해 가르칠 때는 언제나 복음을 먼저 가르쳐야 한다는 의미인가요?

A: 중요한 것은 순서가 아닙니다. 선한 행위를 통해 하나님의 은혜를 얻어내는 것이 절대 아님을 반드시 기억해야 한다는 것이지요. 그

런 의미에서 하나님의 친절하심이 언제나 우선입니다. 그렇다고 특정한 방식이나 순서에 얽매일 필요는 없습니다. 여러 방식으로 자유롭게 복음을 우선에 둔 수업을 할 수 있습니다. 성경도 하나님의 은혜를 먼저 언급할 때가 있는가 하면 순서를 뒤바꿀 때도 있습니다. 때로는 그리스도인으로서 행해야 할 일을 먼저 말한 후 하나님께서 이미 이루신 일을 상기시키기도 합니다. 복음을 등한시하지 않는 것이 중요합니다. 저 역시 복음으로 수업을 시작할 때도 있고 그것으로 마무리할 때도 있으며, 중간중간 여러 부분에 엮어넣을 때도 있습니다.

Q: 구약 본문 중 일부가 예수님에 관한 예언이라는 것은 알겠지만, 전부 다 예수님에 관한 내용이라는 말은 좀 지나친 것 아닙니까?

A: 저는 성경이 자증하는 바에 따라 말할 뿐입니다. 성경의 모든 부분이 예수님에 관해 증언하고 있습니다. 성경 자체가 "모든"이라는 단어를 사용합니다. 예수님께서 엠마오로 향하는 제자들과 함께 계실 때였습니다. "이에 모세와 모든 선지자의 글로 시작하여, 모든 성경에 쓴 바 자기에 관한 것을 자세히 설명하시니라"(눅 24:27). 누가는 여기서 "모든"이라는 말을 썼지요. 그리고 베드로가 성전에서 설교할 때였습니다. "그러나 하나님이 모든 선지자의 입을 통하여 자기의 그리스도께서 고난 받으실 일을 미리 알게 하신 것을 이와 같이 이루셨느니라"(행 3:18). 이후 모세가 예수님에 관해 어떻게 말했는지 이야기한 다음, 그는 이어서 이렇게 말했습니다. "또한 사무엘 때부터 이어 말한 모든 선지자도 이 때를 가리켜 말하였느니라"(행

3:24). 그 후에 고넬료와 있을 때도 이렇게 말했습니다. "그에 대하여 모든 선지자도 증언하되, '그를 믿는 사람들이 다 그의 이름을 힘입어 죄 사함을 받는다' 하였느니라"(행 10:43). "모든"이라는 말이 반복되고 있지요.

모든 구절이 예수님을 직접 언급하지는 않습니다. 그러나 성경의 모든 부분이 '예수님에 관한 모든 것'이라는 큰 주제에 이바지하고 있으므로 우리는 그런 방식으로 성경을 읽어야 합니다. 설득이 더 필요하다면, 예수님이 성경의 특정 예언만을 성취한 분이 아니라 구약성경 전체의 주제가 되신다는 것을 말해주는 다음 구절들을 찾아보시기 바랍니다. 너무 많다고요? 제 말이 그 말입니다!

- 마태복음 5:17; 26:54
- 마가복음 9:12; 14:49
- 누가복음 1:70; 16:29-31; 18:31; 21:22
- 요한복음 1:45; 5:39
- 사도행전 17:2, 11; 18:28; 24:14; 26:22-23
- 로마서 1:13; 3:21; 16:25-26
- 고린도전서 15:3-4
- 디모데후서 3:15
- 베드로전서 1:10-12
- 요한계시록 10:7

Q: 구약 저자들의 본래 의도는요? 예수님의 이름도 들어보지 못한 저

자가 쓴 본문을 예수님에 관한 글로 해석하는 것은 부적절하지 않습니까?

A: 수천 년 전에 성경을 기록한 저자의 의도를 아는 것은 어렵습니다. 그러나 성경의 자증에 따라 우리가 정확히 알 수 있는 두 가지 사실이 있습니다.

**첫째, 성령의 감동을 받은 구약 저자에게도 예수님에 관한 부분적 지식이 있었으며, 복음에 관해 기록하려는 의도가 있었습니다.** "너희에게 임할 은혜를 예언하던 선지자들이 연구하고 부지런히 살펴서, 자기 속에 계신 그리스도의 영이 그 받으실 고난과 후에 받으실 영광을 미리 증언하여, 누구를 또는 어떠한 때를 지시하시는지 상고하니라. 이 섬긴 바가 자기를 위한 것이 아니요 너희를 위한 것임이 계시로 알게 되었으니, 이것은 하늘로부터 보내신 성령을 힘입어 복음을 전하는 자들로 이제 너희에게 알린 것이요"(벧전 1:10-12). 구약 저자들은 당시 그들이 기록하고 있는 글의 직접적 맥락보다 거대한 일에 참여하고 있음을 알았습니다. 즉 예수님의 고난과 영광에 관해 무언가를 알았습니다. 그들은 후대의 그리스도인들을 위해 성경을 기록했습니다. 예수님께서는 심지어 베드로보다도 직접적으로 표현하셨습니다. "모세를 믿었더라면 또 나를 믿었으리니, 이는 그가 내게 대하여 기록하였음이라"(요 5:46).

**둘째, 성경의 모든 책은 '인간'과 '성령님'이라는 두 저자가 썼습니다.** 인간 저자의 의도는 일부 모를 수도 있겠지만 성령님의 열정과 목적은 잘 알 수 있습니다. 바로 예수님을 영화롭게 하고 그분을 증거하는 것입니다(참조. 요 15:26; 16:14). 이것이 성경의 모든 지면을 통해 성령님께서 하신 일입니다.

저는 구약 저자들의 말을 재해석하지 않습니다. 우선 그들이 말한 바와 그들이 바라본 복음에 충실하려 하고, 그다음으로 예수님에 대한 오늘날의 보다 온전한 관점까지 포함하려 하죠. 그렇게 하는 구체적인 방법에 관해서는 다음 장에서 배워보겠습니다.


## 즉시 실천하라

다음은 모든 수업을 예수 그리스도의 복음과 연결하기 시작하려 할 때 유용한 몇 가지 방법이다.

### 부모의 경우

"왜 하나님의 법에 따라야 하죠?"라고 아이가 물어올 때, 모세가 지시한 대로 하나님의 구원 역사에 관한 말로 대답할 준비를 하라. 지금부터 몇 분 동안 아이가 의문이나 불만을 제기할 것으로 예상되는 경건한 행동을 떠올려보라. 남에게 순서를 양보하는 것, 남보다 적게 받아도 만족하는 것, 성적 순결 등을 생각해볼 수 있다. 그런 상황에 대비하여 예수님에 관해 어떻게 말해줄지 적어두라. "양보하는 것은 **예수님께서 우리를 구원하셔서 우리가 세상과 달라질 수 있도록 하셨기 때문이야.** 예수님께서는 우리를 위해 자신의 유익을 가장 나중으로 생각하시고 목숨까지 버리셨어. 그래서 우리도 다른 사람에게 그렇게 하는 거야"라고 할 수 있을 것이다. "하나님 말씀이니까(또는 엄마 아빠 말이니까) 잔소리 말고 따라!"라고 말하는 대신 그리스도인다운 행위와 복음을 연결하는 연습을 자주 하라.

## 교사의 경우

평소에 하는 수업 중 하나를 앞에서 말한 사도행전 본문 중 하나로 대체해보라. 활용하기 가장 쉬운 것은 사도행전 13:16-41에 나오는 바울의 안디옥 설교일 것이다. 교사용 지도서 내용 대신 이 본문을 수업의 개요로 삼으라. 출애굽기부터 신약에 이르는 성경 이야기, 시편, 예언서들을 모두 다루면서 이들이 예수님으로 이어지는 것을 보여줄 뿐 아니라, 그분을 믿도록 학생들에게 강력히 권고할 수 있다. 평소에 출판된 교재만을 사용하는 편이라면 생소하게 느껴지겠지만, 이것은 성경이라는 교재에서 직접 끄집어낸 수업이 될 것이다.

## 모든 사람의 경우

선한 행위와 복음을 연결하는 내용의 벽보를 직접 만들어서 성경공부하는 곳, 수련회 장소, 중고등부실, 가정에 붙여보라. "왜 _____ 해야 할까요?"라고 적은 후, 예수님께서 우리를 위해 행하신 일과 그 행동을 연결해주는 구절을 적으라. 몇 가지 예를 들자면 다음과 같다.

- 왜 **나눠야 할까요?** "우리 주 예수 그리스도의 은혜를 너희가 알거니와, 부요하신 이로서 너희를 위하여 가난하게 되심은 그의 가난함으로 말미암아 너희를 부요하게 하려 하심이라"(고후 8:9).

- **왜 순결해야 할까요?** "너희는 너희 자신의 것이 아니라 값으로 산 것이 되었으니, 그런즉 너희 몸으로 하나님께 영광을 돌리라"(고전 6:19-20).

- **왜 용서해야 할까요?** "서로 친절하게 하며 불쌍히 여기며 서로 용서하기를 하나님이 그리스도 안에서 너희를 용서하심과 같이 하라"(엡 4:32).

- **왜 친절해야 할까요?** "그리스도께서 너희를 사랑하신 것 같이 너희도 사랑 가운데서 행하라. 그는 우리를 위하여 자신을 버리사"(엡 5:2).

벽보는 아이들과 함께 만들고, 벽에 붙여두어 하나님께 순종해야 하는 이유가 우리와 예수님이 연결되어 있기 때문임을 끊임없이 상기시키라. 선한 행위를 언급하는 것만으로도 아이들이 죄책감을 느낀다면, 그리스도 안에 있는 자가 하나님의 율법을 두려워할 필요가 없음을 상기시켜주는 구절을 크게 적어 벽보 위쪽에 붙여도 좋다. 예를 들자면 요한1서 2:12의 "너희 죄가 그의 이름으로 말미암아 사함을 받았음이요"와 같은 구절을 적으라.

# 2부

## '어떻게' 복음을 가르칠 것인가?

그리스도는

성경이라는 밭에 숨겨진 보화요,

성경이라는 우물에 담긴 물이다.

-매튜 헨리[1]

## 6장

# 말하는 나귀와 예수님

구약성경으로 복음을 가르치라

나는 때로 온 가족을 대상으로 수업할 때가 있다. 어린아이부터 청소년, 학부모와 조부모님들까지 함께 참여하는 수업이다. 많은 가정에 도움이 되는 방식이기에 나는 여러 세대가 함께하는 이런 수업을 참 좋아한다. 그러나 때로는 딱 맞는 주제나 성경 이야기를 택해야 한다는 강박관념에 시달리기도 한다.

얼마 전, 가족 수업을 몇 주 앞두고 있을 때였다. 이 소식을 전하자, 아이들은 가족 수업에서 어떤 이야기를 다룰지 알고 싶어 했다. 이때 "아직 결정하지 않았어요"라고 대답한 것은 큰 실수였다.

"그게 좋겠어요!" 한 아이가 말했다.

"뭔데?"

"말하는 나귀 이야기요."

내가 저항해볼 틈도 없이 모두가 동의했다. "맞아요, 말하는 나귀 이야기로 해주세요. 제발요!"

생각해보겠다고 대답했지만 그것은 알았다는 말과 크게 다르지 않았다. 약속해버린 것이다. 이제 와서 다른 수업을 하면 아이들이 실망할 것이다. 그러나 이스라엘 백성을 저주하려고 나귀에 올라 길을 떠난 예언자 발람과 그 일의 흥미로운 결말에 관해 가르쳐본 것도 이미 여러 해 전 일이었다. 복음을 염두에 두고 이 이야기를 가르쳐본 적이 있는지는 기억나지 않았다.

이제 나는 발람 이야기로 복음 중심의 수업을 해야 했다. 말하는 나귀가 예수님과 무슨 상관인지를 알아내야 했다.


## 몇 가지 간단한 질문

이 수업의 준비 과정을 함께 살펴보기에 앞서 당부할 것이 있다. 여러분이 성경공부를 인도하고 있다면, 자신의 수업 내용은 본인이 직접 구상해야 한다. 출판된 교재를 사용하고 있고 심지어 그것이 예수님 중심적인 좋은 교재라도 당분간은 제쳐둘 필요가 있다. 먼저 스스로 연구하며 생각해보고 예수님 안에 있는 신비를 찾아가는 과정을 거쳐야 한다.

결과적으로는 교사용 지도서의 내용을 대부분 사용하게 될 수도 있다. 그러나 교사에게 최고의 순간은 다른 누군가가 준비한 각본만 따라서는 찾아오지 않는다. 그것이 좋은 각본이라도 마찬가지다. 그러한 순간은 보통 스스로 발견한 풍성한 진리를 열정적으로 가르치다가 경험하게 되는데, 발견을 하려면 노력이 필요하다. 나도 발람에 관한 수업을 준비할 때 시간을 들여 이야기의 문맥을 연구했다. 그런 면에서는 수업 준비가 까다로웠다. 그러나 발람 이야기를 예수님과 연결하는 데는 희귀한 성경 지식이나 번뜩이는 순간 같은 것이 필요하지 않았다. 상당히 쉬웠다. 여러분도 할 수 있는 일이다.

이제 내가 발람 이야기와 예수님을 연결한 과정을 설명해보겠다. 내가 굳이 이 수업을 예로 선택한 이유 중 하나는 특별히 기발한 통찰을 얻은 경우가 아니었기 때문이다. 구약 이야기를 통해 복음에 이르는 것은 보통 기발함과 관련이 없다. 올바른 질문으로 이야기에 접근하는 것이 중요하다. 발람 이야기를 공략하기 위해 내가 사용한 질문은 다음과 같았다.

- 이야기에서 하나님은 백성을 위해 무슨 일을 하시는가?
- 복음! 하나님은 어떻게 예수님 안에서 우리에게 본문과 같으면서도 더 나은 일을 행하시는가?
- 믿으라! 이 복음을 믿는 것은 우리 삶의 방식을 어떻게 변화시키는가?

물론 이런 주제들을 분명하고 흥미롭게 제시하는 방법도 고민해야 했다. 그런 기법을 사용하는 것도 좋은 일이므로 각자에게 효과적인 방법을 쓰면 된다. 그러나 수업 내용 자체는 이 세 가지 질문에 대한 답이었을 뿐 전혀 복잡하지 않았다.

## 발람과 나귀

우리는 먼저 민수기에 발람이 등장한 상황을 살펴보는 것으로 수업을 시작했다. 예수님보다 천 년 이상 앞선 시대였다. 이스라엘 민족은 가나안 땅으로 들어가 그곳 주민을 쫓아낼 준비가 되어 있었다. 하나님께서는 수백 년 전, 이스라엘 민족의 조상 아브라함에게 그 땅을 주겠다고 약속하셨으며, 다음과 같은 말씀으로 번영과 보호를 약속하셨다. "너를 축복하는 자에게는 내가 복을 내리고, 너를 저주하는 자에게는 내가 저주하리니"(창 12:3).

곧이어 발람이 등장한다. 근방에 있던 모압 왕이 이스라엘 민족을 두려워하여 그들을 저주하기 위해 그 일대에서 가장 강력한 예언자 발람을 고용하기로 했다. 왕은 발람에게 큰돈을 제시하면서 그의 주술적 능력을 칭찬한다. "그대가 복을 비는 자는 복을 받고, 저주하는 자는 저주를 받을 줄을 내가 앎이니라"(민 22:6). 이것이 당시 상황이다. 양쪽 다 옳을 수는 없다. 과연 하나님의 약속이 믿을 만할까, 아니면 발람의 악한 능력에 대한 왕의 생각이 옳을까?

그렇다. 발람은 악인이었다. 우리 반 학생들은 행동하기 전에 하나님의 허락을 구했던 장면처럼 발람이 선해 보이는 대목도 발견했다. 그러나 누군가를 해치는 대가로 큰돈을 제안받았을 때 "기도해보겠습니다"라고 말하는 것은 좋은 대답이 아니다. 발람은 사실 이스라엘 민족을 저주하고 싶었다. 대가로 받게 될 돈을 좋아했기 때문이다. 그래서 악을 행하려는 생각으로 나귀를 타고 길을 나섰다.

위험한 저주가 하나님의 백성을 향하고 있었다. 무서운 음악이 깔린다.

이때 하나님께서 내려오셨다. 여호와의 사자가 발람의 앞길을 막아선 것이다. 그를 죽이려고 칼을 빼어 든 상태였다. 이야기 속에서 소위 '영적 귀재'로 여겨지던 발람은 이 천사를 보지 못했지만 그의 나귀는 봤다. 나귀가 길을 벗어나서 밭으로 들어가자 발람은 가던 길로 돌려놓으려고 나귀를 매질했다. 천사가 다시 포도원 사이 좁은 길에 나타나자 나귀는 옆으로 움직여서 발람의 발을 담에 짓눌렀다. 발람은 또 나귀를 매질한다. 천사가 세 번째로 나타나자 나귀는 아예 길바닥에 주저앉는다. 자기 짐승 하나 제어하지 못하는 것에 창피를 느낀 발람은 노하여 나귀를 지팡이로 때리기 시작한다.

> 여호와께서 나귀 입을 여시니 발람에게 이르되, "내가 당신에게 무엇을 하였기에 나를 이같이 세 번을 때리느냐?" 발람이 나귀에게 말하되, "네가 나를 거역하기 때문이니 내 손에 칼이 있었더면 곧 너를 죽였으리라." 나귀가 발람에게 이르되, "나는 당신이 오늘까지 당신의 일생 동안 탄 나귀가 아니냐? 내가 언제 당신에게 이같이 하는 버릇이 있었더냐?" 그가 말하되, "없었느니라"(민 22:28-30).

나는 학생들에게 물었다. "여기서 발람에게는 무슨 일이 일어나고 있나요?" 다들 미소를 지었다. 더러는 낄낄거리기도 했다. 몇몇은 발람이 아주 우스워 보인다고 했다. 누구나 이해하고 있었던 것은, 능력 있는 발람을 본인의 생각보다 더 우스꽝스럽게 만들고 있는 것이 나귀가 아닌 하나님이라는 사실이다. 발람은 우스운 꼴로 나귀에게 업혀 밭으로 들어갔고 그 뒤에는 발까지 다친다. 급기야는 나귀와 언쟁을 벌이는데, 그마저도 나귀가 이기고 있다. 이 얼마나 바보스러운가!

하나님께서 축복하신 백성을 저주하려 했던 대단한 인물에게 무슨 일이 일어나고 있는지 보라.

하나님께서 발람의 눈을 여시자 그는 마침내 여호와의 천사를 보고 엎드린다. 그리고 집으로 되돌아가려 했지만 천사는 가던 길로 가서 하나님께서 주시는 말씀만 전하라고 명한다. 이렇게 해서 원래 저주하려고 왔던 발람이 이스라엘 민족을 연이어 축복하기에 이르렀다. "한 별이 야곱에게서 나오며, 한 규가 이스라엘에게서 일어나서 모압을 이쪽에서 저쪽까지 쳐서 무찌르고"(민 24:17).


## 연결하기

이 이야기 속에서 하나님이 백성을 위해 무슨 일을 하셨는지 나눠보자고 제안하자 많은 대답이 쏟아져 나왔다. "악인이 백성을 해치지 못하게 하셨어요." "약속하신 대로 백성을 저주하려는 사람에게 나쁜 일이 일어나게 하셨어요." "백성에 대한 위협을 우스꽝스럽게 만드셨어요." "하나님께서 백성의 원수들보다 강하심을 보여주셨어요." 나는 모두 훌륭한 대답이라고 칭찬해주었다.

다음으로 신명기 23:5을 함께 읽었는데, 그것이 바로 성경 자체에 나온 답이었다. "네 하나님 여호와께서 너를 사랑하시므로 네 하나님 여호와께서 발람의 말을 듣지 아니하시고, 네 하나님 여호와께서 그 저주를 변하여 복이 되게 하셨나니." 나는 칠판에 이렇게 적었다. "하나님께서는 저주를 막아주시며, 대신 사랑으로 복을 내려주신다."

"잘 보세요. 이 이야기는 수천 년이 지나 예수님께 속한 우리에게 어떤 의미가 있을까요? 하나님께서 우리를 위해 비슷한 일을 하신 것이 있나요?" 내가 물었다.

잠시 기다려야 했지만 이윽고 대답이 나오기 시작했다. 십 대 아이가 먼저 말했다. "하나님께서는 우리를 사랑하셔서 많은 복을 베풀어주세요."

학부모님이 이어서 대답했다. "우리는 저주를 받아 마땅해요. 죄인으로서 지옥의 저주를 받아야 했지요. 하지만 예수님께서 와서 막아주시고 우리의 저주를 담당하셨어요. 그리고 이제는 우리에게 저주 대신 축복을 주세요."

또 다른 이가 말했다. "우리가 웃을 수 있는 것은 그분이 우리를 위해 해주신 일 덕분이지요."

조금 더 의견을 나눴지만 이미 결론은 분명했다. 예수님께서 우리의 죄를 위하여 죽으심으로써 최악의 저주를 영원히 막아주셨다. 나는 골로새서 2:13-15을 읽었다. "하나님이 우리의 모든 죄를 사하시고, 우리를 거스르고 불리하게 하는 법조문으로 쓴 증서를 지우시고 제하여버리사 십자가에 못 박으시고, 통치자들과 권세들을 무력화하여 드러내어 구경거리로 삼으시고, 십자가로 그들을 이기셨느니라."

십자가 사건은 우리가 두려워하는 원수들이 수치를 당하게 된다는 의미도 포함한다는 이야기로 수업을 마무리했다. 원수들이 발람처럼 사람들 앞에서 망신을 당한다는 것이다. 이것을 온전히 믿을 때 우리의 행동이 어떻게 바뀔지 묻자, 한 사람은 직장에서 자신이 옳다고 생각하는 가치를 용감하게 지킬 수 있을 것이라고 했다. 한 아이는 학교에서 못되게 구는 여자아이들을 단순히 미워하는 대신 불쌍하게 생각할 수 있을 것이라고 했다.

말하는 나귀와 예수님 안에서의 삶을 연결한 것이다.

## 질문에 대한 답

이제 수업을 준비하면서 던졌던 앞의 질문으로 돌아가 보자.

- **이야기에서 하나님은 백성을 위해 무슨 일을 하시는가?**
  저주를 막아주시고 대신 사랑으로 복을 내려주신다. 몇 가지 좋은
  답이 있었지만, 나는 성경 자체가 강조한 답을 택했다.

- **복음! 하나님은 어떻게 예수님 안에서 우리에게 본문과 같으면서
  도 더 나은 일을 행하시는가?**
  예수님께서 우리 죄를 위하여 죽으심으로써 최악의 저주를 영원
  히 막아주셨다. 그분이 우리가 받을 저주를 담당하셨고 이제 우리
  에게 저주 대신 축복을 베풀어주신다. 뻔한 답이라고 생각할 수도
  있겠지만, 나는 수업을 준비하면서 5-10분간 저주에 관해 고민하
  고 나서야 이것을 깨달을 수 있었다. 학생들에게 이 질문을 했을
  때는 1분도 지나지 않아 같은 대답이 나왔다.

- **믿으라! 이 복음을 믿는 것은 우리 삶의 방식을 어떻게 변화시키
  는가?**
  **직장에서 자신이 옳다고 생각하는 가치를 용감하게 지킬 수 있다.
  원수를 두려워하는 대신 사랑할 수 있다.** 사실 나는 다른 답변을
  준비해뒀지만, 수업 시간에 나온 이야기들을 받아들이기로 했다.
  아마 어린아이들만 있는 수업이었다면 내가 방향을 잡아줘야 했
  을 것이다. 보통 무서운 사람이나 상황 때문에 하나님을 의심하게
  되기도 하는데, 발람의 이야기와 예수님을 생각하면 그런 사람이

나 상황도 그리 무섭지 않다는 이야기를 준비해뒀었다.


## 기본적인 원리

이것이 전부다. 그러니 겁먹을 필요 없다. 물론 어떤 사람들은 수년간 구약의 해석법을 세세히 배우기도 한다. 나도 그런 교육에는 대찬성이지만 주일학교 교사들 대부분은 신학교에 가보지 못했다. 그래도 구약을 가르칠 수 있다.

예수님은 어느 날 오후, 제자들과 불과 몇 시간 동안 함께 걸으시는 사이에 기본 원리를 정해주셨다. 그날 그분은 죽은 자들 가운데서 다시 살아나셔서 두 제자와 함께 엠마오라는 곳으로 걸어가고 계셨다. 두 제자는 예수님의 죽으심과 부활을 이해하지 못해 이런 꾸중을 들었다. "미련하고 선지자들이 말한 모든 것을 마음에 더디 믿는 자들이여!"(눅 24:25) 그 후 예수님께서는 어떻게 구약성경 전체가 자신으로 귀결되는지를 설명해주셨다.

예수님! 바로 그분이 구약을 가르치는 원리다. 이 원리가 너무도 단순하고 분명해서 예수님은 이것을 놓친 두 제자를 "믿음 없고 어리석은 자"라고 부르셨다. 구약에서 예수님을 발견하는 것은 대단히 학문적인 교사만의 심오한 예언적 능력이 아니다. 그것은 기본이다. 구약을 가르칠 때 한쪽 눈을 예수님께 두는 것만으로도 올바른 길로 갈 수 있으며, 앞에서 말한 두 제자를 훨씬 앞서게 될 것이다. 그만큼 쉬운 일이라는 뜻이다.

# 단순하게 가르치라

물론 우리는 여전히 성경을 최대한 잘 이해한 상태로 예수님을 가르치려 해야 한다. 그러나 대부분의 경우 이는 단순하게 가르치는 것을 의미한다.

예수님에 대한 직접적 예언이 없는 성경 이야기는 예수님으로 귀결될 수 없다고 생각할 수도 있을 것이다. 물론 구약성경에는 그런 직접적인 예언이 많이 나오지만 모든 본문에 나오지는 않는다. 이야기로 된 본문에는 대부분 그런 예언이 없다. 억지로 끼워 맞춰서는 안 된다.

결과적으로 발람 본문은 예수님에 관한 직접적인 예언이 포함된 드문 경우 중 하나였다. "별과 규가 이스라엘 민족으로부터 나올 것"이라는 발람의 예언은 메시아를 가리킨다. 나는 수업을 준비하면서 그런 식으로 발람 이야기와 예수님을 연결할 수도 있으나 그것이 유일한 연결점은 아니라는 것을 알았다. 그래서 결국 하나님께서 저주를 멈추신 부분에 초점을 맞추기로 했다. 그것도 예수님에 관한 중요한 내용으로 이어지기 때문이다.

그러므로 정식 교육을 받지 않고 교회에서 성경 이야기를 가르치거나 가정 예배를 인도하고 있다면, 예수님에 관한 명시적인 예언을 찾아야 한다는 부담은 버리라. 우연히 그런 내용이 나오면 사용해도 좋지만 복음을 가르치기 위해 꼭 필요한 것은 아니다.

'예표'도 마찬가지다. 성서학자들은 구약성경에 나오는 사람, 물건, 사건 중 예수님을 상징하는 모형으로서 예수님을 예시하는 것을 예표라고 부른다. 다윗 왕은 예수님의 예표다. 즉 궁극의 목자이자 왕이신 예수님의 그림자다. 유월절 양도 예표다. 무고한 분으로서 우리를 구원하려고 죽으신 예수님을 예시하기 때문이다. 예표를 생각해보는 것은 흥미로울 뿐 아니라, 하나님께서도 많은 예표를 주려고 성경에 여러 사건을 배치하신 것이 사실이다.

여러분이 충분한 성경 교육을 받아 본문에서 예수님의 예표를 찾을 수 있고 그런 방식으로 가르치기 원한다면, 아주 좋다. 신약성경 저자들도 그런 방식을 자주 택했다. 그러나 다시 한번 말하지만, 이것이 예수님 이야기를 하기 위해 꼭 필요한 것은 아니다. 억지로 끼워 맞춰서도 안 된다.

만일 내가 기발한 수업을 하겠다며 발람 이야기에서 예표를 찾아내려고 했다면 어땠을까? 천사가 백성을 위해 싸우시는 예수님의 예표일까? 칼이 예리하고 날카로운 말씀을 하시는 예수님을 예시할까? 어쩌면 나귀가, 우리 눈으로 볼 수 없는 숨겨진 진리를 말씀하시는 예수님을 상징했을 수도 있다. 아니면 너무 기발해지려고 끼워 맞추고 있는 것인지도 모른다.

천사를 예표라고 주장할 수는 있었을 것이다. 여호와의 사자는 구약성경에 종종 등장하여 여러 면에서 예수님처럼 행동한다. 너무도 유사해서 일부 성경 전문가는 예수님으로 보기도 한다. 그렇지만 발람에 관한 수업에서 그 이야기는 하지 않기로 했다. 나는 저주를 막는다는 좀 더 단순한 주제가 좋았다. 더욱이 지나친 해석으로 발람의 나귀가 예수님의 예표라고 가르치는 애석한 실수는 절대 범하고 싶지 않았다.

예수님은 발람 이야기 곳곳에 숨어 계신다. 따라서 억지로 예수님 이야기를 끌어내려고 술수를 쓸 필요는 없다. 마침내 이 모든 내용이 예수님에 관한 것이었다고 밝히는 특별한 통찰의 순간도 필요 없다. 우리는 뭔가 있어 보이려고 가르치는 것이 아니다.

그저 하나님께서 어떻게 일하고 계신지를 보라. 하나님의 일하심을 확장시키라. 예수님으로 완성하라. 그분이 없다면 구약의 모든 이야기는 미완성이다.


## 방법1: 하나님의 행위

많은 주일학교 교사들이 성경 이야기에서 등장인물, 즉 사람을 먼저 생각하는 데 익숙하다. 등장인물로부터 좋은 것이든 나쁜 것이든 본보기가 될 만한 점을 찾고 그것을 가르친다. 이는 '나' 중심적인 방식이지 '하나님' 중심적인 방식이 아니다.

발람을 본보기로 제시하려고 애쓰는 불쌍한 교사를 떠올려보라. 발람은 도덕적 모순에 빠진 문제 인물이었다. 결국에는 정확히 하나님 말씀대로 했지만 원래의 의도는 악하기 그지없었다. 발람을 순종의 좋은 예로 삼을 것인가, 아니면 하나님을 대적하는 자의 말로를 보여주는 혹독한 교훈으로 삼을 것인가? 바로 이런 딜레마 때문에 하나님의 보호하심에 관한 이런 훌륭한 이야기가, 요즘 출판되는 주일학교 교재에서는 많이 사라진 게 아닌가 한다. 엉뚱한 인물에 초점을 맞추고 있으니 할 말이 없을 수밖에 없다.

발람 이야기에서 중심인물은 발람이 아니다. 하나님이시다. 발람에게 집중하는 것은 이야기 속 하나님의 역사를 경시하는 것이다. 그러므로 구약을 가르칠 때의 첫 번째 규칙은 다음과 같다.

> **하지 말 것**: 인간 등장인물에게서 도덕적 교훈을 찾아내는 것
> **해야 할 것**: 중심인물인 하나님의 가치와 역사를 찾아내는 것

앞서 말했듯이 "이야기에서 하나님은 백성을 위해 무슨 일을 하시는가?"라는 질문으로 시작하라. 이에 대한 답을 찾기 위해 시간을 투자하는 것은 중요한 일이다. 구약성경 이야기의 문맥을 연구하라. 전후 상황을 알아보라. 하나님께서 등장인물의 삶 속에서 어떻게 역사하고 계신지를 생각하라. 이것이 이야기와 인물마다 약간씩 다르기 때문에 각각의 수업이 신선해진다. 너무 조급하게 예수님으로 화제를 전환해 무미건조하게 십자가 이야기를 하지는 말라. 먼저 구약 이야기 안에서 하나님의 풍성한 역사를 발견하라. 그렇게 할 때 각 이야기를 통해 이전과는 다른 방식으로 예수님을 새로이 인식하면서 그분께 우리의 시선을 돌릴 수 있다.

이제 우리에게 익숙한 구약 이야기에 아까 말한 세 가지 질문을 적용해보겠다.

### 수업 내용: 아기 모세

- **이야기에서 하나님은 백성을 위해 무슨 일을 하시는가?** 하나님은 여러 사건들을 정교하게 배치하여 아기 모세를 보호하시고 이스라엘 백성을 애굽으로부터 구해낼 지도자를 주셨다.
- **복음! 하나님은 어떻게 예수님 안에서 우리에게 본문과 같으면서**

도 더 나은 일을 행하시는가? 그분은 죄와 사망으로부터 우리를 구해낼 지도자이자 구원자를 주셨다.

- **믿으라! 이 복음을 믿는 것은 우리 삶의 방식을 어떻게 변화시키는가?** 우리가 그것을 발견하기 어려울 때에도 하나님께서는 구원을 완성하기 위한 계획을 실행하고 계심을 신뢰할 수 있다.

## 수업 내용: 십계명

- **이야기에서 하나님은 백성을 위해 무슨 일을 하시는가?** 하나님은 이스라엘을 그분의 거룩한 나라로 만들기 위해 직접 내려오셔서 거룩해지는 방법을 보여줄 율법을 주셨다.
- **복음! 하나님은 어떻게 예수님 안에서 우리에게 본문과 같으면서도 더 나은 일을 행하시는가?** 하나님은 우리가 하나님 나라로 들어갈 수 있도록 예수님의 모습으로 내려오셨다. 예수님께서 우리를 위해 하나님의 율법을 지키시고 우리를 거룩하게 하셨다.
- **믿으라! 이 복음을 믿는 것은 우리 삶의 방식을 어떻게 변화시키는가?** 하나님께 속한 백성인 우리에게는 그분께 순종하고 그분의 탁월하심을 선포할 열의와 능력이 있다(벧전 2:9).

## 수업 내용: 기드온

- **이야기에서 하나님은 백성을 위해 무슨 일을 하시는가?** 하나님은 연약한 사람과 연약한 군대를 택하여 이스라엘 백성을 구원하신다.
- **복음! 하나님은 어떻게 예수님 안에서 우리에게 본문과 같으면서

도 더 나은 일을 행하시는가? 하나님은 예수님의 연약하심을 통해 세상에서 연약한 우리를 구원하기로 선택하신다(고전 1:27).

- 믿으라! 이 복음을 믿는 것은 우리 삶의 방식을 어떻게 변화시키는가? 뽐내지 않는다. 하나님에 대한 믿음이 세상적인 힘을 능가함을 알기에, 어려움과 연약함 속에서도 만족한다.

### 수업 내용: 한나

- 이야기에서 하나님은 백성을 위해 무슨 일을 하시는가? 하나님은 한나의 기도를 듣고 그녀의 문제에 관심을 기울이신다. 그분은 멸시받던 한나를 하나님의 역사에서 큰 역할을 감당하는 인물로 바꿔주신다.

- 복음! 하나님은 어떻게 예수님 안에서 우리에게 본문과 같으면서도 더 나은 일을 행하시는가? 예수님은 우리에게 문제가 있을 때 관심을 기울이신다. 그분은 이 세상에서 멸시받는 이들을 받아들여 자기 백성으로 삼으신다.

- 믿으라! 이 복음을 믿는 것은 우리 삶의 방식을 어떻게 변화시키는가? 그리스도 안에서 확신하며 기도한다. 그분이 우리 문제에 관심이 있다는 것과, 우리가 구하고 생각하는 것에 넘치도록 우리를 통해 역사하실 것을 알기 때문이다(엡 3:20).

### 수업 내용: 요나

- 이야기에서 하나님은 백성을 위해 무슨 일을 하시는가? 하나님은 불순종하는 예언자부터 니느웨에 있는 하나님의 원수들에 이르

기까지, 모든 종류의 인간에게 은혜와 긍휼을 보이신다.

- **복음! 하나님은 어떻게 예수님 안에서 우리에게 본문과 같으면서도 더 나은 일을 행하시는가?** 구원하시는 하나님의 긍휼은 예수님 안에서 온 세상으로 확장된다. 교회에 다니는 위선자부터 노골적인 반역자에 이르기까지, 우리는 모두 하나님의 원수들이지만 은혜로 구원을 얻는다.

- **믿으라! 이 복음을 믿는 것은 우리 삶의 방식을 어떻게 변화시키는가?** 기뻐하게 된다! 우리의 구원이 얼마나 있을 수 없는 일인지 깨닫고 모든 공로를 긍휼 많으신 하나님께만 돌린다.

여기 나오는 단계들은 수업을 이루는 몇몇 조각에 불과하다. 이런 조각들을 매번 똑같은 순서로 가르칠 필요는 없다. 그러다가는 지루해질 것이다. 게다가 항상 '어떻게 살아야 하는지'로 수업을 마무리한다면, 아무리 복음이 우선이라고 강조했더라도 아이들은 결국 기독교 신앙의 중심이 좋은 성과를 내는 것이라고 오해할 수 있다.

그런데 수업이 하나님의 행위로 시작한다고 해서 꼭 인간의 행위에 대한 적용을 배제한다는 뜻은 아니며, 예수님을 끌어들인다고 해서 구약 본문의 본래 논점을 무시한다는 뜻도 아니다. 이 방법은 구약 본문의 메시지에 충실하되 예수님의 복음을 포함하여 원래의 논점을 오히려 더 풍성하게 한다.

대부분의 이야기에는 하나님이 하시는 일이 몇 가지씩 나온다. 위의 예에서 선택해 강조한 주제가 전부는 아니다. 하나님의 역사하심에 관한 주요 주제 몇 가지를 기억해두면 좋은 주제를 고르는 데 도움이 된다. 하나님은 생명을 창조하고 유지하신다. 악에 대항해 싸우신다. 힘 없는 자들을 지켜주신다. 자기 백성을 택해 그들 가운데 거하신다. 언약을 만들고 지키신다. 율법을 선포하신다. 은혜를 베푸신다. 말씀을 통해 자신을 계시하신다. 자신의 장엄함을 보여주신다. 자기 이름을 지키신다. 공의를 위해 싸우신다. 나라들을 통치하신다. 구원자와 지도자들을 일으키신다. 죄와 사망으로부터 구원하신다. 안식을 주신다. 보호하신다. 치유하신다. 말씀하신다. 훈육하신다. 용서하신다. 사랑하신다.

## 방법2: 하나님의 성품

하나님의 행위에 집중하는 대신 그분의 성품과 선하심을 발견하는 것이 더 간단할 때도 있다. 특히 고학년을 맡아서 이야기로 되어 있지 않은 본문까지 가르치려고 할 때, 하나님의 성품이 비교적 쉬운 출발점이 될 수 있다. 그러면 아까의 질문을 조금씩 바꿔보자.

- 본문은 하나님이 어떤 분임을 가르쳐주는가?
- 복음! 하나님의 이런 측면은 어떻게 예수님 안에서 가장 온전하게 드러나는가?
- 믿으라! 이 복음을 믿는 것은 우리 삶의 방식을 어떻게 변화시키는가?

우리는 다음과 같이 성경 이야기와 본문에 관한 수업을 준비할 때 위의 질문을 활용할 수 있다.

### 수업 내용: 시편 23편

- **본문은 하나님이 어떤 분임을 가르쳐주는가?** 하나님은 우리의 목자가 되어 우리의 모든 필요를 친절하게 채워주시고 모든 위험에서 보호해주신다.
- **복음! 하나님의 이런 측면은 어떻게 예수님 안에서 가장 온전하게 드러나는가?** 예수님께서 선한 목자가 되어 우리에게 가장 필요한 것을 채워주신다. 양들을 지극히 사랑하여 자기 목숨을 버리신 것이다(요 10:11).
- **믿으라! 이 복음을 믿는 것은 우리 삶의 방식을 어떻게 변화시키는가?** 예수님께서 우리를 위해 목숨까지 내어주셨음을 알기에, 우리에게 선한 것이 부족할 일이 없음을 확신한다. 그분께서 늘 우리와 함께하실 것이므로 악을 두려워하지 않는다.

### 수업 내용: 금송아지

- **본문은 하나님이 어떤 분임을 가르쳐주는가?** 사랑하는 사람이 다 그렇듯 하나님도 질투하신다. 하나님은 백성이 그분의 방식대로 그분만 예배하기를 맹렬히 요구하신다.
- **복음! 하나님의 이런 측면은 어떻게 예수님 안에서 가장 온전하게 드러나는가?** 예수님께서는 그분을 따르는 모든 이가 '삶 전부'를 그분께 온전히 헌신하기를 요구하신다. 우리가 오직 그분

만의 소유가 되기를 질투하는 마음으로 열망하신 나머지 마귀로부터 우리를 구속하기 위해 목숨까지도 바치셨다.

- **믿으라! 이 복음을 믿는 것은 우리 삶의 방식을 어떻게 변화시키는가?** 예수님께서 우리와 영원히 함께하기를 얼마나 원하시는지 알 때, 우리도 그분과 함께하기를 원하게 된다.

이번에도 마찬가지다. 성경에는 하나님의 위엄과 성품에 관한 이야기가 아주 많기에(그 모든 것은 예수님 안에서 가장 온전하게 드러난다) 가능한 주제는 수없이 많다. 예를 들면, 하나님의 자비, 능력, 친절하심, 공의, 구원에 대한 결의, 버림받은 자들을 향한 시선 등에 관해 가르칠 수 있다.


## 방법3: 문제를 해결하시는 예수님

위의 두 방법은 하나님께서 백성을 다루시는 방법이 구약에서나 신약에서나 거의 동일함을 전제로 한다. 그러나 구약성경은 아직 예수님이 오실 것을 고대하고 있는 상황에서 기록된 것이기에 신약성경과 다른 측면도 있다. 구약 이야기는 불확실한 상태로 끝난다.

성경의 거대한 이야기는 그것을 처음부터 끝까지 읽어감에 따라 점점 밝히 드러난다. 이야기의 모든 전환점마다 앞으로 찾아올 복음을 조금씩 더 보여주며, 마지막 장을 열어 예수님을 보기 전까지는 온전한 그림이 드러나지 않는다. 구약 이야기를 보면 저자는 계속되는 문제나 풀리지 않은 긴장 상황을 남기면서 그 이상의 무언가를 찾고 있다. 예수님, 그분을 찾고 있는 것이다. 예언서를 읽어보면 구약 시대의 믿는 자들도 그것을 감지하고 있다. 그들이 하나님과 계속 동행할 수 있었던 유일한 이유는 눈에 보이지는 않지만 하나님께서 지금까지 경험한 것보다 더 나은 어떤 일을 행하고 계신다는 믿음이 있었기 때문이었다.

그러므로 구약 본문을 통해 예수님을 가르치는 또 다른 방법은, 해결되지 않은 문제나 긴장 상황을 발견한 후 예수님께서 그것을 어떻게 해결하시는지 보여주는 것이다.

- 본문에서 해결되지 않고 남아 있는 문제나 긴장 상황은 무엇인가?
- 복음! 이것은 예수님 안에서 어떻게 해결되는가?
- 믿으라! 이 복음을 믿는 것은 우리 삶의 방식을 어떻게 변화시키는가?

이와 같은 질문들은 완전히 새로운 가능성을 열어준다.

### 수업 내용: 삼손

- **본문에서 해결되지 않고 남아 있는 문제나 긴장 상황은 무엇인가?** 하나님께서 삼손을 사용하셔서 이스라엘 민족을 블레셋의 영향에서 구원해내시지만, 삼손은 흠이 있고 불완전한 구원자다.

- 복음! 이것은 예수님 안에서 어떻게 해결되는가? 오직 예수님만이 우리가 그토록 바라는 흠 없는 구원자가 되신다.

- 믿으라! 이 복음을 믿는 것은 우리 삶의 방식을 어떻게 변화시키는가? 유일하게 완벽한 구원자이신 예수님만 신뢰하게 된다. 우리처럼 흠 있는 자라도 그분 안에 있으면 하나님께서 사용해주실 것을 알기 때문이다.

**수업 내용: 시내산에서의 언약**

- 본문에서 해결되지 않고 남아 있는 문제나 긴장 상황은 무엇인가? 하나님께서 순종을 조건으로 언약을 맺자고 이스라엘 민족을 초청하시니, 어떻게 그것을 거절하겠는가? 그러나 이스라엘 민족에게 순종할 능력이 없는 것도 분명하니, 어떻게 수락할 엄두를 내겠는가?

- 복음! 이것은 예수님 안에서 어떻게 해결되는가? 예수님 안에서 죄에 대한 책임과 죄의 능력 모두로부터 구원받아, 용서받고 순종할 능력을 모두 얻었다.

- 믿으라! 이 복음을 믿는 것은 우리 삶의 방식을 어떻게 변화시키는가? 확신과 열정을 품고 하나님의 초청에 감히 응할 수 있다.

**수업 내용: 바위 틈에 숨은 모세**

- 본문에서 해결되지 않고 남아 있는 문제나 긴장 상황은 무엇인가? 모세는 하나님의 영광을 보기 원했지만 하나님을 뵙고도 목숨을 부지할 죄인은 아무도 없었다. 그래서 하나님의 얼굴이

아니라 등을 보는 것에 만족해야 했다.

• **복음! 이것은 예수님 안에서 어떻게 해결되는가?** 우리는 예수님 안에서 모세가 본 것보다 더욱 온전한 하나님의 영광을 보게 되었다. 그것은 죽음이 아닌 생명을 주는 형태의 영광이었다. 또한 우리는 언젠가는 하나님의 얼굴을 볼 것이다(계 22:4).

• **믿으라! 이 복음을 믿는 것은 우리 삶의 방식을 어떻게 변화시키는가?** 예수님을 더욱 발견하는 것이 우리의 소망이 되어 이 세상의 사소한 것들을 향한 하찮은 욕망을 포기할 수 있다.

구약에 나타나는 가장 팽팽한 긴장 관계는 하나님의 사랑과 그분의 공의 사이의 관계일 것이다. 이것은 십자가에서 전혀 뜻밖의 방법으로 해소되었다. 그러나 해소되기 전, 모든 구약 이야기 속에서 그러한 긴장이 나타난다.

한번은 어느 유치부 교사가 노아 이야기를 가르치면서, 여덟 명을 뺀 모든 사람이 홍수로 죽은 사실이나 그것이 죄에 대한 하나님의 심판이라는 사실을 전혀 언급하지 않는 것을 봤다. 이해할 수 있었다. 노아에 관한 어린이 도서 중에도 그런 것이 많다. 아이들을 보호해야 하기에, 귀여운 동물과 무지개 그림만 가득하고 해를 입은 사람 이야기는 전혀 없다.

그런데 이 교사는 그런 수업 내용이 마음에 걸렸다. 나중에 들어보니 수업을 준비하면서 고민이 많았다고 한다. 하나님께서 순종하지 않는 이들에게 벌을 내리심을 가르쳐야 한다고 믿기는 했지만, 홍수로 사망한 숫자를 생각하면 너무 섬뜩해서 구원받은 백성에 관한 이야기만 했다는 것이다. 하나님을 마음 약한 분이나 괴물 중 하나로 만들어야 하는 상황에서 마음씨 고운 하나님을 택한 것이다.

나중에 여기에 관해 생각하던 나는 제3의 길이 있음을 깨달았다. 즉 **이야기 전체를 가르치고**(이것은 언제나 좋은 선택이다) **긴장 상황이 있음을 인정하는 것이다.** 하나님은 벌하셔야 한다. 그와 동시에 간절히 구원하고 싶어 하신다. 홍수는 하나님의 공의와 긍휼이 만나는 수많은 장면 중 하나다. 따라서 다음과 같은 방법으로 가르칠 수 있다.

### 수업 내용: 노아와 홍수

- 본문에서 해결되지 않고 남아 있는 문제나 긴장 상황은 무엇인가? 하나님께서는 죄를 벌하셔야 하지만 또한 구원하기를 기뻐하시기에 결국 온 세상을 다시 멸하지 않겠다고 약속하셨다. 그런데 그래도 사람들이 계속 죄를 짓는다면 어떻게 한단 말인가?

- 복음! 이것은 예수님 안에서 어떻게 해결되는가? 예수님께서는 공의와 긍휼 모두를 만족시키셨다. 그가 우리를 위해 하나님의 공의의 형벌을 감당하셨기에, 이제는 한 가정뿐 아니라 그분께 속한 모든 사람이 하나님의 긍휼로 구원받는다.

- 믿으라! 이 복음을 믿는 것은 우리 삶의 방식을 어떻게 변화시키는가? 예수님 안에서 긍휼 얻었음을 믿기에, 더 이상 하나님의 심판을 두려워하지 않는다.

마음 약한 하나님과 괴물 같은 하나님 사이의 양자택일을 피하는 유일한 방법은 십자가의 하나님을 제시하는 것이다. 사실 신약성경도 노아 이야기를 바로 이렇게 다룬다. 더 많은 근거는 베드로전서 3:18-21을 참조하라.

## 하나님의 계명을 가르치는 것

'문제를 해결하시는 예수님'이라는 틀은 율법을 제시하는 다른 본문에도 적용할 수 있다. 구약성경에는 어떻게 살아야 하는지를 말해주는 부분이 많다. 이런 경우에 문제는 우리다. 율법을 처음 들었던 이스라엘 백성처럼, 아이들도 율법을 완벽하게 지키지 못할 것이 분명하다.

  복음을 가르치는 교사는 그런 내용을 환영한다. 우리의 죄야말로 복음의 출발점이기 때문이다(하나님의 성적표에 적힌 F학점들을 생각해 보라). 즉 어떤 계명을 가르치든, 하나님께서 이미 구약 시대 때부터 죄에 대한 대비책을 마련하시고, 홀로 그 계명을 지키신 예수님을 가리키셨음을 강조해야 한다. 내 경우에는 예수님께서 그날의 주제가 된 계명에 순종하신 구체적이고 놀라운 모습을 보여주고, 우리가 그 계명을 어김으로 그분께서 죽기까지 하셨음을 설명하곤 한다. 우리가 그분과 연합할 때 마치 우리가 순종한 것처럼 의롭다고 여김을 받는다. 문제는 해결되었다.

  그런데 이것으로 끝이 아니다. 하나님의 모든 계명에 관한 온전한 복음은 다음과 같다. 1) 믿는 자가 아무리 큰 실수를 해도, 예수님 안에서 계명을 어긴 것에 대해 영원히 **용서받고** 의롭다고 여겨진다. 2) 믿는 자는 하나님 아버지의 자녀로서 감사와 소망 때문에 **자신이 원해서** 계명대로 살게 된다. 3) 믿는 자는 변화시키는 성령의 능력에 의지하여 실제로 계명을 따를 능력을 얻는다. 이 내용을 빼먹지 말라. 하나님의 계명을 가르칠 때마다 이 복음을 함께 가르치라.

### 수업 내용: 신실한 증인은 거짓말하지 않는다(잠 14:5)

- **본문에서 해결되지 않고 남아 있는 문제나 긴장 상황은 무엇인가?** 진실을 말하는 것은 지혜롭고 하나님께서 명하신 일이지만 우리는 그러지 못할 때가 많다. 우리는 날마다 말로 죄를 짓는다.

- **복음! 이것은 예수님 안에서 어떻게 해결되는가?** 예수님께서 해내셨다! 자신의 말을 완벽히 통제하신 것이다. 재판에서 증인들이 거짓 증언을 하는데도 방어적인 태도를 보이지 않으시고, 사형을 선고받을 것이 뻔한데도 사실대로 말씀하셨다. 우리가 예수님과 연합할 때, 그분은 우리의 실패를 가져가시고 우리는 그분이 순종하신 공로로 인정받는다.

- **믿으라! 이 복음을 믿는 것은 우리 삶의 방식을 어떻게 변화시키는가?** 이제는 진실을 말하지 못했다고 해서 정죄감을 느끼지 않는다. 대신 성령님을 신뢰함으로써 예수님처럼 말하기를 간절히 원하고 그렇게 할 수 있음을 확신한다.

하나님의 율법을 짐으로 여기지 않으면서도 심각하게 받아들이는 방법을 알겠는가? 하나님께서는 우리가 율법을 지켰는지 여부로 우리를 사랑하실지 판단하시는 것이 아니다. 그것은 꼼짝없이 우리 스스로 해결해야 하는 문제도 아니다. 노력은 하되 하나님과 동행하는 삶의 일부인 '그분을 신뢰하는 태도'로 하면 된다.

그렇기 때문에 복음에 뿌리내린 아이는 하나님의 율법을 좋아하게 된다. 율법이 아이의 삶에 축복이 된다. 아이는 시편 1:2에 나오는 사람처럼 율법을 연구하고 행한다. "오직 여호와의 율법을 즐거워하여 그의 율법을 주야로 묵상하는도다." 그런데 사실 이 구절도 문제가 될 수 있다. 이 말씀을 보고 죄책감을 느끼거나 기준에 부합하려다가 지쳐버린 신자도 많다. 예수님 없이는 이 구절도 부담이 된다. 그러나 예수님 안에서 부담은 사라지고 이 말씀은 진리가 된다.


## 조언1: 큰 그림 보기

위의 예들을 통해 구약 수업에 관한 내 첫 번째 조언의 중요성을 이해했길 바란다. 뻔하지만 아주 중요한 이야기다. **성경 교사는 성경을 잘 알아야 한다.** 이것을 피해갈 길은 없다. 지금까지 성경 이야기를 서로 분리된 조각들로 배웠다면, 그 조각들이 어떻게 큰 그림을 이루는지를 배워야 한다. 다른 무엇보다 가장 좋은 방법은 성경을 읽는 것이다.

나는 보통 어떤 이야기를 가르치기 전에 해당 본문뿐 아니라 앞뒤 내용도 함께 읽는다. 본문이 나오는 책 전체를 최근에 읽은 적이 없다면 전체를 읽기도 한다. 물론 구약성경 전반에 익숙해지는 것은 기본이다. 그래야만 해당 이야기 안에서 하나님이 하고 계신 일을 제대로 이해할 수 있다.

여기까지만 해도 시간이 오래 걸리겠다는 생각이 들겠지만, 여기서 끝이 아니다.

구약성경을 예수님과 연결하려면 예수님에 관해서도 가능한 한 모든 것을 알아야 한다. 신약성경은 구약보다도 더 세세히 알아야 한다는 뜻이다. 그러기 위해서는 다른 본문을 가르칠 때도 복음서나 서신서를 정기적으로 읽어야 한다.

시간이 걸리기는 하지만 다른 일에 비하면 오래 걸리지도 않는다. 나는 매달 복음서 한 권이나 서신서 한두 권을 단숨에 읽으려고 하는데, 영화 한 편 보는 것보다 시간이 덜 걸릴 뿐 아니라 이것을 통해 언제나 예수님의 놀라운 점을 새롭게 발견한다.

내가 이렇게 하는 것은 효과가 있기 때문이다. 이는 내가 너무 경건해서 성경을 놓지 못하는, 대단히 영적인 사람이어서가 아니다(그랬다면 좋았겠지만 말이다). 사실 성경을 가르치게 된 후 첫 20여 년 동안은 어릴 때 배웠던 성경 이야기만 가지고 아는 척하면서 예수님 이야기를 했다. 그러나 이제는 성경을 읽을수록 더 나은 교사가 되고 장기적으로 볼 때는 그편이 수고를 덜어준다는 것을 안다. 예를 들어, 발람에 관한 수업에서 나는 골로새서 2:15을 인용하며, 예수님께서 십자가를 통해 악한 통치자들을 뭇사람의 구경거리로 삼으셨다고 설명했다. 교사용 지도서나 관주에서 나온 생각이 아니었다. 그저 발람이 당한 창피를 생각하다가 문득 떠오른 것이다. 바로 몇 달 전에 골로새서를 다시 읽은 덕분이었다.

## 조언2: 전문적인 의견 참고하기

이처럼 성경도 알아야 하지만 또한 내가 미처 생각지 못한 것을 짚어 줄 나보다 지혜로운 이들의 도움도 필요하다. 교사용 참고서나 묵상집을 보는 교사도 있을 것이다. 그중 좋은 자료는 이야기의 배경이나 앞뒤 맥락을 조금이라도 설명해준다. 아주 좋은 자료는 가르칠 주제가 어떻게 예수님 안에서 절정을 이루는지를 보여줄 것이다.

쓰고 있는 교재나 가정 예배 안내서에 어떤 형태로든 주석이 나오지 않는다면, 다른 참고 자료를 통해 정보를 얻으면 된다. 좋은 자료에는 성경 어디에서 해당 본문을 다시 언급하는지가 나올 것이다. 여백에 관련 구절들을 표기한 평범한 관주 성경도 같은 역할을 한다. 나는 신명기에서 발람 이야기를 언급한다는 것도 관주 성경을 보고 알았다.

유명한 구약성경 이야기 중에는 신약성경에 직접 등장하는 것이 놀랄 만큼 많다. 성경 자체가 구약 이야기들을 예수님과 연결하고 있다. 예를 들어, 예수님께서는 광야에 만나가 내린 이야기를 하시면서, 만나로 이스라엘 백성을 먹여 살리신 하나님께서 이제는 그리스도를 통해 영원한 생명을 주신다고 가르치셨다. "나는 하늘에서 내려온 살아 있는 떡이니"(요 6:51)라고 하시면서 말이다.

또한 바울은 창조의 첫날에 관해 이렇게 가르쳤다. "어두운 데에 빛이 비치라 말씀하셨던 그 하나님께서, 예수 그리스도의 얼굴에 있는 하나님의 영광을 아는 빛을 우리 마음에 비추셨느니라"(고후 4:6). 다른 곳에서 바울은 바로 그 첫날 예수님께서 이미 역사하고 계셨다고 말한다. "만물이 그에게서 창조되되"(골 1:16). 이것이 창조 이야기와 예수님을 연결하는 유일한 방법은 아니지만 성경에 직접 나온 좋은 방법이다. 이런 연결점들을 놓치지 않도록 참고 자료를 반드시 찾아보라.

## 조언3: 어린아이도 이해할 수 있게 준비하기

앞에서도 단순하게 가르치는 것이 중요하다고 말했지만, 어린 자녀가 있거나 유치부 교사라면 어린아이에게 단순함이 갑절로 중요하다는 것을 알리라.

예를 들어, 홍해를 건넌 이야기를 생각해보자. 아이들은 이 이야기가 예수님의 십자가를 예표한다는 식의 상징성은 전혀 이해하지 못할 것이다. 그런 식으로 설명했다가는 '건너다'(cross)와 '십자가'(cross)라는 단어 때문에 둘이 상관 있다고 생각할 것이다. "하나님께서 예수님의 십자가 죽음을 통해 우리를 구해주신 것처럼, 홍해 사건을 통해 이스라엘 백성을 구해주신 거예요"라고 쉽게 풀어서 설명해도 아이들은 이해하지 못할 수 있다. 어떻게 십자가가 홍해와 같다는 것일까? 십자가에는 물이 안 들어 있는데.

그래서 나는 어린아이가 수업의 대상일 때 거의 언제나 이야기를 있는 그대로 들려준다. 이스라엘 백성은 이집트 군대에게 쫓기고 있었다. 하나님께서 바다 가운데 길을 내어 백성을 살려주셨다. 자신의 백성을 사랑하셨기 때문이다. 그리고 하나님께서는 이보다 더욱 거대한 구원을 준비하고 계셨다. 오랜 세월이 지난 후, 예수님께서 죄 때문에 벌 받아야 할 많은 사람을 구원해주셨다. 곧 그들을 구원하려고 십자가에서 죽으셨다.

이 정도로 단순한 일이다. 이야기를 있는 그대로 들려주면서 복음에까지 이르면 된다.

몇 년 전 유치부를 가르쳤을 때의 일이다. 나는 알록달록한 카드에 '예수님'이라는 단어를 크게 쓴 후 아이들에게 읽게 했다. 그리고는 모든 성경 이야기가 예수님으로 이어진다고 가르쳐줬다. 그 후로는 구약 이야기를 들려주다가 어느 시점에 이르면 꼭 "그리고 오랜 세월이 지난 후…"라고 말했다. 내가 카드를 집는 동안 신호를 알아챈 아이들은 "예수님!"이라고 소리쳤다. 이야기는 그렇게 마무리됐다.

이런 반복적인 접근이 큰 아이들에게는 효과가 없겠지만 유치부 아이들에게는 잘 맞았다. 아이들은 이 단순한 놀이를 좋아했고, 이제는 성경 어느 부분에서 출발하든 간에 예수님을 찾아보는 습관이 들었다. 후에 신약성경으로 넘어가서 처음부터 예수님이 분명하게 등장하자 실망할 정도였다.


## 조언4: '나쁜 하나님, 좋은 하나님' 사고 피하기

마지막은 반드시 피해야 할 일이다. 하나님에 대한 성경의 견해가 신약에 와서 갑자기 바뀐다는 생각의 덫에 빠지면 안 된다. 구약을 본문으로 수업할 때, 깔끔하지 못한 이야기에 대한 불편감을 덜고 더 좋은 모습의 하나님을 보여주려는 생각으로 예수님에 관한 메시지를 덧붙이면 절대 안 된다.

어떤 교사는 구약의 하나님이 복수심에 불탄다거나 율법주의적이라고 생각해서, 예수님을 끌어들임으로써 사랑과 친절함을 강조하려 한다. 반면 다른 교사들은 그러면 안 된다고 생각한다. 하나님의 엄격한 면을 희석할 우려가 있기에, 구약 수업에서는 예수님 이야기를 빼야 한다는 것이다. 둘 다 말도 안 되는 소리다!

두 관점 모두 구약과 신약이 서로 다른 하나님 개념을 가르친다는 잘못된 전제에 기초하고 있다. 그런 실수를 범하면 안 된다. 성경의 어느 부분에서나 하나님은 같은 하나님이시다. 구약의 하나님이 긍휼도 용서도 없는 분이라고 생각한다면, 이스라엘 백성을 향한 그분의 인내를 제대로 읽어내지 못한 것이다. 신약의 하나님이 우리에게 그리 많은 것을 요구하지 않으시며 전쟁을 불사하는 분도 아니라고 생각한다면, 요한계시록은 말할 것도 없고 예수님의 가장 신랄한 가르침들을 놓친 것이 분명하다. 뿐만 아니라 타협이 없는 십자가의 폭력성도 보지 못했다.

구약과 신약의 차이는 하나님의 속성에 있는 것이 아니다. 거대한 전체 이야기 안에서의 시점이 다른 것이다. 원래부터 있었던 하나님의 사랑과 그에 따른 그분의 요구가 신약 시대에 가장 눈부신 영광으로 가시화된 것이다. 우리는 이미 예수님을 아는 그리스도인으로서 그분을 염두에 두고 가르친다. 무언가를 희석하기 위해서가 아니라 모든 것을 선명히 하기 위해서다.

몇 해 전에 누군가가 나에게 구약을 가르칠 때는 예수님 이야기를 절대 꺼내지 말라고 충고한 적도 있었다. 그의 이론에 의하면 그래야만 학생들이 해묵은 아픔인 죄의 무게와 구원에 대한 갈망을 제대로 느끼게 된다는 것이다. 그러다가 예수님을 가르칠 즈음이면 복음이 그만큼 더 좋은 소식으로 다가온다는 것이다.

그러나 나는 그럴 수 없다. 신학적 오류는 둘째 치고, 복음이 너무나도 좋은 소식이기 때문이다! 그 좋은 것을 숨기고 있을 수는 없다. 구약에서 이미 온전한 노래가 시작됐다는 것을 아는데, 어떻게 가르칠 때마다 흥얼대지 않을 수 있겠는가? 이 노래에는 폭발력이 있다. 참으려고 하다가는 터져버릴 것이다.


## 예상되는 질문

Q: 저는 권해주신 분량을 한 주 안에 연구하고 읽는 것이 일정상 불가능합니다. 준비할 시간이 많지 않아도 말씀하신 것처럼 가르칠 수 있을까요?

A: 시간을 들인다는 것은 물론 쉽지 않은 일입니다. 저 역시 지름길을 택하려는 유혹을 느낄 때가 많습니다. 그러나 저는 책의 맨 앞에서 말한 실수를 반복하지 않겠습니다. 여러분은 가르치는 일에 시간을 투자할 만큼의 관심조차 없는 교사가 아닐 것입니다. 잘 가르치려면 시간을 내서 준비해야 합니다. 교사 사역은 중요한 일이니 그에 맞게 접근하십시오. 누구나 정말 중요한 일에는 시간을 내게 되어 있습니다.

Q: 저는 선생님이 말씀하신 방식으로 성경 이야기를 들려주지는 못합

니다. 이런 저도 선생님의 방법을 활용할 수 있을까요?

A: 그러기를 바랍니다. 이 책에 나오는 것은 저의 개인적인 예들이므로 수업 대부분이 스토리텔링과 토의가 혼합된 형태입니다. 그것은 저의 스타일입니다. 교사마다 각자에게 가장 효과적인 스타일이 있습니다. 어떤 교사는 성경공부 인도하듯 가르치고, 어떤 교사는 강의를 하며, 어떤 교사는 놀이나 연극을 활용합니다. 그러므로 제 스타일을 그대로 따를 필요가 없습니다. 물론 제가 나눈 아이디어 중에서 본인에게 맞는 스타일을 찾으실 수는 있겠지만 말이죠.

Q: 구약 본문에서 시작해 예수님께 이르는 구체적인 방법을 말씀해주셨습니다. 1) 하나님의 행위, 2) 하나님의 성품, 3) 문제를 해결하시는 예수님, 이렇게 세 가지였지요. 또 다른 방법이 있을까요?

A: 지나가면서 언급한 것으로는 예수님에 관한 예언들, 예수님의 예표들, 예수님이 구약에 직접 등장했다고 볼 수 있는 장면들, 예수님을 들어 구약 이야기를 설명하는 신약 본문 등이 있었습니다. 여기까지 총 일곱 가지 방법을 말씀드렸고, 더 추가할 수도 있겠지요.[2] 다만 이번 장에서 제가 추천한 것은 아이들을 가르칠 때 가장 쉽고 유용하다고 생각되는 방법들이었습니다.

Q: 구약에서 출발하여 복음을 가르치는 방식은 아이들의 연령대에 따라 달라져야 할까요?

A: 물론입니다. 유치부 아이들은 아직 성경 전체 이야기의 기본적인 조각들을 배워가는 과정에 있습니다. 예를 들어, 하나님이 누구신지

와 주요 인물과 주요 사건 등을 배우고 있습니다. 그래서 저는 구약 이야기를 굳이 예수님과 연결하지 않고 그냥 하나님 중심적인 방법으로 전하는 것에 만족할 때도 있습니다. 이 역시 복음적인 태도이고 아이들은 나중에 배운 조각들을 맞춰갈 수 있을 것입니다. 그러나 초등부 아이들은 구약 이야기가 어떻게 거시적인 복음 안에 위치하는지를 배워야 하고, 그러려면 예수님 이야기를 해야 합니다. 큰 아이들, 특히 십 대들은 그날 배운 복음이 어떻게 삶의 방식을 바꿀 수 있을지 생각해보도록 도전을 받아야 합니다. 예를 들어, 발람 이야기를 십 대에게 가르칠 때 저라면 꼭 짚고 넘어갈 것이 있습니다. 예수님께서 우리를 해하려는 모든 악을 취해 선으로 바꾸신다는 사실을 믿는다면, 누군가 우리에게 상처를 줄 때 우리의 반응이 어떻게 달라질지를 꼭 논의할 것입니다.

Q: 말씀하신 방법만 보면 구약이 그저 미래의 예수님만 가리키고 있다는 것처럼 들립니다. 예수님은 구약 시대에도 이미 일하고 계시지 않았나요?

A: 맞습니다. 둘 다입니다. 영원하신 성자 하나님께서는 구약 시대 때부터 이미 성부와 성령과 더불어 세상 속에서 일하고 계셨습니다. 그분은 창조하시고 양을 치시고 자기 백성을 보호하시고 악을 멸하시면서 하나님의 일을 행하고 계셨습니다. "그의 능력의 말씀으로 만물을 붙드시며"(히 1:3)라고 했습니다. 또한 그리스도의 구원 역사가 아직 불완전하고 잘 보이지 않던 구약 시대에도 하나님의 백성은 그분의 자비로움을 신뢰하면서 믿음으로 살았습니다. "이는

그들을 따르는 신령한 반석으로부터 마셨으매, 그 반석은 곧 그리스도시라"(고전 10:4)고 하신 말씀처럼 말입니다. 그러므로 구약성경은 미래에 오실 예수님을 가리키는 것은 물론, 그가 성육신하시기 전에 행하신 일에 관해서도 말합니다. 제가 구약성경을 가르칠 때 본문 너머까지 고려하기는 하되, 본문 자체의 중심 내용을 간과하지 않는 것도 이 때문입니다. "이야기에서 하나님은 무슨 일을 하시는가?"라고 묻는 순간 우리는 이미 예수님에 대해 눈을 뜨는 것입니다. 예수님께서 그곳에 계시기 때문입니다.

## 즉시 실천하라

이번 장에서 배운 것을 활용하여 구약 본문에서 출발해 예수님을 가리킬 수 있는 구체적인 방법을 몇 가지로 정리했다. 각자의 상황에 맞게 사용해보자.

### 교사의 경우

구약 수업을 준비할 때 앞에서 배운 세 가지 질문으로 된 묶음 중 하나를 사용하여 본문을 예수님과 연결해보라. 첫 번째로 배운 세 가지 질문이 가장 쉽고 대부분의 이야기에 잘 적용될 것이다.

- 이야기에서 하나님은 백성을 위해 무슨 일을 하시는가?
- 복음! 하나님은 어떻게 예수님 안에서 우리에게 본문과 같으

면서도 더 나은 일을 행하시는가?

- 믿으라! 이 복음을 믿는 것은 우리 삶의 방식을 어떻게 변화시키는가?

수업을 몇 번 해본 후 '하나님의 성품'과 '문제를 해결하시는 예수님'에 관한 세 질문도 활용해보라. 이때 빠지면 안 되는 것은 교사 자신이 예수님에 관해 발견한 사실들이다.

### 유치부 교사의 경우

'예수님'이라고 적힌 표지판처럼, 구약 이야기를 하다가도 예수님께 주의를 돌려줄 교구를 만들어두라. 창의력을 발휘하라. 표지판이 별로라면 손에 들 수 있는 십자가나 함께 부를 단순한 곡조도 좋다. 어떤 것으로 하든 수업 때마다 사용하여 예수님 없이는 구약 이야기가 완성될 수 없음을 의도적으로 보여주라. 이렇게 하면 학생들이 성경의 모든 부분에서 예수님을 발견하는 데 익숙해질 뿐 아니라, 교사 자신도 예수님 이야기를 빼먹지 않게 된다.

### 부모의 경우

자녀와 함께 구약 이야기 본문을 읽고 있는가? 아니라면 매일 잠들기 전이나 식사 시간 전후의 습관으로 만들어보라(음식과 말씀을 함께 먹이는 것이다). 구약 이야기를 차례로 읽다 보면 각 본문의 문맥에 익숙해져서 수업 전 본문 연구 시간을 줄일 수 있다는 이점도 있다. 매일 그다음 본문을 읽고 여기서 배운 질문을 활용해 토의해보라. 온 가족이 함께 다음 세 가지에 답해보라. 1) 본문에서 발견한 하나님의 역사, 하나님의 성품, 해소되어야 할 긴장 상황은 무엇인가? 2) 이것은 예수님 안에서 표현되거나 해소되었는가? 3) 우리가 이것을 믿는다면 어떻게 살아야 할까?

출석하는 교회에서 온 가족이 모여 예수님에 관해 배우는 수업이 진행된다면 자녀와 함께 참여하라. 아이들은 부모를 관찰하고 모방하면서 가장 많이 배운다. 그러므로 가족과 함께 예수님을 발견하는 것은 아이들을 가르치는 가장 좋은 방법 중 하나다. 교회에서 아직 그런 기회가 없다면 지속적인 형태든 특별 행사의 형태든 그런 수업을 해 달라고 정중히 건의하거나 직접 준비를 돕겠다고 제안해보라. 여러분이 사역 담당자라면 가족 수업을 바로 실현해보라.

**모든 사람의 경우**

요즘 수업에서 다루고 있지 않은 신약성경 한 권을 골라 읽어보라. 목적은 예수님의 복음에 더 익숙해지는 것이다. 그러나 분명히 지금 가르치고 있는 본문에 적용할 만할 내용도 발견하게 될 것이다. 생각보다 빨리, 몇 주 안 가서 그런 일이 생길 것이다.

대장의 붉은 깃발 높이 치솟으니
지옥은 물러나고 분노는 사라지네.
그의 영광의 시선 머문 곳마다
죄는 부패하고 거룩은 전진하네.
-랄프 어스킨[1]

## 7장

# 교회에서 가장 긴 목록

## 신약성경으로 복음을 가르치라

주일학교의 새 학기가 시작되고 몇 주쯤 지났을 무렵, 나는 익숙한 성경 이야기를 가르치고 있었다. 마르다가 예수님을 집에 초대해놓고 식사 준비를 하느라 분주한 동안 동생 마리아는 그분의 발치에 앉아 말씀에 귀를 기울인 이야기였다. 우리 반 학생들은 초등학교 고학년이라서 이미 들어본 내용이었다.

그래도 내 수업만큼은 꼭 기억에 남고 의미 있게 만들 작정이었다. 깊이 들어갈 것이다. 우리는 먼저 등장인물이 어디 있었는지 확인한 후(마르다는 부엌에, 마리아는 예수님 발치에 앉아 있었다) 누가복음에서 이야기를 읽었다.

> 마르다는 준비하는 일이 많아 마음이 분주한지라. 예수께 나아가 이르되, "주여, 내 동생이 나 혼자 일하게 두는 것을 생각하지 아니하시나이까? 그를 명하사 나를 도와주라 하소서." 주께서 대답하여 이르시되, "마르다야, 마르다야, 네가 많은 일로 염려하고 근심하나 몇 가지만 하든지 혹은 한 가지만이라도 족하니라. 마리아는 이 좋은 편을 택하였으니 빼앗기지 아니하리라" 하시니라(눅 10:40-42).

나는 우선 뻔한 이야기로 시작했다. 마르다를 마리아와 비교한 것이다. 마리아는 훌륭한 본보기다. '랍비의 발치에 앉는 것'은 그로부터 배운다는 것과 그를 따르는 데 자기 삶을 헌신한다는 것 모두를 의미

했다. "하지만 마르다는 어떤가요?" 내가 물었다. "마르다가 예수님을 위해 한 일은 어떻게 생각하나요?"

몇몇 아이가 예수님을 저녁 식사에 초대하고 그분을 위해 식사를 준비한 것이 좋은 일이라고 했다. 다른 아이들은 올바른 태도였어야만 좋은 일일 수 있다고 지적했다. 나는 마르다의 태도에 몇 가지 문제가 있다는 지적에 동의했다. 먼저 마르다는 마음이 분주했다. 예수님께서 친히 집에 오셨는데도 저녁 식사에 정신이 팔려 있었다. 예수님을 위한 일이 예수님보다 더 중요해지고 말았다. 두 번째로 마르다는 사실 그 모든 일을 예수님을 위해서 하지 않았다. 실제로는 자신을 위해 한 일이었다. 인정받기 위해서 말이다. 아무도 알아주지 않자 신경질적으로 반응한 것을 보면 알 수 있다.

나는 우리가 매우 쉽게 이런 함정에 빠진다는 이야기를 했다. 예수님을 섬기는 것처럼 행동하지만 꼭 누군가 알아주길 바란다. 예수님을 사랑한다고 말하지만 그분과 시간을 보내지는 않는다. 예수님과 함께하는 삶에서 그분을 위해 일하는 것이 우선이 아님을 잊곤 한다. 예수님의 존재 자체와 그분이 우리 구세주라는 것이 우선인데 말이다. "바로 이것이 복음이에요." 내가 말했다.

나는 아이들에게 예수님이 우리가 원하는 그 무엇보다 좋은 분임을 상기시켰다. 성취보다, 사람의 인정보다 그분이 훨씬 좋다. 저녁 식사는 말할 것도 없다. 아이들은 동의하며 고개를 끄덕였다. 하긴, 예수님께서 다른 무엇보다 좋은 존재라고 열변을 토하는 주일학교 선생님에게 반대할 아이가 있겠는가?

나는 좀 더 밀어붙이려고 질문을 하나 더 했다. "왜 예수님이 다른 무엇보다 좋은 분일까요?"

세 명이 손을 번쩍 들었다. 정답을 안다고 생각한 것이다. 한 남자아이를 지명하자 이렇게 대답했다. "예수님을 믿으면 천국에 갈 수 있기 때문이에요." 다른 두 손이 내려갔다.

"좋아요! 다른 이유는요?" 아무도 손을 들지 않았다. "브랜든도 아까 손 들던데 하려던 말이 뭐예요?"

"똑같은 말이요. 천국으로 데려가 주신다는 말을 하려고 했어요."

"저도요." 세 번째 아이가 말했다.

"좋아요. 그럼 이번에는 예수님께서 우리를 위해 해주시는 다른 일도 한번 생각해볼까요? 뭐가 있을까요?" 아이들은 짜증스러운 얼굴로 나를 보고만 있었다. 평소에 정답으로 통용되는 대답이 이미 나왔는데, 왜 또 다른 이유를 생각해야 하는지 이해하지 못한 것이다. 이것은 문제였다.


## 보잘것없는 예수님

내가 맡은 아이들은 예수님이 다른 무엇보다 빼어나신 이유를 고작 한 가지밖에 생각할 수 없었다. 그들은 예수님을 그저 천국에 가는 수단으로 이용하고 있을 뿐이었다. 그래서야 어떻게 그분을 사랑할 수 있을까? 왜 예수님을 그토록 보잘것없는 존재로 보는 것일까?

전부 내 잘못일 리는 없다. 아이들이 성장하고 있는 기독교 문화에도 문제가 있었다. 치우친 구원관을 심어줬기 때문이다. 한번 예수님을 믿겠다고 결단했다면 그 뒤의 신앙생활은 그저 착하게 살면서 영적인 기분을 느낄 만한 교회 행사나 묵상 습관을 선택하는 것 정도로 전락한다. 예수님은 뒷전이 된다.

그래도 여전히 나의 책임이 컸다. 나 역시 지난 몇 주간 아이들을 가르치면서 구원의 풍성함을 대충 얼버무리고 지나갔다. 복음 이야기는 했지만 신선하지 않았다. 예수님의 구원자 되심에 관해 일반적인 내용만 전했다. '깊이 있는' 수업을 한다면서도 그 정도에 머물렀다. 예수님이 무엇으로부터 우리를 구원해주시는지 세부적으로 파헤치지 못했다. 소망, 기쁨, 용서, 거룩, 하나님과의 화목, 아들됨, 아버지께 나아갈 권리, 기꺼이 순종하는 마음, 그 외에도 그리스도 안에서 우리가 누리는 수많은 축복을 말해주지 못했다.

나는 또 다른 면에서도 실패했다. 내가 수업을 통해 보여준 예수님은 피상적이었다. 기적을 행하시고 지혜로운 말씀도 하셨지만, 인간으로서의 모습은 교회 교구로 만든 종이 인형만큼이나 평면적이었다. 나부터가 그분의 성품에 매료되지 못했다. 그해의 교육과정은 전부 신약 수업으로 구성되어 있었다. 온전하고도 폭발력 있는 복음의 신비가 펼쳐지는 대목이었다. 예수님께서 이 땅에 오신 것이다! 그런데 웬일인지 나는 그중 대부분을 놓치고 있었다.

마리아와 마르다 수업도 그랬다. 마르다의 마음이나, 예수님과 함께하는 삶의 원리에 관해서는 할 말을 했지만 그게 전부였다. 예수님에 관한 부분은 거의 다 놓쳤다. 누가복음 전체에 걸친 그분의 역사라는 맥락도, 이 이야기 속 등장인물로서의 인격도 전부 놓쳤다.

마르다를 매도하고 있었지만 실은 나도 같은 실수를 범했다. 예수님을 간과한 것이다.


## 교실 벽에 붙은 목록

다음 주에 나는 명확한 계획을 가지고 수업에 들어갔다. 교실 벽에는 미리 이런 문구를 써 붙여뒀다.

> 예수님은 다른 무엇보다 좋은 분입니다. 그 이유는…

"자, 앞으로 우리가 할 일이에요." 내가 아이들에게 말했다. "매주 수업이 끝난 후 예수님에 관해 배운 것을 최소한 한 가지씩 적어서 이 문장을 완성할 거예요. 두세 가지가 될 수도 있고 다섯 가지, 열 가지도 될 수 있어요. 예수님에 관해 배운 것은 모두 카드에 적어서 이 벽에 붙여나갈 거예요. 목록을 만드는 거지요. 이렇게 하면 선생님은 매주 예수님에 관해 뭔가를 가르쳐줘야 할 테고, 여러분은 예수님이 어떤 면에서 최고이신지 많이 배울 수 있어요."

나는 규칙을 설명했다. "모든 카드가 서로 달라야 해요. 매주 새로운 내용을 적어야 한다는 거죠. 그리고 벽에 붙여둘 만큼 놀라운 내용이어야 해요. 이제부터 일 년 내내 목록을 만들 거예요."

어떤 아이는 벽 쪽을 바라보더니 거기 붙게 될 것들을 상상하면서 이렇게 말했다. "긴 목록이 되겠네요. 교회에서 가장 긴 목록이요."

정확한 말이었다.

## 기억해야 할 두 가지

나는 신약성경으로 복음을 가르칠 때, 마리아와 마르다 수업에서 잊었던 두 가지를 기억하곤 한다.

1. 예수님의 **역사**(work)를 본다. 그러려면 본문을 둘러싼 거시적인 맥락을 봐야 할 때가 많다.
2. 예수님의 **인격**(person)을 본다. 평소에 그냥 지나쳐온 세부 사항을 발견해야 할 것이다.

이렇게 하려면 오랜 습관을 깨야 한다. 예수님께서 오천 명을 먹이신 사건을 가르친다고 생각해보자. 여기서는 한 아이가 자신의 점심 도시락을 나눈다. 아이들에게는 또래 이야기가 와닿기 마련인데, 마침 아이가 가진 것을 나눴다. 나눔에 관한 훌륭한 수업이 될 수 있지 않을까?

그러나 문맥을 조금만 살펴봐도 예수님께서는 이 사건을 통해 나눔을 가르치고 계신 것이 아님을 알 수 있다. 그분은 나눔이 아니라 자신의 구원 역사에 관해 가르치셨다. "내가 줄 떡은 곧 세상의 생명을 위한 내 살이니라"(요 6:51)라는 말씀을 보라.

또한 이야기를 자세히 들여다보면 예수님이 하나의 인격체로 살아 숨 쉰다. 그는 피곤한 몸을 이끌고 친척인 세례 요한의 죽음을 슬퍼하는 와중에도 군중을 불쌍히 여기신다. 사람들의 가장 기본적인 욕구를 신경 써주신다. 그는 행동하는 분이다. 감사하는 태도가 있고 현실적이며 검소하고 전능하시다. 사건을 통해 아주 영리하게 제자들에게 믿음을 가르치기도 하신다. 그는 도시락을 가져온 아이보다 훨씬 흥미로우시며, 예배받으시기에 합당하신 분이다.

물론 예수님의 역사와 그분의 인격은 연결되어 있다. 그러나 둘을 따로 생각하는 것이 도움이 된다.


## 예수님의 역사

신약성경에서는 예수님의 구원 역사가 눈앞에서 펼쳐진다. 구약 본문을 다룰 때처럼 이야기를 미래로 가져올 필요가 없다. 그러나 신약도 좁은 시각으로 읽으면 본문 주위에서 일어나는 일을 알아차리지 못하고 복음을 놓칠 수 있다.

지금 복음서를 가르치고 있는가? 복음서의 주제는 예수님의 인격과 구원 역사다. 사도행전을 가르치고 있는가? 복음 전파에 관한 책이다. 서신서를 가르치고 있는가? 짧은 책 몇 권을 제외하면 주된 화제는 구원의 유익이다. 요한계시록은 어떠한가? 예수님의 역사와 그분의 승리를 찬양하는 책이다. 이런 책들을 가르치면서 복음을 놓치는 길은 하나뿐이다. 책을 하나의 장이나 더 작은 단위로 나누고 각각을 나머지 부분과 독립된 내용처럼 가르치는 것이다.

익숙하게 들리는가? 물론 어린아이들을 가르칠 때 흔히 쓰는 전형적인 방법이긴 하다. 이것을 넘어서야 한다. 그러려면 새로운 사고방식이 필요하다. 오늘의 수업 내용을 성경 전체가 담고 있는 거대한 가르침의 일부로 생각하라. 구체적으로 어떻게 가르칠 수 있을지 예를 들어보겠다.

## 마리아와 마르다 이야기

마리아와 마르다에 관한 내 수업을 생각해보자. 누가복음에는 전체적인 흐름이라는 것이 있다. 누가복음은 초반에 예수님을 속량하시는 분(눅 1:68)과 구원자(눅 2:11)로 소개한다. 중반 이후 예수님께서는 다가오는 죽음과 부활에 관해 말씀하시고, 죽기 위하여 예루살렘으로 출발하신다. 바로 이때 마리아와 마르다의 집을 방문하신 것이다. 예수님과 제자들은 예루살렘으로 가는 길이었다(눅 10:38).

이 사실이 마르다 사건에 생명력을 부여한다. 예수님께서 마르다에게 사랑으로 가르치신 것이 무엇이었는지 생각해보라. "나를 섬기려고 애쓰지 말고 먼저 나의 섬김을 받으라. 나에게 잘 보이려 하지 말고 나를 의지하라. 나를 기쁘게 해야 한다는 생각에 염려하지 말고 그저 나에게 오라."

이는 예수님께서 십자가로 향하고 계셨다는 맥락에 잘 맞는 가르침이다. 십자가는 예수님께서 우리를 '하나님을 잘 섬겨야 한다'는 참담하고 불가능한 압박으로부터 해방하신 곳이다. 그분은 마르다가 하나님과 맺은 것과 같은, 자신을 먼저 챙기려는 태도의 관계로부터 우리를 구출해주셨다. 그분 안에서는 우리의 밥그릇이든 수저든 모든 짐을 내려놓고 하나님과의 교제를 즐거워할 수 있다.

어떤가? 이것도 예수님께서 다른 무엇보다 좋은 분인 이유 중 하나다.

## 선한 사마리아인 이야기

예수님의 역사라는 큰 맥락 속에서 선한 사마리아인의 비유를 어떻게 가르칠 수 있을지 생각해보자. 이야기 자체로만 보면 이 비유는 아이들을 불안하게 할 수도 있다. 사마리아인이 보여준 사랑이 아주 특별하기 때문이다. 사마리아인과 유대인이 서로 원수 관계였음에도 여기 나오는 사마리아인은 죽어가는 유대인에게 도움을 베풀었다. 평소 같으면 자신에게 침을 뱉었을 사람에게 말이다. 사마리아인은 목숨을 걸고 할 수 있는 모든 방법으로 돕는다. 붕대, 기름, 포도주를 제공하고 짐승에 태워줬으며, 주막 주인에게 충분히 돌봐달라고 사례까지 했다.

그리고 예수님은 이야기를 이렇게 마무리하신다. "가서 너도 이와 같이 하라"(눅 10:37). 모두 침을 꿀꺽 삼킨다. 이 이야기를 가르칠 때마다 아이들은 너무 어렵고 불가능한 일 같다고 했다.

그렇다면 문맥을 보자. 비유가 등장한 배경은 예수님과 율법 교사 사이의 대화다. 둘은 하나님의 율법이 엄격하다는 사실을 확실히 인정하는데, 여기에는 이웃을 내 몸처럼 사랑하는 것도 포함된다. 율법 학자는 이 엄격한 율법을 현실적으로 지킬 만하게 바꿔보려고 예수님께 이렇게 물었다. "그러면 내 이웃이 누구이니까?"(눅 10:29) 대답으로 짧은 목록을 기대하며 던진 질문이었다.

그렇다. 율법 교사는 앞에서 말한 학생들과 같은 염려를 하고 있었다. 율법이 너무 지키기 어려워 보여서, 곤경을 모면하게 해줄 말씀을 기대한 것이었다. 이것이 문맥이다. 선한 사마리아인의 비유는 그저 다친 사람을 돕는 이야기가 아니다. 하나님의 명령이 지키기 불가능해 보일 때 어떻게 할지에 관한 이야기다.

예수님은 이야기에서 '이웃'을 최대한 폭넓게 정의한다. 율법을 완화하는 것은 답이 될 수 없다. 이 비유는 그와 다를 뿐 아니라 더 나은 답을 준다. 예수님께서 등장인물을 어떻게 배정하셨는지에 주목하라. "원수를 사랑하라"는 교훈만을 전하고자 하셨다면 이야기를 듣는 유대인이 공감할 수 있도록 다친 사람을 사마리아인으로, 도운 사람을 유대인으로 했어야 한다. 그런데 다친 사람이 유대인이었다. 예수님의 명령은 "원수를 사랑하라"였는데 이야기는 "원수가 너를 사랑했다"라고 말하고 있다.

이것으로 율법 교사와 학생들이 씨름했던 문제가 해결되었다. 이야기에서처럼 원수가 죽을 목숨인 우리를 살려주고 그토록 극적인 사랑을 베풀었다면 '가서 이와 같이 하기'도 쉬워진다. 안 그런가? 받은 것에 대한 보답으로 다른 원수를 사랑할 수도 있다. 누군가 우리를 그토록 사랑해줬기에 우리도 그만큼 사랑할 수 있다.

그러나 율법 교사는 여전히 혼란스러웠을 것이다. 사마리아인이 실제로 그런 사랑을 베풀어준 적이 있었나? 이것은 그냥 허구의 이야기일 뿐이다. 그러나 나는 이야기를 가르치다가 이 시점에 오면 아이들에게 '우리는' 이해할 수 있어야 한다고 말하곤 한다. 성경의 나머지 내용을 아는 사람이라면 이해할 수 있어야 한다. 누가복음과 성경 전체의 맥락은 이 말씀에 드러난다. "우리가 원수 되었을 때에 그의 아들의 죽으심으로 말미암아 하나님과 화목하게 되었은즉"(롬 5:10). 예수님은 사마리아인보다 더 큰 희생적 사랑을 베푸셨다. 목숨을 걸었을 뿐 아니라 목숨을 내어주셨다.

하나님의 율법은 엄격한 것이 맞다. 예수님께서는 그분의 사랑을 비춰내는 비범한 수준의 사랑으로 우리를 부르신다. 그러나 지시만 하는 것이 아니라 순종의 방법까지 보여주신다. 그분을 의지하고 그가 먼저 사랑하셨음을 언제나 마음 깊이 인식하면서 믿음으로 순종하라는 것이다. 신자가 하나님의 계명을 따르는 방법은 바로 이것이다.

예수님의 구원 역사는 선한 사마리아인 이야기 전체를 관통한다. 예수님께서는 율법 때문에 죄책감을 느끼거나 어차피 지킬 수 없다는 식으로 반응하는 나의 학생들에게 해답을 주신다. 우리는 실패를 용서받았다. 그리고 마음에 감동을 받아 이웃뿐 아니라 원수까지도 내 몸같이 사랑할 수 있게 되었다.

## "자녀들아, 너희 부모에게 순종하라"는 말씀

서신서를 공부할 때 책 전체의 메시지를 발견하지 못하면 복음을 놓칠 수 있다. 예를 들어, 다음의 유명한 구절을 가르친다고 생각해보자. "자녀들아, 주 안에서 너희 부모에게 순종하라. 이것이 옳으니라"(엡 6:1). 유익한 교훈이다. 경건한 행위도 예수님과 연합하는 것의 분명한 일부이므로, 순종에 대한 수업도 복음과 연결이 된다. 혹은, 연결되어야만 한다. 둘의 연결 상태를 유지하는 비결은 문맥을 가르치는 것이다.

첫째로 가까운 앞뒤 문맥을 살펴보라. 자녀를 향한 명령은 관계 안에서 피차 복종하고 사랑하라는 명령들 한가운데에 나온다. 아내는 복종하고 남편은 사랑해야 한다. 자녀는 순종하고 아버지는 온화해야 한다. 종은 순종하고 상전은 친절해야 한다. 이 모든 것의 기초는 예수님이다. 교회는 그리스도께 복종하고(엡 5:24) 그리스도께서는 교회를 사랑하신다(엡 5:25).

둘째로 책 전체를 조망하라. 에베소서는 그리스도 안에서 우리가 누리는 수많은 축복을 설명하면서 시작된다. 이것이 사랑과 순종의 기초다. 마지막은 하나님의 전신갑주(구원, 말씀, 기도 등)를 입으라는 잘 알려진 말씀으로 마무리된다. 이를 통해 다음과 같은 것을 가르칠 수 있다.

- **순종은 패자가 아닌 승자를 위한 것이다.** 예수님께서 가장 온전하게 복종하고 순종하셨기에 어린이를 포함한 모든 제자도 그를 따른다. 이는 우리 안에서 일어나는 고귀하고도 흥미진진한 하나님의 역사다.
- **순종은 예수님께서 먼저 해주신 일에서 흘러나온다.** 순종했다면 용기를 얻으라. 예수님께서 우리 안에서 역사하고 계시며 우리를 사랑하신다는 증거이기 때문이다.
- **순종하려고 애쓸 때 우리는 혼자가 아니다.** 하나님께서 함께 싸워주시며 전신갑주를 주신다. 구원받은 것을 생각하고, 말씀을 믿고, 기도하라. 우리가 순종할 수 있도록 하나님께서 우리를 도우실 것이다.

이는 복음을 포함하면서도 본문에서 나온 내용들이다. 다만 여기서 본문이라는 것은 그날 다룰 몇 구절에 국한되지 않는다.

## 예수님의 인격

신약을 가르칠 때의 두 번째 열쇠는 예수님의 '인격'에 주목하는 것이다. 이야기의 중심에 있는 온전하고 놀라우신 그분을 발견하지 못한다면 아이들은 복음을 온전히 이해할 수 없다. 아이들이 처음에 예수님께서 주시는 축복에 관심을 보이는 것은 정상적인 일이다. 그러나 그분께 이끌릴수록 예수님의 아름다움도 봐야 한다. 그분 자체를 사랑하는 데까지 이르러야 한다.

예수님의 인격을 배우는 일의 첫째는 언제나 그분께 '감탄하는' 것이어야지 그분을 '따라하는' 것이어서는 안 된다. 예수님이 얼마나 놀라운 분인지 설명하는 것을 '우리도 그래야 한다'는 결론으로 가는 수단으로만 삼는 교사들이 있다. 그러면 안 된다! 그러다 보면 아이들은 예수님이 그 무엇보다 좋은 분인 이유를 더 이상 듣고 싶지도 않은 상태에 이른다. 예수님을 원망하게 될 것이다. 예수님께 크게 감동할 기회는 날아가고 만다.

물론 예수님은 우리가 따라야 할 모범이다. 아이들은 그분을 사랑할수록 그분을 닮고 싶어 할 것이다. 그러나 먼저 예수님에 대한 놀라움에 사로잡혀야 한다. 꾸준히 그런 경험을 하다 보면 예수님처럼 되고 싶다는 마음은 자연스럽게 뒤따를 것이다. 이번에도 구체적인 예를 통해 살펴보자.

## 마리아와 마르다 이야기

성경에서 예수님의 인격을 발견하는 비결은 속도를 늦추는 것이다. 앞에서 말한 마리아와 마르다 수업에서 나는 마르다 이야기에 시간을 많이 썼다. 마르다에게서도 배울 것이 많지만, 주인공인 예수님이 어떻게 나타나는지에도 신경을 썼어야 했다.

우선 예수님께서 마리아를 참여시키신 것을 보라. 당시 랍비들은 여성을 가르치지 않았다. 그것은 위신을 떨어트리는 일이었다. 그러나 예수님은 평판이 떨어질 것을 염려하지 않으셨다. 마리아가 발치에 앉는 것을 환영하시고 그곳에 앉을 권리를 옹호해주셨다. "마리아는 이 좋은 편을 택하였으니 빼앗기지 아니하리라"(눅 10:42). 마리아는 이 말씀에 너무나도 기뻤을 것이다. 역시 그곳은 그녀가 있어야 할 곳이 맞았다. 예수님께서는 마르다의 말에 위축되지도 않으시고 마리아를 버리지도 않으셨다. 다른 누가 뭐래도 마찬가지였다.

그뿐만이 아니다. 마르다의 불평은 예수님에게까지 향한다. "주여, 내 동생이 나 혼자 일하게 두는 것을 생각하지 아니하시나이까?"(눅 10:40) 예수님은 그들이 생각하는 것 이상으로 두 사람 모두에게 마음을 쓰고 계셨다. 마르다의 비난은 절대로 사실이 아니었다. 그러나 내가 만나본 그 누구와도 다르게, 예수님은 그런 오해를 바로잡아야 한다고 느끼지 않으셨다. 발끈하지도 않으시고 변명도 없었다. 오직 두 자매만 생각하실 뿐 자기 자신에 대한 이기적인 염려는 없었다.

예수님께는 자만이 전혀 섞이지 않은 대담한 자기 확신이 있어서, 그저 식사 준비보다 그분의 가르침이 더 중요하다고 분명하게 말씀하셨다. 그분의 가르침을 경청하는 것이야말로 꼭 필요한 단 한 가지 일이었다. 이런 말이 다른 사람의 입에서 나왔다면 우리는 "뻔뻔한 사람이군!"이라고 했을 것이다. 그러나 예수님은 타인에게 온전히 집중하고 계셨기에 절대 거만한 분은 아니었다. 자기를 자랑하지도 않고 의심하지도 않으셨다. 전례가 없는 일이다.

더욱 놀라운 것은 마르다의 불평에 대한 예수님의 온화한 반응이다. "마르다야, 마르다야"(눅 10:41). 마르다의 이름을 두 번 부르신 것은 친밀함을 나타낸다. 마르다는 예수님께 죄를 지었지만 그녀를 사랑하겠다는 예수님의 결심은 전혀 줄어들지 않는다. 화를 내지도 짜증을 내지도 조급해하지도 않으신다. 우리가 죄를 지을 때 예수님께서 느끼실 것이라고 오해하는 그 어떤 감정도 내비치지 않으신다. 그중 어떤 것도 말이다. 대신 우리에게 가까이 다가오신다. 바로잡으시고 회복하신다. 마르다의 죄는 예수님의 친절로부터 그녀를 떼어놓지 못했다.

식사를 준비하느라 분주하게 일하던 내내 마르다가 원했던 것은 인정이었다. 그녀는 예수님께서 인정해주시기를 간절히 바랐다. 사실 모든 영혼이 인정을 원한다. 마르다는 무시받았다고 생각했지만 예수님은 그녀의 마음을 꿰뚫고 계셨다. 마르다를 계속해서 주목하고 계셨다. 염려와 걱정과 죄까지도 보고 계셨다. 그럼에도 마르다를 사랑하셨다.

그날의 내 수업이 부족했던 이유를 알겠는가? 나는 이런 소중한 진리를 가르칠 기회를 놓치고 말았다.

## 예수님의 인격을 발견하는 법: 읽고 관찰하기

내가 어떻게 예수님과 마리아와 마르다에 대한 이런 통찰에 이르렀는지 궁금할 것이다. 성경을 통해서였다. 본문을 살펴봤고, 약 30분간 세부 사항을 파악했다. 그것 말고는 없었다.

이 방법은 복음서의 어떤 이야기에도 적용할 수 있다. 예수님의 인격을 가르칠 풍성한 자료를 얻는 방법으로 내가 가장 선호하는 것이 바로 단순한 관찰이다. 이 방법을 강력히 추천한다.

먼저 성경 이야기를 읽고 문맥을 파악한다. 그 후 성경을 펼쳐둔 채로 노트를 꺼낸 후 30분간 고심한다. 몇몇 핵심 구절이나 예수님과 관련된 중심 사건을 고른다. 골라낸 구절들을 집중적으로 보면서 예수님의 인격에 관해 계시된 내용을 모두 적어 목록을 만든다. 뻔한 것들도 일단 적어둔다. 깨닫는 데 시간이 더 걸리는 것들도 있지만, 발견할 때마다 목록에 추가한다.

보통 10분에서 15분 정도면 나올 만한 것은 다 나왔다는 생각이 든다. 그만하고 싶어진다. 비결은 여기서 멈추지 않는 것이다. 그때부터 한두 장 더 채워보라. 30분을 채울 때까지 계속 생각해보고 기록해 나가라. 최고의 통찰은 대부분 마지막 즈음, 더는 발견할 것이 없다고 생각한 이후에 나온다. 그때쯤 돼야 예수님께서 예상치 못한 순서로 일하셨다거나, 평범한 사람에게서는 동시에 발견되는 일이 거의 없는 다양한 미덕을 겸비하고 계셨다는 사실 등을 발견하게 된다.

수년간 이렇게 준비했다가 결국 시간 낭비가 된 적은 단 한 번도 없었다. 게으름 때문에 건너뛰고 이번에는 필요하지 않다고 정당화한 적은 많지만, 실제로 이렇게 준비할 때면 늘 효과를 봤다. 다음은 이 방법을 사용한 수업의 예다.

## 나병 환자를 치유하신 이야기

누가복음에는 예수님께서 한 나병 환자를 치유하신 짧은 기록이 나온다. 예수님 시대에 완전히 진행된 나병은 고통스러운 불치병이었다. 병든 피부 때문에 모습이 흉해지고 악취가 났다. 전염병일 뿐 아니라 종교적으로 깨끗하지 못하다고 판단됐기에 '부정하다'는 꼬리표도 붙었다. 나병 환자들은 마을에 들어가거나 타인에게 접근할 수 없었다. 제사장에게 나았다는 선언을 받지 않는 한, 죽을 때까지 소외되어 살았다. 누가의 기록은 다음과 같다.

> 예수께서 한 동네에 계실 때에 온 몸에 나병 들린 사람이 있어 예수를 보고 엎드려 구하여 이르되, "주여, 원하시면 나를 깨끗하게 하실 수 있나이다" 하니, 예수께서 손을 내밀어 그에게 대시며 이르시되, "내가 원하노니 깨끗함을 받으라" 하신대 나병이 곧 떠나니라. 예수께서 그를 경고하시되, "아무에게도 이르지 말고 가서 제사장에게 네 몸을 보이고, 또 네가 깨끗하게 됨으로 인하여 모세가 명한 대로 예물을 드려 그들에게 입증하라" 하셨더니(눅 5:12-14).

최근 어느 기독교 학교 채플 시간에 이 이야기를 가르친 적이 있다. 수업 준비는 위의 세 구절을 30분에 걸쳐 관찰하는 것으로 시작했다. 내가 예수님에 관해 발견한 것의 목록이 노트로 두 장은 되었다. 깔끔하게 정리된 것은 아니지만 다음 목록을 참고하라.

- 불쾌한 병에 걸린 사람인데도 예수님께서는 친히 **손을 대셨다.**

- 나병 환자에게 치유만이 아니라 다정함이 필요하다는 사실을 아셨다(오랫동안 누구의 손길도 닿지 않았을 것이다).

- 치유는 기계적이지 않고 인격적이었다.

- 나병 환자를 만지려고 **손을 내미셨다.** 움츠리거나 뒤로 물러나는 것이 아니라 그를 향해 움직이셨다.

- 두려워하지 않으셨다.

- 역겨워하지 않으셨다.

- 불쾌한 것에 이끌리셨다. 나라면 도망칠 만한 것에 오히려 이끌리셨다.

- 나병 환자가 마을에 들어오고 자신에게 다가왔다고 책망하지 않으셨다. "원래 여기 오면 안 된다는 것은 알고 있겠지만…"이라는 정도의 말도 없다. 예수님은 규칙을 전혀 개의치 않으시는 걸까?

- 아니다. 규칙을 존중하셨다. 나병 환자를 제사장에게 보내신 것을 보면 알 수 있다.

- 그러나 **믿음**이라는 규칙을 가장 우선시하셨다. 나병 환자가 도움을 요청했을 때 반응하신 것도 그 때문이다.

- 이는 예수님께 나아가 도움을 요청하는 것이 옳다는 사실을 확인해준다.

- 치유하는 것을 아주 좋아하신다.

- "내가 원하노니"라고 말씀하셨다. 얼마나 힘이 되는 말씀인가! 예수님은 자신에게 나아오는 사람을 기꺼이 도와주신다.

- 대단한 능력이다! 완전히 진행된 나병을 고치셨다.

- 즉시 나았다! 병은 낫더라도 병 때문에 생긴 더러운 상처가 나으려면 시간이 걸릴 것이라고 생각할 수 있다. 그런데 예수님께서는 나병 환자가 곧바로 상처 없이 완전히 깨끗해져서 제사장에게 보일 수 있게

하셨다.

- 어떤 의사도 그렇게 할 수 없다. 예수님만 하실 수 있는 일이다.

- 예수님은 부정해질까 봐 염려하지 않으셨다.

- 다른 사람의 경우라면 더러운 것이 깨끗한 것을 오염시킨다. 그러나 예수님은 그 반대다. 그분의 깨끗함이 더러운 것을 깨끗하게 한다.

- "깨끗함을 받으라"라고 말씀하셨다. 이는 죄로 오염된 우리 모두가 들어야 할 말씀이며, 예수님은 이렇게 말씀하기를 기뻐하신다.

- 조용히 말씀으로 치유하셨다. 사람이 많은 곳이었지만 눈길을 끌며 치유하지 않으셨다.

- "아무에게도 이르지 말고"라고 하셨다. 명성에 연연하지 않으셨다.

- 나병 환자는 "원하시면 하실 수 있나이다"라고 말한다. 예수님은 원하시는 동시에 하실 수도 있다. 모든 인간이 구원자에게 필요로 하는 조합이다.

- 나병 환자는 **온몸**에 나병이 들었지만, 예수님의 태도는 이것이 특별히 어렵다거나 불쾌한 사례라는 느낌을 주지 않는다.

- 최악의 사례라도 예수님은 받아주고 사랑하며 고쳐주신다.

- 예수님의 **능력**과 **긍휼**은 놀랍다. 그토록 강한 분이 어떻게 그토록 다정하고 인격적일 수 있을까?

- 냉담하지 않으셨다. 마을에서 가장 흉측한 사람에게로 걸어가 그를 만지신다.

- 말씀만으로 치유하실 수 있었지만 만지기도 하셨다.

- 왜 먼저 치유하신 후에 만지지 않으셨을까? 만지는 것은 마찬가지였을 텐데. 예수님은 비참한 상태인 우리를 만져주신다. 예전보다 나아진 이들에게만 다정하신 것이 아니라, 가장 불쾌한 상태일 때부터 다정하시다.

- 소외된 자들을 불쌍히 여기신다.
- 나라면 감정적으로는 나병 환자를 측은히 여겨도 육체적으로는 나서지 않았을 것이다. 예수님께서는 영혼과 몸의 전인격으로 그에게 다가가셨다.

- 예수님께서 손을 뻗어야 했다는 것은 나병 환자가 조금이라도 간격을 뒀다는 뜻이다. 예수님은 그 간격도 넘어오셨다.
- 나병 환자는 예수님께 가까이 가는 것이 가당치 않다고 느꼈겠지만 예수님께서 그가 있는 곳까지 와주셨다.

나는 위의 목록에서 세 가지를 뽑아 가르쳤다. 그것이 무엇이었는지는 상상에 맡기겠다. 무엇을 가르쳤는지는 그리 중요하지 않다. 저 중에 강력한 논점이 열 개도 넘기 때문이다. 예수님의 진정한 아름다움은 어느 한 종류의 선하심에 있는 것이 아니라, 여러 경이로운 완벽함들이 오롯이 한 사람 안에 담겨 있는 모습에 있다.

　나병 환자의 치유는 표면적인 수준의 예수님만 보여준다. 예수님의 삶에는 이보다 심오한 순간들이 있었다. 제자들의 발을 닦아주실 때나 부활 후 인사를 건네신 순간처럼 말이다. 그 기록들을 자세히 살펴본다면 눈이 부셔올 것이다. 그런 수업을 계속하다 보면 반복되는 패턴이 눈에 보일 것이다. 예수님 생애의 박자를 느끼며, 그 거룩하신 분과 발걸음을 같이하게 될 것이다.

## 아직도 채워지고 있는 가장 긴 목록

앞에서 말했던 교회에서 가장 긴 목록은 어떻게 됐을까? 그해 교실 벽에는 총 74개의 카드가 붙었다. 아이들이 조사해본 결과 성경의 권수보다는 많았지만 교인 주소록에 나온 이름의 수보다는 좀 적었다. 교회 안에서 가장 긴 목록은 아니었지만 가장 긴 목록에 가까웠다. 더 길게 만들지 못한 유일한 이유는 학기가 끝났기 때문이다. 이 방법은 대단히 효과적이어서 나는 다음 해, 그다음 해에도 새로운 목록을 만들었으며 그 이후로도 매해 반복했다. 그래서 나는 구약성경을 배우는 기간에도 매주 예수님이 다른 무엇보다 좋으신 이유를 최소 한 가지씩은 꼭 가르친다.

매해 반복되는 카드도 있다. 그러나 이전에 깨닫지 못한 새로운 사실도 계속해서 발견하고 있다. 목록은 아직도 늘어나고 있다.

이 목록은 아이들이 재밌어 하고 나에게는 필요하다. 내가 길을 벗어나지 않게 해준다. 수업이 진부해지려 할 때면 이 목록을 보면서, 깊이 있게 가르치려면 예수님을 깊이 들여다봐야 함을 기억한다. "우리는 우리를 전파하는 것이 아니라 오직 그리스도 예수의 주 되신 것을 전파함이라"(고후 4:5).


## 이 목록이 필요한 이유

'가장 긴 목록'이 필요한 더 중요한 이유가 있다. 교사와 아이들이 언제나 예수님의 인격과 역사를 바로 눈앞에 두고 봐야 하기 때문이다.

그런 놀라운 구원자를 소유한다는 것이 어떤 의미인지 생각해 보라. 첫째로 그분과 연합하여 그 놀라운 분만큼이나 의롭다고 여김받는다. 그분처럼 살 수 있는 능력을 얻으며, 언젠가 완벽하게 그분처럼 살게 될 날을 고대한다. 따라서 이 목록은 우리를 자신감과 기대감으로 채워준다.

둘째로 예수님은 다스리시는 왕이요 다시 오실 심판자다. 심판자라는 말에 두려울 수도 있지만, 그분이 어떤 분인가! '가장 긴 목록'은 믿음 있는 죄인들을 향한 예수님의 긍휼과 친절로 가득하다. 이 심판자는 믿는 자들의 친구다. 예수님께서는 우리가 제대로 살고 있을 때뿐 아니라 **죄와 씨름하고 있을 때도** 그분을 바라보기 원하신다. 그러니 그분을 멀리할 이유가 있겠는가? 소극적으로 기도하거나, 심판 때문에 걱정할 이유가 있겠는가? 그렇다. '가장 긴 목록'은 우리 주님을 신뢰하도록 도와주기 때문에 중요하다.

마지막으로 이 사람 예수님은 하나님이시다. 많은 아이가 하나님을 오해한다. 사랑이 많고 도움을 베푸시는 분이라는 것은 들어서 안다. 다른 누구보다 뛰어나고 강하시며 예배와 순종을 요구하신다는 것도 안다. 그런데 이 모든 것이 골치 아프게 들린다. 하나님은 침울하거나 권위적이거나, 사랑하신다면서도 어두운 면이 있는 분 같다. 예배의 열정은커녕 내가 하나님을 좋아하는지도 잘 모르겠다.

그러나 예수님의 이 말씀이 맞다면 어떨까? "나를 본 자는 아버지를 보았거늘"(요 14:9). 예수님이 어떤 분인지를 보면 하나님이 어떤 분인지 알 수 있다는 이 말씀은 정말일까?

예수님이 어떤 분인지를 생각해보라. 그분은 많은 아이가 상상하는 감정의 기복이 심하고 거리감을 주는 하나님과 전혀 다르다. 예수님 안에서 하나님의 절대적인 권위와 완전한 사랑이 만나게 되며, 그 결과는 놀랍기 그지없다. 아이들은 매주 이어지는 수업을 통해 예수님의 성품을 이루는 놀라운 세부사항을 수없이 봐야 한다. 하나님의 얼굴을 봤다는 것을 벅찬 감동으로 깨달을 때까지 말이다. 그리고 하나님은 참으로 좋으시다.

그럴 때 하나님께 어두운 면이 있다는 생각이 허물어지고 하나님을 실제보다 부족하게 보는 관점에 다시는 속지 않게 된다. 아이들은 이제 예수님을 알기에 하나님을 잘 안다.

## 예상되는 질문

Q: 만드신 목록은 예수님의 친절하심과 같이 위안을 주는 항목으로 가득한 것 같습니다. 그렇다면 예수님께서 심판을 논하시고 지옥에 관해 경고하시는 등의 대목은 어떤가요? 그것들도 가르치시나요?

A: 네, 가르칩니다. 그리고 그런 항목도 예수님이 다른 무엇보다 좋은 분인 이유 목록에 들어갑니다. 하이델베르크 교리문답은 불신에 대한 심판이 믿는 자에게 위로가 되는 좋은 소식이라고 말합니다. 심판은 원수의 패배를 약속합니다. "나는 어떤 괴로움과 핍박을 당하더라도 하늘로 눈을 돌려, 이미 나 대신 하나님의 심판대 앞에 서서 내게 임한 모든 저주를 소멸해주신 바로 그분이 심판자로 오실 것을 확신하며 기다립니다."[2]

예수님의 경고 역시 그분의 친절과 돌보심의 일부입니다. 심판의 말씀이 희생적이고 겸손하시며, 자신이 경고하신 저주를 친히 담당하신 분의 입에서 나왔다는 사실은 오히려 격려가 됩니다. 예수님은 화가 많고 잘 꾸짖는 사람이었다가, 친절하고 인내심 있는 사람으로 기준 없이 왔다 갔다 하는 분이 아닙니다. 그분이 사람들을 냉정하게 대하시는 경우 그 원인은 항상 불신입니다. 믿음 가운데 씨름하는 죄인들은 부드럽게 대해주십니다. 이로 인해 우리는 마음에 감화를 받아 그분을 더욱 전적으로 신뢰하게 됩니다.

Q: 성경 본문 하나만 가르치는 데도 책 전체처럼 큰 맥락을 꼭 알아야 하나요? 읽을 분량이 너무 많아 보입니다.

A: 네, 저는 그만큼을 읽습니다. 처음부터 그랬던 것은 아니지만 하다 보니 즐겁더군요. 배우는 것도 많고요. 성경을 가르치려면 성경을 읽어야 합니다. 몇 구절만이 아니고요. 이것은 교사의 영적 성장에도 유익한데요, 아이들의 성장을 돕기 원한다면 교사의 성장이 필수입니다.

Q: 선생님은 수업할 때마다 여러 가지 사실을 제시하시는 것 같은데, 더 단순하게 가르쳐야 하지 않을까요?

A: 맞아요, 제가 그렇습니다. 한 번에 너무 많은 것을 가르치려 할 때가 많아요. 제가 말씀드린 것을 매번 수업할 때마다 다 가르쳐야 한다고 생각하지 마십시오. 특히 어린아이를 맡으셨다면, 이번 주에는 예수님의 사역의 한 측면을, 그다음 주에는 인격의 한 측면을 가르치는 것이 제일 좋습니다. 이것은 저 자신도 새겨들어야 할 말입니다.

# 즉시 실천하라

이제 신약성경을 통해 아이들에게 생생한 예수님을 제시할 준비가 되었다. 구체적으로 다음과 같은 방법을 고려해보라.

## 교사의 경우

'가장 긴 목록'을 만들기 시작하라. "예수님은 다른 무엇보다 좋은 분입니다. 그 이유는…"이라고 쓰고 가장 눈에 잘 띄는 곳에 붙여두라. 그리고 수업할 때마다 문장을 완성할 새로운 이유를 추가하라. 예를 들어, 나병 환자 치유 이야기를 다뤘다면 이런 카드가 나올 수 있다. "내게 이상이 있는 모든 부분을 치유하실 능력이 있기 때문입니다"일 수도 있고 "아프고 무시당하는 이들을 친절하게 대하시기 때문입니다"일 수도 있으며, 둘 다일 수도 있다. 보통 카드에 적을 내용은 내가 정하는데, 수업의 집중도를 높이기 위해서다. 그러나 아이들과 함께 토의해보고 아이들이 직접 적어 넣도록 할 수도 있다. 특히 중고등학생이나 초등학교 고학년이 대상이라면 말이다. 단, 반드시 매번 새로운 내용을 적어야 한다. 그래야만 예수님을 깊이 봄으로써 이전에 발견하지 못한 점을 찾으려고 애쓰게 된다.

## 유치부 교사의 경우

글을 못 읽는 아이들을 위해 '가장 긴 목록'을 만들 수 있는 한 가지 방법은 음성 녹음이다. 먼저 아이들과 함께 "예수님은 다른 무엇보다 좋은 분입니다. 그 이유는…"이라고 녹음하라. 이후 수업할 때마다 매번 예수님에 관해 배운 것을 한 가지씩 더 녹음하라. 어린아이들은 녹음된 자기 목소리 듣는 것을 아주 좋아한다. 분명히 전체를 자꾸 다시 들어보자고 할 것이다. 다시 들려줄 때마다 지난 내용을 복습하면서, 예수님이 **수많은 면에서** 다른 무엇보다 좋은 분임을 가르쳐줄 수 있다.

### 부모의 경우

가정에서 '가장 긴 목록'을 사용하는 좋은 방법은 가정 예배와 성경 읽기를 위해 활용되는 방에 벽보로 붙여놓는 것이다. 벽보 맨 위에 "예수님은…"이라고 적으라. 그리고 복음서나 서신서를 함께 읽거나 공부하면서 한두 단어로 이 문장을 완성할 수 있는 새로운 방법을 생각해보라. 단어들을 벽보에 적어 넣으라. 어린아이라면 예수님에 관해 배운 것을 그림으로 그려 넣을 수도 있다. 벽보에 몇 단어를 추가하기만 하면 되므로 집안을 어지럽히지 않으면서도 매일 실천할 수 있고, 아이들이 성경과 예수님께 집중하게 할 수 있다.

### 모든 사람의 경우

복음서 한 권을 단숨에 읽어본 지 한참 됐거나 한 번도 그렇게 해본 적이 없다면, 한 시간을 구별하여(길어도 두 시간이면 충분하다) 마가복음 전체를 한번에 읽어보라. 그러다 보면 예수님의 생애 안에서, 부분적으로 읽을 때 놓쳤던 주제와 방향성이 보일 것이다. 공부하듯이 읽지 말고 이야기를 읽듯이 읽어라. 인격이신 예수님의 진가를 새롭게 인식하며 사역의 맥락도 더 제대로 이해하게 될 것이다. 얼마 안 가 그렇게 읽으며 깨달은 것이 수업 시간에 불쑥 튀어나올 것이다.

하나님께 위대한 것을 받았다면

그분과의 관계에 걸맞은 영적 위대함을 유지해야 한다.

교만에 차서 거만해진 영을 말하는 것이 아니다.

그런 영은 교만한 자를 멀리하시는 하나님과의 구속적인 관계에

적합하지 않다.

내가 말하는 것은 위대하신 하나님과의 지속적인 대화를 통해 위대해진

겸손한 영혼이다. 하나님께서는 종들의 마음을 들어 올려

더욱 고상한 것을 묵상하게 하고 그에 대해 열매 맺도록 이끄셔서,

세상이 감당할 수 없는 위대한 자들이 되게 하신다.

-존 애로우스미스[1]

## 8장

# 복음을 가르쳐준 포도

## 수업 외의 요소에도 복음을 적용하라

가끔 이 책을 쓰게 된 계기를 묻는 이들이 있는데, 그럴 때 나는 포도 때문이라고 대답한다.

이번 장의 주제는 성경공부 반, 중고등부, 어린이 성경 프로그램, 수련회의 분위기를 복음에 걸맞게 조성하는 것이다. 대부분 가정에도 적용할 수 있는 내용이지만, 여기서는 특별히 조직된 사역에서의 역할을 전제로 말하고자 한다. 그 역할이 학부모든 보조 교사든 사역 담당자든 상관없다. 모두가 사역의 분위기에 일조하게 되며, 아이들은 말보다 행동을 보고 배운다. 그것도 수업 시간에 준비해서 하는 말보다 계획하거나 준비하지 않은 순간의 말을 통해 더 많이 배운다. 이런 생각을 하기 전까지는 나도 복음의 교사가 된다는 것의 의미를 제대로 고민해보지 못한 것 같다.


## 우리 반의 문제점

마침내 내가 눈을 뜨게 된 것은 새로 맡게 된 성경공부 반 덕분이었다. 우리 가족은 내가 직장을 옮기면서 멀리 다른 지역으로 이사하게 되었고, 그 지역에서 새로운 교회를 찾아 정착했다. 얼마 지나지 않아 새 학기에 아이들을 가르칠 교사를 찾는다는 소식이 들렸다. 결국 내가 주일학교 4학년 교사로 임명되어 참으로 기뻤다.

주일학교 담당자 분은 나에게 수업 과정, 일정, 안전 수칙 등을 설명하고는 '달란트'라고 적힌 가짜 돈도 잔뜩 쥐여줬다. 교회 복사기로 인쇄한 다음 사무실에 있는 큰 재단기로 잘라낸 듯한 그 달란트를 아이들에게 상금으로 나눠주라는 것이다. 상금은 내가 원하는 대로 나눠줄 수 있었다. 출석이든 암송이든 정답이든 착한 행동이든, 다른 어떤 기준이라도 괜찮았다. 주일학교에서 일 년에 두 번 시장을 열 때 아이들은 그 돈으로 사탕이나 장난감을 살 수 있었다. 필요하면 더 주겠다고도 했다.

그럴 수 있다고 생각했다. 평소의 내 방식은 아니었지만, 보상 제도를 쓰는 주일학교가 처음도 아니고, 유난을 떨 이유가 없었다. 아이들에게 이미 익숙한 제도라니 달란트를 나눠줘야겠다고 생각했다.

그 후 첫 수업을 하게 되었는데, 우선 아이들을 알아가는 것으로 시작했다. 아이들의 학교나 가족 관계를 물어본 후 나에게 질문하도록 했다. 그런데 아이들이 가장 알고 싶어 한 것은 달란트를 나눠주는 나의 기준이었다. "달란트를 많이 받으려면 어떻게 해야 하나요?" "성경 구절을 암송해야 하나요? 찬송 시간에 열심히 참여해야 더 많이 받을 수 있나요?"

계속해서 나는 수업을 진행했다. 한 남자아이가 정답을 말했는데도 달란트를 받지 못하자 속상해했다. 성경 암송 놀이로 수업을 마무리하자, 예상했겠지만 아이들 모두 이긴 팀이 얼마나 받을지를 궁금해했다.

나는 놀이를 중단하고 아이들을 바라봤다. 그리고 잠시 생각을 한 후에 이렇게 대답했다. "하나도 받지 못할 거예요."

그때 그 자리에서, 나는 더 이상 달란트를 사용하지 않기로 했다.

## 분위기 전환

달란트가 집중을 방해하고 아이들의 우상이 되었기 때문만은 아니다. 아이들의 태도를 보니 처음 달란트 이야기를 들었을 때의 내 직감이 맞았다. '성과에 따른 보상'이라는 토대 위에 세워진 교실 문화는 내가 가르치려는 복음과 어울리지 않았다.

구원이라는 하나님의 상이 값없이 은혜로 주어진다고 가르치면서, 정작 교회에서는 착한 행동이나 성경 암송의 대가로 상을 준다면 도움이 되지 않을 것이다. 하나님께서 종교적인 행위보다 믿음을 귀하게 여기신다고 가르치면서, 종교적인 행위에 뛰어난 아이에게 상을 주는 것도 마찬가지다. '예수님은 다른 무엇보다도 좋은 분'이라고 말하면서, 그분에 관해 배운 것을 고작 사탕이나 바꿔 먹을 종잇조각으로 보상할 수는 없었다.

보상이 무조건 다 나쁜 것은 아니지만 적어도 우리 반 아이들에게 달란트는 복음에 역행하는 것이었다. 어쩌다 그렇게 됐는지는 잘 모르겠다. 그 교회의 교리는 탄탄했다. 주일학교 담당자는 내가 동역해본 이들 중 최고였고, 달란트를 나눠주지 않겠다는 내 결정도 지지해줬다. 다른 주일학교 사역자들과 학부모들도 복음을 소중히 여기는 듯했다. 그러나 어느 순간 달란트를 사용하기 시작하면서 이런 분위기가 자리 잡은 것이다. 변화가 필요했다.

## 마음이 후한 포도원 주인

나는 아이들에게 더 이상 행위에 따라 달란트를 나눠주지는 않을 것이라고 말하면서 이유를 설명했다. 하나님께서 주시는 가장 큰 상은 그분이 후한 마음으로 베푼 것이지 우리의 노력으로 얻은 것이 아니다. 따라서 우리 반도 그런 방식으로 운영할 것이다.

그래도 달란트를 나눠주기는 할 것이라고 말했다. 시장이 열리는 날 수업에 나온 사람은 물건을 살 수 있는 달란트를 봉투 가득 받게 될 것이다. 모두 같은 액수를 받게 된다. 노력으로 얻는 것이 아니라 선물로 받을 것이다. 하나님이 주시는 선물처럼 말이다.

"평소에 거의 나오지 않다가 그날만 나온 사람은요? 그런 사람은 절반 정도만 받겠죠?" 아이들이 물었다.

"아니에요. 그런 사람도 매주 나온 사람과 똑같이 후하게 받을 거예요. 모두 같은 금액을 받게 돼요."

이 복음의 가르침을 아이들 마음에 남기려고, 시장이 열리기 바로 전주에는 포도원 일꾼에 관한 예수님의 비유를 가르쳤다. 포도원 주인은 동틀 무렵 포도원에서 일할 사람을 구하러 나섰고, 구한 일꾼들에게 일반적인 하루 치 품삯을 약속했다. 아홉 시쯤에 일꾼을 더 구해 포도원으로 보내면서도 공평한 품삯을 주겠다고 했다. 정오에도, 세 시쯤에도, 작업 시간이 끝나기 한 시간 전에도 똑같이 했다.

나는 시각적으로 보여주기 위해 포도 몇 송이를 들고 와서 아이들과 함께 다섯 더미로 나눴다. 처음 고용된 일꾼들의 작업량을 표현하는 큰 더미부터 시작해서 차차 줄여 마지막에는 포도 한 알만 덩그러니 올려놨다.

"마지막에 온 일꾼들은 거의 일을 하지 않았어요. 하지만 포도원 주인은 하루를 마무리하면서 이들에게 품삯을 맨 먼저 나눠준 데다 하루 치를 다 줬어요."

나는 이렇게 말하고 포도 한 알 옆에 은전 한 닢을 올려놓았다. 그러면서 예수님 이야기에 나오는 일꾼의 각 무리가 모두 똑같이 동전 한 닢씩을 품삯으로 받았다고 말했다. 모두가 하루 치 품삯을 받은 것이다. 처음 고용된 일꾼들은 그것이 불만이었지만 말이다.

아이들과 이야기할 거리가 많았다. 우리는 함께 포도를 먹으면서 공평함과 하나님의 후하심에 관해 토의했다. 하나님께서 우리에게 믿기 어려울 만큼 후하시다는 것, 아들을 주기까지 하셨다는 것, 우리의 노력이 아닌 그분의 후하신 마음에 따라 선물을 주심은 참으로 복된 일이라는 것 등의 이야기를 했다. 이 때문에 우리는 겸손하고 자족하며 가진 것을 기꺼이 나눠야 한다는 이야기도 했다.

"이제 달란트가 뭔지 이해하겠어요. 포도 같은 거예요." 한 남자아이가 이렇게 말했다. 시장에 갈 준비가 된 것이다.


## 그 말이 사실인가요?

그 주에 우리 반 아이의 어머니로부터 전화가 왔다. 아이에게는 교회에 한 번도 가본 적이 없는 친구가 있었다. 그 친구를 몇 번 교회에 초청했었는데 이번에 마침내 친구 부모님이 허락하셨다는 것이다. 그래서 시장이 열리는 돌아오는 주일 그 친구를 데려온다고 한다.

그런데 어머니에게 걱정이 있었다. 친구가 교회에 올 수 있다고 하자마자 딸아이가 시장 이야기를 늘어놓았기 때문이다. 아이는 친구에게 물건을 살 수 있는 가짜 돈을 누구나 받는다고 말했다. 방문객도 일 년 내내 교회에 나온 아이들과 똑같이 받는다면서 말이다. 어머니는 그 말이 사실인지 알고 싶어 했다. 딸아이가 잘못 알아들은 것 같은데 친구가 실망하게 되는 것 아닌가? 그리고 포도 이야기는 다 뭔가?

나는 아이가 제대로 이해한 것이 맞고, 우리 반에서 달란트는 보상이 아니라 선물이라고 말씀드렸다.

주일이 되자 아이의 친구가 정말로 수업에 참석했다. 시장에 관해서는 설명할 것도 없었다. 다른 아이들이 방문한 친구를 보자마자 이런 말을 들려주기 시작했기 때문이다. "우리 모두 똑같은 선물을 받게 돼. 너도 마찬가지야." "하나님께서는 후한 분이거든." "이게 예수님의 방법이야. 예수님이 주시는 선물은 노력으로 얻어내는 게 아니야. 그냥 믿는 거지."

반년이 걸렸지만 우리 반은 확실히 변하고 있었다. 복음의 문화가 형성되고 있었다.


## 복음적인 환경 조성하기

그 친구를 다시 만나지는 못했지만 분명히 그날 예수님에 관해 기억에 남는 무언가를 배웠을 것이다. 직접적으로 가르친 내용 때문이 아니라 나머지 세상과 전혀 다른 복음적인 환경에 발을 들였기 때문이다.

아이들에게는 그런 환경이 필요하다. 방문하는 친구에게만큼 교회의 기존 아이들에게도 필요하다. 세상에서는 성공이 자기 만족감이나 최고가 되는 데서 온다고 가르치며, 아이들은 그런 철학을 그대로 가지고 교회에 온다. 이들은 그저 그리스도인으로 존재하는 것에서, 최고의 그리스도인이 되어야 한다는 믿음으로 빠르게 옮겨간다. 나는 늘 그런 모습을 발견한다. 소그룹에서 대표로 기도할 때마다 제대로 못 할까 봐 긴장하는 아이들, 남에게 자랑하려고 성경을 암송하는 아이들이 그 예다. 이런 아이들에게 남의 인정이 아닌 예수님과의 연합으로부터 솟아나는 만족을 누릴 곳은 어디인가? 자아로부터 해방될 수 있는 곳은 어디인가?

바로 우리의 성경공부 반, 수련회, 어린이 성경 프로그램, 중고등부가 그런 곳이 되어야 한다. 아이들이 발 들인 그곳은 완전히 새로운 세계, 복음적 감성이 있는 세계여야 한다. 대상이 어떤 아이들이냐에 따라 그런 세계를 창조하는 방법도 달라지겠지만 도움이 될 만한 몇 가지 원리가 있다.

## 복음적인 환경은 죄에 민감하다

아이들은 원래 착한데 지도가 조금 필요할 뿐이라는 헛된 가정은 하지 않는다. 대신 교사를 포함한 모두가 오직 예수님만 해결해주실 수 있는 거대한 문제에 봉착하게 될 것을 이미 예상하고 있다. 이때 우리는 아이들이 자신을 보기보다 유일하게 완벽한 거룩하신 하나님을 보게 함으로써, **그리스도 안에서** 자신감을 키워주고 위로를 준다.

## 복음적인 환경은 은혜에 민감하다

우리를 위하여 우리 안에서 일하시는 그리스도의 역사를 기뻐하며 그분처럼 행한다. 아이의 삶에 나타나는 좋은 변화는 모두 하나님의 공으로 돌린다. 하나님께서 성장하게 해주실 것을 기대한다. 이런 곳은 자비와 솔직함이 있는 공간이 된다. 영적 성장의 공로가 오직 하나님께 있다면 더 이상 남보다 한 발 앞서거나 방어적일 필요가 없어지고, 더욱 깊은 믿음만 필요해지기 때문이다.

## 복음적인 환경은 마음에 초점을 둔다

외적인 행동을 유도하는 정도에 절대 만족하지 않고, 순종적으로 보이는 아이에게도(어쩌면 순종적이지 않은 아이에게보다 더) 예수님이 필요함을 인지한다. 규칙을 지키는 아이든 지키지 않는 아이든 그리스도를 회피하는 수단으로 자기 행위를 이용하지 않도록 한다. 두 경우 모두 마음으로부터 일어나는 성장을 추구한다.

## 복음적인 환경은 예수님을 기뻐하도록 돕는다

아이들이 예수님보다 더 원하는 대상을 얻는 수단으로 예수님을 이용하지 않도록 한다. 수업, 기도, 예배는 중요하고 필수적인 의무 사항이며, 그 일이 끝난 후 놀이를 하며 즐길 수 있다는 식으로 접근하지 말라. 오히려 **예수님만큼 즐거운 것이 없음**을 전하도록 하라.

달란트 보상 제도는 위의 모든 원리에 어긋났다. 그것은 달란트가 부추기는 죄를 간과한 제도였다. 그리고 은혜의 본을 보이지 못했다. 마음을 다루기보다 외적인 행동에 대해 보상했다. 가장 심각한 것은 예수님이 다른 보상이 없이는 충분히 매력적이지 못하다고 전제했다는 점이다. 그래서 변화가 필요했다.

## 죄를 들키기에 가장 좋은 곳

잘못된 행동을 잘 다루는 것은 복음적 분위기를 형성하는 확실한 길이 될 수 있다. "예수님은 네가 그렇게 행동하는 것을 바라시지 않아"와 같은 말로 죄책감을 더해가며 나쁜 행동을 그만두라고 말하는 것은 좋은 접근이 아니다.

몇 년 전, 십 대 초반 아이들을 가르칠 때의 일이다. 어느 날 여자아이 둘이 서로 노려보고 있는 것을 발견했다. 며칠 전에 둘이 싸웠는데 아직 화해하지 못했다고 한다. 수업을 계속하고 있는데 이번에는 두 아이가 서로에게 욕을 하기 시작했다. 그만두라고 경고했지만 몇 분이 지나자 다시 시작했다.

더 이상 수업을 방해하도록 그냥 둘 수는 없기에 두 사람 다 둥글게 둘러앉은 자리에서 나오게 했다. 한 아이를 교실 한쪽 구석에 앉히고 다른 아이는 다른 쪽 구석에 앉혔다. "싸우는 중이라도 그 싸움을 여기까지 끌고 들어오지 마. 여기서는 서로에게 그런 식으로 말하면 안 돼. 예의 바르게 행동해야지." 이렇게 둘에게 반성할 시간을 주고 수업을 이어갔다.

나는 상황을 끔찍하리만큼 잘못 다뤘다. 물론 질서도 유지해야 했고, 교실은 모든 아이에게 안전한 장소가 되어야 했다. 그러나 내가 어떤 메시지를 전한 것인지 생각해보라. 나는 교실에 죄가 등장한 것에 놀라는 모습을 보임으로써 근본적으로 이곳에서 죄를 짓다 들키면 절대 안 된다는 메시지를 전했다. 여기서는 평소보다 착하게 굴어야 한다는 메시지였다.

성경에서 간음하다가 붙잡힌 여인의 사건과 이 일을 비교해보라. 바리새인들은 여인을 돌로 쳐서 죽여야 한다고 주장했다. 그러나 예수님께서 죄 없는 사람이 먼저 돌을 던지라고 하시자 모두 자리를 떴다. 예수님은 여인을 용서하시며 이렇게 말씀하셨다. "가서 다시는 죄를 범하지 말라"(요 8:11). 여인에게 죄를 들키기 가장 좋은 곳은 예수님 곁이었다. 예수님께서는 여인을 죄로부터 구하시고 회개하도록 도와줄 수 있었기 때문이다.

나도 두 아이를 위해 훨씬 많은 것을 할 수 있었다. 그때 교실에는 보조 교사도 있었다. 아이들에게 복음을 이야기해줄 수 있는 보조 교사는 대단히 귀중한 존재다. 보조 교사가 따로 불러내 이야기할 수도 있었고, 그분이 나머지 아이들을 맡아주시는 동안 내가 직접 말할 수도 있었다. 두 아이 때문에 준비한 내용을 가르치지 못하더라도 괜찮았을 것이다. 죄를 다루면서 전달되는 메시지가 준비된 수업보다 중요하기 때문이다.

아이의 죄가 드러나야 한다면, 예수님을 배우는 성경공부 반보다 나은 장소가 어디 있겠는가? 그곳에는 도와줄 사람도 있고 필요한 도구도 있다. 성경공부 반이 서로 죄를 고백하기에 안전한 장소가 된다고 상상해보라. 우리에게 문제를 고백하고 복음을 적용하는 습관이 생긴다고 상상해보라. 어쩌면 두 아이는 갈등을 극복하도록 도와주길 바라면서 수업에 나왔을 수도 있다. 그 아이들이 도움을 받았다면 얼마나 좋았겠는가?

## 죄인에게 말하는 법

시간을 되돌려 같은 상황을 맞이한다고 가정해보자. 나는 시간을 내어 두 아이의 이야기를 들어주고 마음의 상처를 나누게 할 것이다. 또 무엇을 해줄 수 있을까? 아이들 각자에게 무슨 말을 해줄 수 있을까?

**아이의 마음에 관해 이야기할 수 있다.** 아이가 잘못된 행동을 하게 된 이유를 물어볼 수 있다. 상대가 먼저 죄를 지었기 때문만은 아니었다. 화가 나면서 상대를 이기고 싶고 상처를 되돌려주고 싶은 욕구가 들어 그렇게 했을 것이다. 이것은 누가 자기를 무시하거나 싫어할 것에 대한 두려움에서 비롯된다.

**참된 용서에 관해 이야기할 수 있다.** 나는 수업의 원만한 진행을 위해 표면적으로 해결하고 넘어가려는 것이 아니며, 억지 사과도 없을 것이라고 말해줄 수 있다. 대신 당장은 아니더라도 조만간 서로를 진심으로 용서할 수 있도록 도울 것이다. 하나님께서는 용서할 능력을 주신다.

**예수님에 관해 이야기할 수 있다.** 예수님께서 상대에게 상처를 준 자신을 용서하셨다는 것과, 자신에게 상처를 준 상대 또한 용서하셨다고 말해줄 수 있다. 예수님께서 우리의 마음에 필요한 것을 채워주신다. 그분의 용서를 누리고 그분이 우리를 얼마나 기뻐하시는지 알면 남에게 미움받을까 봐 느끼는 두려움은 사라진다. 예수님께서 아이를 사랑하신다.

**아이가 예수님 안에서 누구인지를 이야기할 수 있다.** 친구와 싸웠기 때문에 나쁜 아이가 된 것이 아니다. 여전히 하나님의 자녀지만 잘못된 행동을 해서 회개가 필요할 뿐이다. 회개는 하나님의 백성이 행하는 기쁘고 거룩한 일이며 하나님께서 회개할 능력을 주신다. 아이는 상대를 용서할 수 있다. 예수님께서 아이를 사랑하신 만큼, 아이도 상대 아이를 사랑할 수 있다. 정말이다!

**아이와 함께 기도할 수 있다.** 아이가 영원히 용서받았음에 감사하며 상대 아이를 용서할 마음과 능력을 달라고 기도할 수 있다.

**아이에게 은혜를 보여줄 수 있다.** 수업 방해를 용서하고 다시 수업에 참여시킬 수 있다. 아직 상대방을 온전히 용서할 준비가 되지 않았더라도 자신과 다른 사람들에게 더 이상 해를 입히지 않을 수 있다면 참여해도 된다.

**그리고 한 가지 더 있는데 이것이 매우 중요하다. 바로 나의 죄를 고백하는 것이다.** 교사인 나도 때로는 화를 내고 상처를 준다는 사실을 고백함으로써 아이에게 본을 보일 수 있다. 막연한 인정이 아닌 진정한 고백이 되려면 구체적인 예를 들어야 한다. 아이를 위해 기도할 때 "선생님도 화를 내지 않을 수 있도록 기도해달라"고 부탁할 수 있다. 죄의 고백이 잘 이루어지고 예수님께 도움을 구하기에 안전한 환경을 만들려면 교사인 나부터 시작해야 한다.

내가 반 전체 앞에서 고백하는 자리를 가질 수도 있다. 복음적인 환경을 만들려면 교사가 회개의 본을 보여야 한다. 학생들과 나누기에 적절하지 않은 죄도 있다. 그러나 아이들은 내가 싸우고 있는 추악한 죄의 실상을 알아야 하고, 예수님 안에서 용서와 회개의 능력을 얻는 모습도 봐야 한다.

이것은 말 안 듣는 아이의 잘못된 행동을 다루는 데도 도움이 되지만, 선생님 눈에 들기 위해 애쓰는 아이들에게 더욱 중요하다. 자신의 선함을 자랑하거나 거기에 소망을 두지 말라는 메시지를 주기 때문이다. 이것은 모든 종류의 아이가 구세주를 보도록 한다.

### 나는 왜 실패했는가?

지금까지 말한 것은 아이들이 심한 잘못을 할 때마다 내가 이렇게 할 수 있으면 좋겠다는 희망 사항이다. 그러나 현실에서는 다른 할 일들과 시간적 제약에 가로막힌다. 남들에게 잘 보이고 싶은 나의 욕망도 방해가 된다. 나의 죄를 이야기하기보다 거룩한 인상을 주려고 가장한다. 왠지 비웃을 것 같은 아이에게는 예수님 이야기하기를 망설이기도 한다. 질서 유지를 우선순위로 삼고 아이들의 마음 훈련은 한참 뒤처진 둘째 순위에 두기도 한다. 남들이 보기에는 질서를 유지하는 교사가 좋은 교사처럼 보이기 때문이다.

그래서 나는 계속 몸부림친다. 잘못된 행동이 나올 때는, 내 희망 사항의 아주 일부만 해낼 때가 대부분이다. 일을 망치거나 게으름을 피우거나 겁먹고 물러나 버린다. 그러나 배워가는 중이다.

최근에는 단체 놀이를 하다가 두 남자아이 사이에 고약한 싸움이 붙었다. 한쪽이 반칙했다면서 다른 쪽을 비난했다. 위협을 했고, 눈물을 흘렸고, 악의에 찬 말들이 오갔다. 나는 놀이를 중단했다. 그러면서 놀이 때문에 누군가 죄를 짓게 된다면 차라리 놀이를 그만두는 게 낫겠다고 말했다. 야단치거나 죄책감을 주려는 속셈이 아니었다. 그저 아이들이 죄를 깨닫길 바랐다. 나는 서로 경쟁하는 놀이가 재밌긴 하지만, 때로는 우리의 이기심을 드러내기도 한다고 말했다. 그러면서 놀이 대신 이기적이지 않을 수 있게 해달라고 몇 분간 기도하자고 제안했다.

놀랍게도 아이들은 수긍했다. 놀이 시간을 정말 좋아하던 아이들인데 누구 하나 반대하지 않았다. 실망해서 한숨 쉬는 아이도 없었다. 나는 분명 놀던 것을 멈추고 정리하고 기도하자고 했는데, 아이들도 그렇게 하고 싶어 했다. 그것이 옳음을 알았고 그 시간을 기대했다. 이는 하나님께서 아이들 안에서 일하고 계신다는 증거였다. 나는 아이들에게도 그렇게 말해줬다.

그런데 나중에 생각해보니 그것은 하나님께서 내 안에서 일하고 계신다는 증거이기도 했다. 내가 용기를 내어 복음의 교사다운 행동을 반복하자 아이들도 그에 익숙해지면서 내 행동을 따라 했던 것이다.


## 복음적인 격려

대부분의 어린이 사역 프로그램은 성경공부가 전부가 아니다. 이번에는 성경공부 외의 영역에 관해 생각해보자. 누구나 꾸준히 해볼 수 있는 사소한 교정이나 격려 이야기부터 하겠다. 언제나 깊이 있는 질문을 던질 시간이 허락되지는 않지만, 그래도 마음에 초점을 두고 아이를 십자가로 인도할 기회는 있다.

오히려 복음을 가르친다는 생각도 안 하고 있을 때 가장 좋은 기회가 오는 경우도 많다. 이를테면 놀이 시간이나 음식을 나눠주는 상황처럼 말이다. 죄는 이런 활동 중에 나타나기가 쉽다. 그래서 나는 지난 수년간 이렇게 말하면서 간식을 나눠줬다. "친구와 나눠 먹어요." 최근에는 이렇게 바꿨다. "조심하세요. 욕심은 위험한 거예요." 이쪽이 더 좋은 분위기를 형성한다고 생각한다. 행동만 지적하는 것이 아니라 마음을 인식한 말이기 때문이다. 인간의 죄는 깊지만 하나님 백성이라면 마음의 차원에서부터 죄를 거부할 수 있다고 믿는 사람에게는 이런 말이 적절하다.

예수님도 그렇게 가르치셨다. 어떤 사람이 예수님께 "선생님, 내 형을 명하여 유산을 나와 나누게 하소서"라고 요청하자 예수님은 이렇게 대답하셨다. "삼가 모든 탐심을 물리치라"(눅 12:13, 15). 그리고는 하나님 안에서 얻은 풍요함이 우리가 얻지 못할까 봐 염려하는 세상의 소유보다 귀하다고 설명하셨다. 예수님은 마음을 겨냥하셨고 사람들을 하나님께 이끄셨다. 우리도 그렇게 가르쳐야 한다.

하나님께서 아이들 마음에 회개를 일으키신다. 그럴 때 나는 잊지 않고 하나님께 공을 돌리려고 노력한다.

세상의 방식은 아이들에게 공을 돌리는 것이다. 세상은 잘했을 때 칭찬함으로써 자존감을 높여준다. 이러면 격려가 될 것 같지만, 사실 잘했을 때 칭찬하는 것은 잘못했을 때 꾸짖는 것과 크게 다르지 않다. 예수님에 대한 믿음을 무시하고 행위에 초점을 두기 때문이다.

우리는 자존감(Self-esteem)을 높여선 안 된다. 주존감(Christ-esteem)을 높여야 한다. 최고의 격려는 예수님께서 우리 안에 계시고 우리 편이심을 아는 데서 출발한 격려다. 아이들을 그렇게 격려해야 한다. 어떤 아이가 성장한 것을 발견했을 때, 나는 잊지 않고 아이의 삶 속에서 역사하시는 하나님을 본다고 말해주려 한다. 이런 사소한 격려들이 결국 쌓이게 된다.

소그룹 인도자, 수련회 봉사자, 보조 교사, 예배 안내원 등의 역할이라서 직접 성경공부를 지도하고 있지 않더라도 아이들에게 엄청난 영향을 줄 수 있다. 아마 이런 경우에는 성경공부를 인도하는 교사보다 아이들과 일상적으로 보내는 시간이 더 많을 것이다. 그 시간을 활용하라. 예수님에 관한 이야기로 그 시간을 풍요롭게 하라.


## 복음적인 토의

어린이 사역 프로그램에서는 전체 수업 후 그룹별 토의 시간을 따로 운영하는 경우가 많다. 토의 그룹을 인도하고 있다면 아이들이 복음을 일상생활과 연결할 수 있게 도우라. 부모로서 아이에게 수업 내용을 물어볼 때도 똑같이 하라. 나는 적절한 질문이 갑자기 생각나지 않을 때마다 다음 네 가지 기본 범주를 떠올린다. 이것은 복음이 일상 행위에 영향을 주는 네 가지 방식이다.

| 복음이<br>주는 것 | 토의 질문 |
|---|---|
| 감사 | • 예수님에 관해 배운 사실 중 그분께 감사를 느끼게 하는 것은 무엇인가요?<br>• 이번 주에 예수님께 감사를 표현할 만한 상황은 언제일까요? 그럴 때 어떻게 예수님을 기억할 수 있을까요? |
| 확신 | • 하나님께서 그의 백성에게 능력을 주셔서 하나님을 섬기고 순종할 수 있게 해주시는 것에 관해 무엇을 배웠나요?<br>• 하나님의 종으로서 더 나아지기 위해 성령님께 어떤 도움을 받을 수 있을까요?(성령님이 도우시는 통로로는 기도, 성경, 다른 교인의 도움 등이 있다) |
| 소망 | • 예수님을 따르는 것이 신나고 가치 있는 이유는 무엇이라고 배웠나요?<br>• 때때로 예수님보다 더 좋다고 느껴지는 것은 무엇인가요? 예수님을 우선으로 삼는 대가가 지나치다고 느껴지는 상황에 관해 이야기해보세요. 그럴 때 예수님이 더 좋으시다는 것을 어떻게 믿을 수 있나요? |
| 위안 | • 배운 내용 중에 내가 부족하다는 생각이 들면서 두려워진 대목이 있다면 이야기해보세요. 그리고 기뻐하세요. 친구는 예수님 안에서 용서받았으니까요!<br>• 하나님을 위한 일 중 실패할까 봐 두려워서 피해온 것이 있나요? 하나님께서 실패할 때조차도 용납해주신다는 사실을 안다면, 이제 어떻게 용기 내어 그 일을 해볼 수 있을까요? |

여기까지 보면 알겠지만 무엇을 하라고 해야 할지 지나치게 고민할 필요가 없다. 복음과 성경공부 내용을 상기시키기만 하면 그것이 아이를 독려할 것이다. 많은 경우, "하나님께서 나의 삶 가운데 이렇게 일해주셔야 할 것 같다"고 아이들이 직접 말하게 하는 것이 가장 좋다.

## 복음적인 예배

어린이 사역 프로그램에는 찬양이나 예배 시간이 들어갈 때가 많다. 이 시간을 담당하고 있다면 복음적인 분위기를 조성해 사역 전체에 영향을 줄 엄청난 기회를 얻은 셈이다. 제대로 된 예배는 복음에서 크게 벗어나는 법이 없다. 복음으로부터 영감을 받고 복음 때문에 하나님을 찬양한다.

찬양 인도자라면 중간에 하는 말과 선곡을 통해 가르칠 수 있다. 곡을 소개하면서 복음을 상기시키라. 우리에게 집중하는 노래보다 하나님을 찬양하는 곡을 택하라. 시편이 온갖 인간적 감정으로 가득하듯이, 우리의 감정을 노래하는 것도 괜찮다. 그러나 성경적인 예배는 우리의 감정을 하나님의 성품과 구원 사역에 연결한다. "새 노래로 여호와께 찬송하라! 그는 기이한 일을 행하사"(시 98:1)라는 말씀처럼 말이다.

사람의 기분을 띄우는 데 치중하고 예수님 생각은 나중으로 미루는 수법에 영합하기란 무서울 정도로 쉽다. 나도 정신 차리고 보니 그러고 있었던 경험이 있다. 아이들의 고조된 감정을 유지하거나 에너지를 분출하게 할 만한 곡으로 인도하는 것이다. 효과는 있었을지 모르지만, 내가 하는 말에도 내가 고른 곡에도 하나님 이야기가 전혀 없는 경우가 있었다. 특히 중고등부의 경우 찬양곡의 스타일이 모임의 정체성이 되어버리기 쉽다. 음악이 모임의 동력이자 집단의 정체성이 되는 것이다.

나도 음악을 참 좋아하지만 아이들에게 정말 필요한 것은 예수님이 그들의 정체성이 되시는 것이다. 사실 아이들은 우리가 복음을 건네주길 마음 깊이 갈망하고 있다. 몇 년 전 이것을 다시 한번 실감한 적이 있다. 그때 나는 한 시간짜리 중고등부 기도회를 인도해달라는 부탁을 받았다. 그런데 아이들은 한 시간 내내 함께 기도해본 적이 없어서 계속 주의를 집중하기 어려워했다. 그래서 시간이 절반쯤 지났을 때 찬양 순서를 넣기로 그 자리에서 결정했다. "잠시 쉬면서 찬양으로 기도를 올려드립시다."

주위를 둘러보니 찬양팀도 없고 자막을 띄울 장치도 없고 심지어 기타도 하나 없었다. 내가 너무 성급했나 싶기도 했다. 그런데 다행히도 그곳은 예배당이라서 찬송가 책이 비치되어 있었다. 나는 한 권 집어서 기도가 담긴 찬송가 한 곡을 골랐다. 가사가 예스럽긴 했지만 예수님의 인격과 역사를 깊이 있게 찬양하는 내용이었기에 아이들에게 그 곡의 장수를 불러줬다. 모두에게 찬송가 책을 나눠준 후 반주도 없이 5절까지 모두 불렀다.

우리의 노래는 엉망이었다. 투박하고 음정도 안 맞았다. 그런데 찬송이 끝나고 다시 고개 숙여 기도를 시작할 무렵 한 여자아이가 옆 친구에게 하는 말이 들렸다. "정말 좋았어. 찬송가를 불러본 것은 처음이야." 정말 좋았다고?

그저 참신해서 좋았던 것일 수도 있다. 청소년들이 새로운 스타일보다 전통적인 스타일을 즐기는 경우도 많다. 그러나 찬송가를 부른 시간이 '정말 좋았다고' 느낀 가장 큰 이유는 아마도 아이에게 그동안 익숙했던 귀를 즐겁게 하는 과시적 요소들이 없었기 때문일 것이다. 아름답게 작곡되어 겸손히 불린 이 곡은 단순히 예수님께 드리는 기도였다.

좋은 음악에, 활력 넘치는 인도자에, 재밌는 놀이까지 있는 신나는 행사를 준비하면 아이들이 예수님께 흥미를 느끼게 될 것이라는 말을 들을 때 나는 당혹스럽다. 정말 그럴까? 물론 다 좋은 것들이고 아이들이 흥미를 느끼기는 할 것이다. 음악에 대해, 인도자에 대해, 놀이에 대해 흥미를 느낄 것이다. 그러나 흥미의 대상이 '예수님'이기를 원한다면, 예수님을 보여줘야 하지 않을까?


## 복음인가, 술책인가?

어린이 프로그램에 놀이나 다른 흥미로운 활동을 넣는 경우가 많은데 이런 것도 신중하게 다뤄야 한다. 놀이 등의 활동은 모임에 끌어들이는 수단이고, 일단 들어온 후에 복음을 강조하면 된다고 생각하는가? 그렇다면 이 유인책 자체가 메시지를 주게 된다.

오해는 없길 바란다. 즐거운 활동은 예수님과 함께하는 삶에 잘 어울린다. 우리는 기쁨의 사람들이며 즐거움은 좋은 것이다. 특히 연령대가 높은 아이들은 교회의 다른 아이나 어른들과 사회적으로 어울릴 필요가 있다. 게다가 아직 예수님에 대해 흥미가 없는 새신자도 맞아야 하니 단순한 성경공부 이상으로 사역을 확대할 이유는 충분하다. 놀이 시간을 인도하고 있다면 일상적인 상황에서 그리스도의 사랑을 보여주고 그분에 관해 말해줄 기회가 많으니 아주 좋은 일이다.

그러나 나는 즐거운 사교 모임을 '주된' 유인책으로 삼아 아이들을 해당 사역 부서의 문턱 안으로 끌어들이는 것은 지혜롭지 못한 방법이라고 확신한다. 재미라는 수단으로 아이들의 흥미를 지속시키면서 복음을 조금씩 곁들여 먹여서는 안 된다. **예수님은 곁들여 내는 요리가 아니다.**

정글 탐험가나 우주 비행사 놀이를 하지 않고서는 아이들이 주일학교에 전혀 흥미를 느끼지 못한다거나, 놀이동산에서 하는 게임 없이는 중고등부 모임이 유지가 안 된다면 이미 실패한 것이다. 이런 술책이 은밀히 전달하는 메시지는 정글이나 우주 정거장이나 놀이동산이 예수님보다 흥미롭다는 것이다. 예수님이 정말로 이들보다 흥미로운 분이라면, 그분의 매력을 중점적으로 강조해야 하지 않을까?

예수님께서는 "나와 즐거운 시간을 보내자"며 사람들을 부르지 않으셨다. 물론 결국은 그분과 함께하는 것은 최고의 삶이 되지만 말이다. 그분은 달콤한 동지애를 나누자고 하지도 않으셨다. 물론 결국은 최고의 동지애를 누리게 되지만 말이다. 예수님은 사람들을 다른 무엇이 아닌 그분께로 부르셨다. 그의 제자가 되고 그의 나라를 섬기도록 부르셨다. 예수님은 복음을 선포하시며 "나를 따르라"고 말씀하셨다.

예수님이 우리의 가장 큰 기쁨이라는 사실을 솔직하게 드러낸다면 어떨까? 처음부터 예수님과 복음을 마주하는 자리로 아이들을 초청한다면, 그리하여 예수님이 주시는 기쁨과 자유의 자연스러운 결과로서 즐거운 시간도 보낸다면 어떨까? 위대한 구세주를 함께 섬긴 결과로 복된 관계가 형성된다면 어떨까? 둘의 차이는 눈에 잘 보이지 않지만, 둘이 은밀히 전하는 메시지로 모임의 분위기가 달라진다.

우리는 성령님께서 아이들 마음속에서 일하고 계시며 그들이 진실로 그리스도를 맛보기만 하면 하나님 나라에 영원히 사로잡히게 될 것을 믿어야 한다. 재미를 찾는 아이들을 만족시키려 하기보다는(종교적인 재미라도 마찬가지다), 세상이 줄 수 없는 것에 목마른 아이들에게 생명을 건네야 한다.

## 또 다른 가르침

다시 포도 이야기로 돌아가 보자. 내가 달란트 문제를 해결했다고 생각한 지도 여러 해가 지났다. 결국 주일학교 전체가 달란트를 보상이 아닌 선물로만 쓰자는 결정을 내렸다. 아이들의 탐심을 줄이는 차원에서 시장은 일 년에 한 번 성탄절에만 열기로 했다. 그렇게 하면 자기 물건을 사는 데 골몰하는 대신 타인을 위한 선물을 사라고 격려하기도 수월해진다.

그리고 나는 여전히 포도 이야기를 한다. 매년 시장이 열리기 전 주에 특별 수업으로 가르친다. 그 시간을 통해 우리가 종교적인 행위로 하나님의 인정을 얻어내는 것이 아님을 확실히 이해시킨다. 문제는 해결되었다. 그렇지 않은가?

그렇지가 않았다. 작년에 시장이 열리던 날이었다. 나는 내 모든 가르침과 설명을 다 들은 아이들이 달란트 받을 준비를 하면서 무엇을 살지 서로 이야기하는 것을 들었다. 아이들은 자랑을 하고 있었다. 모두 같은 액수를 받기 때문에 얼마나 가졌는지를 자랑할 수는 없었다.

대신 자신이 얼마나 관대한지를 자랑하면서 서로의 선함을 비교하고 있었다.

"나는 가족들 선물 사는 데 다 쓸 거야."

"네가 먹을 사탕을 산다고? 다른 사람에게 줄 선물을 사는 게 더 좋은 일이야. 나는 그렇게 할 거야."

소심한 여자아이 하나는 그 대화에 동참하는 대신 나를 옆으로 끌어내더니 미소를 지으면서 이렇게 속삭였다. "저도 다른 사람 선물 사는 데 다 쓸 거예요." 물론 나는 그 말을 믿었다. 그 아이에게는 정말로 너그러운 마음이 있었으니 주위에서 부담감을 조성하지 않았어도 선물을 샀을 것이다. 그래서 하마터면 그 귀여운 아이에게 참 착하다고, 네가 자랑스럽다고 말해줄 뻔했다. 그런데 문득 아이의 목적이 바로 그것이라는 생각이 들었다. 내게 인정받기를 원한 것이다. 남들이 자랑을 늘어놓으니 자기도 인정받고 싶어진 것이다.

나는 아이의 눈을 바라보며 조용히 말했다. "물론 선생님은 네가 이기적인 마음으로 물건을 마구 사기를 바라지는 않는단다. 하지만 선물에 돈을 다 썼다고 교만한 마음을 품는 것도 바라지 않아. 달란트는 네 마음대로 써도 돼. 너를 사랑하는 선생님 마음은 바뀌지 않을 거야. 하나님도 마찬가지고."

이렇게 말하고 나자 너무 나간 것은 아닌지 걱정이 되었다. 후하게 베푸는 것이 중요하지 않다는 말처럼 들린 건 아닐까? 그러나 지금 돌아봐도 상황에 적절하게 대처한 것 같다. 하나님의 은혜에 대해서는 그 정도로 철저해야 한다.

나는 반 아이들을 모두 불러모으고 이렇게 말했다. "왜 모두가 달란트를 똑같이 받는지 이유를 알고 있죠? 수업 시간에 얼마나 잘 배웠는지에 따라 하나님께 점수를 얻는 것이 아니기 때문이에요." 아이들이 고개를 끄덕였다. "그와 마찬가지로 이기심을 버렸기 때문에 점수를 얻는 것도 아니에요. 그러니까 남에게 선물을 준다는 이유로 교만해지지 않도록 주의하기로 해요. 하나님께서 여러분을 자녀로 맞아주시는 것은 예수님께서 선하시기 때문이에요. 여러분이 그분께 받아들여질 만큼 선해서가 아니에요. 하나님께도 다른 누구에게도, 여러분이 얼마나 이기적이지 않은지를 증명할 필요는 없어요."

그렇게 해서 몇 년 전 탐심을 직면했던 바로 그 교실에서, 이제는 자기 의에서 나온 교만을 두고 함께 기도하게 되었다. 시장이라는 행사가 우리 마음의 죄를 드러낸 것을 고백했다. 그러면서 이기적인 마음도 자랑하는 마음도 없이 물건을 사도록 도와달라고 하나님께 간구했다. 자기 물건을 샀다고 죄책감을 느끼는 사람이 없기를, 선물을 샀다고 우월감을 느끼는 사람도 없기를 기도했다. 누구를 위해 물건을 사든지 예수님만 신뢰하게 해달라고 기도했다.

좋은 소식인 복음(good news)은 절대로 철 지난 소식(old news)이 될 수 없다. 언제나 더 가르칠 것이 있다. 복음은 우리 영혼을 파고들어 점점 더 깊은 죄를 뿌리 뽑으면서 우리를 계속해서 변화시킨다.

이 일이 있고 난 뒤 우리는 시장에 참여해 즐거운 하루를 보냈다.

## 예상되는 질문

Q: 영적 행위에 대한 보상이 늘 나쁜 것인가요? 보상을 해주면 우리가 영적인 것을 중요하게 생각한다는 사실을 아이들이 배우지 않을까요?

A: 어느 정도 일리가 있는 말씀입니다. 말씀하신 이유로, 보상도 주의해서 활용한다면 때로는 유익할 수 있습니다. 복음적인 분위기를 형성하려면 우리가 맡은 아이들을 알아야 하고 그들이 어떤 면에서 예수님을 놓치고 있는지를 알아야 합니다. 아이에 따라 필요한 방법이 달라지기 때문입니다. 그래도 저는 일반적으로 보상이라는 방법을 추천하지 않습니다. 영적인 것이 중요하다고 가르치면 아이들이 종교적으로 행동할 수는 있겠지만, 저에게는 더 큰 목표가 있습니다. 저는 아이들에게 복음을 가르치고 싶은데요, 복음은 다음 두 가지를 말해줍니다. 1) 최고의 상은 물질적인 것이 아니라 영적인 것이다. 2) 종교적 행위로는 절대 그 상을 얻어낼 수도 없고 상을 받을 자격을 갖출 수도 없다.

우리가 어린이 사역에서 술책을 쓰고 있는 것은 아닌지 알아보는 한 가지 방법은 성인 사역에서 같은 방법을 사용한다면 어떤 생각이 들지 자문해보는 것입니다. 어른들이 개근하거나 성경 구절을 암송하거나 예배에 누군가를 데려왔다고 선물을 받는다면 어떨까요? 우리는 아마 반대할 것입니다. 그냥 유치해서가 아니라 하나님의 방법이 아니기 때문이라며 반대하겠죠. 그런 일들은 선물을 받기 위해서가 아니라 하나님을 사랑해서 해야 합니다.

Q: 학생들에게 교사의 죄를 고백하라고 말씀하셨습니다. 그것이 정말 지혜로운 일일까요?

A: 아이들과 나누기에 적절한 고백이어야 합니다. 주의할 점이 두 가지 있습니다. 1) 어떤 죄는 그 세세한 부분을 아주 신뢰하는 소수 외에는 누구와도 나누지 말아야 합니다. 또 아이들에게 말하는 것이 옳지 않거나 교사와 학생 관계에서 공유하기에 적절하지 않은 죄도 많습니다. 2) 교사가 자신에게 몰두하지 않도록 주의해야 합니다. 우리는 근심하며 자신을 바라봐서는 안 됩니다. 담대하게 예수님을 바라봐야 합니다.

이런 함정만 주의한다면 정직한 고백은 복음을 강력하게 전달합니다. 성과나 겉모습이 아닌 예수님이 우리의 소망이시기에, 두려움 없이 자유롭게 죄를 인정할 수 있다는 메시지를 전달합니다. 또한 예수님 때문에 그런 죄를 기꺼이 버리고 공개적으로 담대하게 회개할 수 있음을 보여줍니다.

## 즉시 실천하라

이 장에는 누구나 배울 만한 내용이 있으며 그것을 곧바로 활용할 수 있다. 지금 맡은 역할에 적용할 만한 내용을 선택하여 실천해보라.

**성경공부 반 봉사자의 경우**

앞에서 이야기한 복음적 환경의 네 가지 특징을 중심으로 자기 점검표
를 만들어보라. 점검표는 다음과 같은 모습일 것이다.

### 죄 인식하기

☐ 나는 교사와 아이들 모두 죄와 씨름하고 있음을 인정했다.

☐ 나는 자기 확신이 아니라 그리스도 안에서의 확신을 키워줬다.

### 은혜 인식하기

☐ 하나님께서 모든 것을 거저 주심을 기뻐하고 은혜의 본을 보
였다.

☐ 아이가 성장한 것이 눈에 띌 때 그 아이가 아닌 하나님께 공을
돌렸다.

### 마음에 집중하기

☐ 외적인 행위를 강요하기보다 마음의 태도를 다뤘다.

☐ 규칙을 어기는 아이, 규칙을 지키는 아이 모두 자신의 행위보다
예수님을 신뢰하도록 격려했다.

### 예수님을 기뻐하기

☐ 다른 무엇도 예수님보다 큰 즐거움을 준다는 듯 다루지 않았다.

☐ 기도와 예배와 성경을 통해 예수님과 연결되는 것에 가치를
뒀다.

매주 수업을 마친 후 점검표를 보면서 스스로 평가해보라. 이것을 수업 후의 습관으로 삼고 내가 어떤 분위기를 조성하고 있는지 끊임없이 인식하여 복음적 분위기를 형성하는 일에 더 능숙해지도록 하라.

## 부모의 경우

위 점검표를 가정에 적용해보라. 저녁때마다 점검표를 보며 그날 아이들과 어떻게 생활했는지 스스로를 평가해보라. 물론 전업 육아는 몹시 어려운 영적 노동이다. 매일 점검표를 보고 낙심하거나 그대로 살지 못한 것에 대해 정죄감을 느끼기도 쉽다. 따라서 점검표를 살펴봄과 동시에 하나님께로 시선을 돌리라. 자녀의 마음에 믿음을 키우는 결정적 요인이 내가 아닌 하나님이라는 것과, 반복되는 실패에도 불구하고 그가 나를 사랑하시고 사용하신다는 사실에 감사하라. 부모와 자녀 모두 예수님을 더욱 기뻐하도록 도와달라고 간구하라.

## 모든 사람의 경우

가끔 이런 질문을 통해 아이들과 내가 보내는 시간의 분위기를 시험해보라. "내가 너희에게 가장 원하는 것이 뭐라고 생각하니?" 아이들의 반응이 실망스러울 수도 있다. 복음을 강조하려고 아무리 노력했어도 아이들은 여전히 나의 주된 목표가 올바른 행동이나 성경 지식 전달이나 즐거움이라고 생각할 수도 있고, 다른 예상치 못한 대답이 나올 수도 있다. 아이들의 대답은 내가 변해야 함을 깨우쳐준다. 아이들은 내가 말한 것의 지극히 일부만 기억하는데, 그중 어떤 것이 기억에 남을까? 보통 내가 가장 열정적으로 말한 내용이 아이들의 기억에 남는다. 예수님을 최우선으로 여기도록 노력하라.

### 토의 인도자의 경우

이 장에서 소개한 바와 같이 복음이 우리에게 주는 네 가지인 감사, 확신, 소망, 위안과 연결된 토의 질문을 작성해보라. 대부분의 수업 내용은 이 네 범주 중 하나에 들어맞는다. 토의를 인도할 때 이 질문들을 기억한다면 복음을 활용한 질문을 최소한 한 가지는 확보해둔 셈이다.

### 찬양 인도자의 경우

평소에 사용하는 곡들을 살펴보라. 어느 곡이 복음을 전달하는가? 가사가 적힌 종이를 보면서 복음을 가장 잘 표현한 부분에 표시하는 것도 도움이 된다. 표시한 부분을 기억해뒀다가 다음에 그 곡으로 인도할 때 해당 진리를 짚어줄 수 있기 때문이다. 하나님이나 복음을 찬양하지 않는 곡이 있다면 찬양하는 곡으로의 대체를 고려해보라.

### 예배 인도자의 경우

본인이 인도하는 예배 시간이 고유한 스타일로 알려져 있다면 다음 인도 때는 바꿔보라. 장비를 많이 사용하는 예배라면 장비를 빼보라. 매우 동적인 예배라면 모두 가만히 있도록 해보라. 영구적으로 바꿀 필요는 없지만 기존의 틀을 깸으로써 우리의 기쁨이 **예배의 방식**이 아닌 **예배의 대상**에서 온다는 메시지를 전달할 수 있다. 그래서 변화를 시도하는 것이라고 아이들에게도 말해주라.

## 예배 안내원, 보조 교사, 멘토의 경우

다음 예배나 행사에서 섬길 준비를 할 때 구체적으로 한 아이를 떠올리고, 예수님이나 복음에 관한 짧은 말로 그 아이를 격려하기로 미리 마음먹으라. 매번 다른 아이를 선택해 반복하라. 여러분은 얼마 안 가 훌륭한 격려자가 되어 있을 것이다.

## 부모의 경우

부모도 격려자가 될 수 있다. 아이를 교회에 데려다줄 때마다 예수님에 관한 이야기를 해줄 수도 있고, 아이와 함께 수업 시간을 위해 기도할 수도 있다. 딱 한 마디 정도로 기도하거나 격려해도 좋다. 짧아도 강력한 메시지를 전할 수 있다. 그리고 부모도 이 장에 나온 토의 질문들을 가까이하면 좋다. 집으로 돌아오면서 수업 시간에 배운 내용을 물어볼 때 좋은 주제로 활용할 수 있다.

기쁨의 기름은

주로 깨어진 심령에 부어진다.

-토마스 왓슨[1]

## 9장

# 죄와 나쁜 노래와의 전쟁

삶의 모든 영역에 복음을 적용하라

친구들에게 새로운 소식은 없는지 살펴보면서 컴퓨터 앞에서 빈둥거리고 있을 때였다. 작은 상자가 깜빡이며 개인 메시지가 도착했음을 알렸다. 메시지가 왔네? 누가 보냈는지 확인하려고 클릭해보니 십 대 학생인 알렉스에게 온 메시지였다.

알렉스의 소식을 듣게 되어 기뻤다. 가르친 지는 몇 년이 지났지만 그는 훌륭한 학생이었다. 복음을 좋아했으며 내게 계속 말을 거는 아이 중 하나였다. 교회에서 종종 대화를 나누기도 했다. 그는 나에게 마음 나누는 것을 편하게 생각하는 듯했고 나도 격려해주려고 노력했다. 한 번 제자는 영원한 제자이지 않은가?

사생활 보호를 위해 그대로 옮기지는 않겠지만, 아이가 보낸 메시지는 대략 다음과 같았다.

안녕하세요, 클럼펜하우어 선생님!

선생님은 나쁜 음악을 트는 파티를 어떻게 생각하시나요? 어젯밤이 즐겁긴 했지만 지금 생각해보니 죄를 지은 것 같아서요. 아무도 술을 마시지는 않았지만 몇 명이 섹스와 마약에 관한 노래를 부르고 그 음악에 맞춰 춤을 췄는데, 저도 그렇게 했고 그게 즐거웠어요. 그런데 지금은 죄책감이 들어요. 제가 하나님께 죄를 지은 걸까요? 아니면 지나치게 자책하고 있는 걸까요?

알렉스는 자신이 춤을 춘 노래 제목을 언급하면서 다시 한번 그것이 얼마나 즐거웠는지와 그 후 죄책감이 얼마나 심했는지를 말해줬다. 나는 그 노래를 몰라서 가사를 찾아봤다. 과연, 건전한 노래는 아니었다. 뭐라고 말해줘야 할까?

## 관계를 바탕으로 한 사역을 넘어

내가 알렉스에게 해준 답변을 살펴보기 전에 한 가지를 짚고 넘어가야겠다. 우리는 매주 수업을 하는 한 시간이나 가정 예배 시간 동안만 가르치는 것이 아니다. 계획된 시간 외에도 쉬지 않고 가르친다. 우리가 하는 모든 일과 아이와의 모든 상호작용을 통해 무언가를 가르치게 된다.

부모들이 가장 잘 안다. 아이와 함께 생활하며 배운 것을 함께 적용할 때 가르친 내용이 실제가 된다. 그래서 아이에게 성경을 가르치는 것만큼이나 함께 시간을 보내는 것도 중요하다. 교회, 성경 프로그램, 수련회, 기타 기독교 단체를 섬기는 이들은 아이는 물론 그의 가족과도 시간을 보낼 수 있다. 많은 교회에서 이것을 '관계를 바탕으로 한 사역'이라고 부른다. 이것도 좋은 표현이다. 예수님께서 이보다 더 강력한 표현을 썼음을 인정하기만 한다면 말이다.

예수님께서 제자들에게 최종적으로 말씀하신 필수 명령 중 하나는 이것이다. "새 계명을 너희에게 주노니 서로 사랑하라. 내가 너희를 사랑한 것 같이 너희도 서로 사랑하라. 너희가 서로 사랑하면 이로써 모든 사람이 너희가 내 제자인 줄 알리라"(요 13:34-35). 예수님은 자기 백성을 '사랑을 바탕으로 한 인생'으로 부르셨다. '관계를 바탕으로 한 사역'에서의 우정과 환대는 최소한의 기본이다. 예수님께서 우리에게 그분과 함께하는 삶을 주셨다면, 우리도 다른 이들과 함께하는 삶을 살아야 한다.

기독교 공동체는 일반적인 상황에서는 서로 어울리지 못할 사람들이 그리스도 안에서 깊은 관계를 형성하는 집단이다. 그들은 서로 음식과 집과 소유를 나눈다. 서로 죄를 고백하고 짐도 나눠진다. 사실 교회에서 실제로는 이런 일이 쉽지 않은 경우가 많은데, 사람들이 다 고립되어 있기 때문이다. 그런데 고립된 사람들을 주일학교나 중고등부에서 연결해줄 때가 많다. 따라서 교사는 교회 공동체 안으로 사람들을 맞아들일 수 있는 아주 독특한 위치에 있다. 교회에는 그렇게 해줄 교사가 필요하다.

우리는 이런 역할을 통해 아이의 생활에도 영향을 줄 수 있다. 수줍은 성격인 나에게는 어려운 일이었지만, 나도 아내의 도움을 받아 다른 가족들을 집으로 초대해가면서 참되고 지속적인 우정을 쌓았다. 보통 계속 연락을 주고받는 아이들은 그런 가정의 자녀다. 이런 경우 교실 안에서 배운 것을 적용하는 장소인 교실 밖에서도 아이들의 믿음과 회개를 도울 수 있다.

알렉스도 그런 아이 중 하나였다. 아이의 부모님이 나를 알았고, 내가 아이의 생활에 함께해주기를 원했다. 그리고 아이는 자기 죄에 관한 이야기를 나눌 만큼 나를 신뢰했다.

# 무엇을 대적해야 하는가?

내가 알렉스에게 하지 않도록 주의해야 하는 이야기가 있었다. 첫째로 "그 정도는 괜찮다"고 말하는 것은 소용이 없다. 예수님의 제자에게 이것은 잘못된 태도다. 그렇다고 단순히 "이런 죄를 짓지 말라"고 하는 것도 안 된다. 도덕적 교화와 그리스도인의 성장은 다르다. 알렉스는 행위가 옳은지 그른지 판단해주기를 바랐지만 나는 규칙보다 깊이 있는 답을 줘야 했다.

둘째로 "나는 지나치게 자책하고 있는 것일 뿐 죄를 다루지 않아도 된다"고 생각하는 것은 잘못된 사고방식이다. 하나님의 기준에 도달하려고 노력하는 알렉스 같은 아이가, 죄를 짓고도 신경 쓰지 않는 아이보다 한참 앞서 보이는 것은 사실이다. 그러나 하나님을 위해 잘하려고 애쓰는 것이나 아니면 하나님을 무시하는 것이나 둘 다 예수님을 피해 가는 방법이기는 마찬가지다. "알렉스, 네가 하나님의 비위를 잘 맞추지 못해 자책하는 것을 보니 너는 괜찮아"라고 말해줄 수는 없다. 평범한 아이들보다 올바르게 행동했다고 칭찬해줄 수도 없다. 물론 그보다 심각한 파티에 가는 아이들도 있다. 그러나 알렉스도 최소한 조금은 죄를 지었을 것이다. 다른 죄에 비해 심하지 않았다고 해도(그렇다는 보장도 없지만) 그에 만족해서는 안 된다. 아이가 양심에 불편함을 느낀 것은 좋은 일이고 나는 거기에 귀를 기울이라고 권면해야 했다.

변화도 복음에 포함된다는 사실을 기억하라. 우리는 우리 삶 속의 죄에 대한 성령님의 싸움에 동참하여 치열하게 싸워야 한다. 그렇다.

그리스도인은 하나님과 화평한 관계를 누린다. 그런데 이것은 우리가 죄와 전쟁을 치르고 있다는 뜻이기도 하다. 죄에 맞선 우리의 전쟁은 회개라고 불리며, 이것도 하나님의 은혜다. 믿는 사람도 여전히 죄를 지을 뿐 아니라 때로는 심각한 죄도 짓는다. 그러나 예수님의 이름을 지니고 인생의 새로운 방향을 얻어 점점 더 그분처럼 행하기로 택할 수 있으니 이 얼마나 복된 일인가!

알렉스는 자신에 대해 지나치게 엄격한 것이 아니었다. 죄와 싸운다는 것은 올바른 생각이었다. 문제는 죄와의 전쟁이 마치 하나님과의 전쟁처럼 느껴졌다는 데 있다. 그는 파티에서 덜 음란하게 행동했어야 한다는 것은 알았지만 뉘우치는 마음이 들기보다는 하나님께 정죄 받는다고 느꼈다. 더 바르게 행동하여 자신의 가치를 증명하고 싶었으나 그러기엔 죄가 너무 즐거웠다. 속으로는 면죄부를 바라면서도 하나님께 잘 보이려고 애쓰려니 답답했다. 한편 이런 불안감을 느낀다는 것도 뭔가 잘못된 것 같았다.

알렉스는 죄와 싸우되, '하나님을 위해서' 이기려고 애쓰는 대신 '하나님과 함께' 싸워야 했다. 죄를 미워하되 점수를 따려는 마음은 버려야 했다. 그에게는 복음이 필요했다.

## 알렉스에게 해준 이야기

성경은 경건한 행동을 일으키기 위해 여러 방법을 사용한다. 그 예로 위안과 약속이 있고, 경고, 명령, 예시도 있다. 현명한 교사는 학생을 잘 파악하고 있어서 그중 어느 방법을 써야 할지 안다. 또한 아이가 죄에서 비롯된 엄숙한 결과를 인정해야 하는 순간도 알고 있다.

아이들이 마주하는 다양한 싸움에 대해 어떻게 충고해줘야 하는지를 빠짐없이 알려줄 수는 없다. 나는 그런 자격을 갖추지 못했다. 내가 하고 싶은 말은 그저 죄에 관해 이야기하면서 무슨 말을 하든지 복음을 빼먹어서는 안 된다는 것이다. 아이가 이미 복음에 기초를 두고 있다고 넘겨짚지 말고 확실히 각인시켜야 한다.

죄와의 전쟁은 홀로 치르는 것이 아니다. 대장 되신 주님과 함께 참전하는 것이다. 그러므로 아이들은 주님이 그들의 대적이 아니라 그들과 같은 편임을 알고 신뢰해야 한다. 바울은 자신이 전하는 메시지를 "하나님께 대한 회개와 우리 주 예수 그리스도께 대한 믿음"으로 요약했다(행 20:21). 하나님을 위한 삶은 회개가 믿음과 긴밀히 결합된 삶이다.

이런 생각을 가지고 내가 알렉스에게 해준 이야기는 무엇이었을까? 다음과 같은 내용이었다.

알렉스에게,

안녕, 소식을 듣게 되니 정말 좋구나. 네게서 메시지를 받고 너무 반갑더라.

네가 듣는 음악이나 친구들과 하는 행동을 비롯한 삶의 방식으로 하나님을 높이기 원한다는 것이 정말 기쁘다. 우리는 삶의 모든 영역을 점검하고 항상 예수님에 대한 믿음에 합당하게 살아야 한단다. 이런 질문을 해줘서 고맙고 부모님과도 대화하고 있기를 바란다. 부모님께서도 어떻게 하나님을 높일 수 있는지 알아가는 데 도움을 주실 수 있을 테니까.

아마 너의 행동에는 어느 정도 죄가 있었을 거야. 죄를 지은 것인지 의심이 들 때는 보통 그 느낌이 맞거든. 그렇다면 왜 너의 행동이 그토록 즐거웠는지 한번 생각해보길 바라. 어떤 종류의 이기심이 근본적인 원인이었을까? 원래 예수님께 받아야 하는 것 중 무엇을 얻고 있다고 느낀 것일까? 그것을 찾아 회개하렴. 하나님께서 죄와 싸우는 데 필요한 힘을 주실 거야.

그러면서도 이것을 반드시 기억하렴. 다음번에 잘한다고 해서 하나님이 너를 더 좋아하시는 것도 아니고, 그보다 더한 죄를 짓는다고 너에게 더 짜증을 내시는 것도 아니야. 너의 노력을 통해 하나님의 기준에 도달할 수 있다는 모든 소망을 버려야 해. 대신 예수님을 신뢰해야 한단다.

너에 대한 하나님의 감정이 네가 파티에서 춘 춤이나, 거기서 나온 음악이나, 너의 다른 어떤 행동에 달려 있다는 생각은 절대 하지 마. 너에 대한 하나님의 감정은 예수님께 달려 있어. 예수님과 연합했다면 너는 하나님께서 지극히 사랑하시는 자녀야.

즉 하나님과 너는 언제나 같은 편이라는 거야. 심지어 네가 죄를 지어도 그분은 등 돌리지 않으셔. 그러니까 너의 죄가 하나님 아버지와의 관계를 상하게 했다면 그분께로 돌아가면 돼. 죄송하다고 이야기해. 용서해주신 것을 기뻐해. 기도하고 예배하며 그분의 위안을 누려.

하나님 아버지와 가까워지면 죄를 진심으로 슬퍼하게 되고, 다음번에 죄와 더 잘 싸우는 데도 도움이 돼. 하지만 설사 다음번에 더 잘 싸우지 못해도(성화는 우리 생각만큼 빠르게 이뤄지는 경우가 거의 없어) 계속해서 다시 그분께로 돌아가렴. 계속해서 예수님을 신뢰하렴. 그것이 하나님의 자녀가 늘 행하는 가장 중요한 일이고, 우리가 할 수 있는 최고의 일이야.

하나님께는 너의 죄를 몰아내실 능력과 그렇게 하시겠다는 굳은 결의가 있어. 또한 그분은 죄에도 불구하고 너를 사랑하셔. 그러니까 먼저 죄와 싸워야 하나님께 다가갈 수 있다고 생각하지 마. 오히려 하나님께 다가가야 죄와 싸울 수 있어.

너를 위해 기도할게. 선생님을 위해서도 기도해줘. 나도 너처럼 즐겁다는 이유로 해서는 안 되는 일을 하면서 죄를 짓기도 하거든. 우리가 함께 예수님을 더 신뢰하고 사랑하는 법을 배워갈 수 있다고 확신해. 그 럴수록 죄를 미워하는 것이 더 쉬워질 거야. 하나님께서 우리 안에서 이 일을 이뤄주실 거야.

한번 만나서 이야기도 하고 기도도 하자. 그러면 좋을 것 같아.


자, 어떻게 생각하는가? 내용에 관한 의견을 듣기 전에, 내가 결국 일을 그르치고 말았다는 사실을 알려야겠다. 메시지에는 만나서 이야기하고 기도도 하자고 했지만, 실천에 옮기지 못했다. 교회에서 알렉스를 만나 예의 바른 대화를 나누기는 했으나 내가 너무 긴장하는 바람에 따로 약속을 잡지는 못했다. 신중하게 좋은 내용의 답장을 썼지만 결국 나의 수줍음과 두려움에 굴복하고 말았다. 진지한 대화와 기도가 어색할 것 같다는 생각이 들었고, 다시 그 화제를 꺼내기가 너무 두려웠다. 그래서 좋은 기회를 놓쳤다.

나의 그릇된 예로부터 배우길 바란다. 용기를 가지고 하나님을 신뢰하라. 부모들이여, 자녀의 영혼을 뒤쫓으라. 교사들이여, 좋은 기회가 왔다면 아이와 그의 가족을 뒤쫓으라. 나 같은 겁쟁이가 되지 말라.

그래도 알렉스에게 보낸 나의 메시지는 어느 정도 유익했다. 알렉스는 답장에 감사를 표했고 정말 고마워하는 것으로 보였다. 또 나는 그 이후로 여러 해 동안, 죄와 싸우는 아이에게 무슨 말을 할지 기억해야 할 때마다 그 메시지를 다시 읽어봤다. 여기에는 죄와의 싸움에 필요한 네 가지 원리가 들어 있어서 나는 항상 그것을 기억하려고 노력한다. 어떤 원리인지 살펴보자.

## 죄와의 싸움에 필요한 네 가지 원리

### 원리1: 예수님 안에서의 정체성에 집중하라

사람들은 행동방식을 바꿔야겠다고 생각할 때 대부분 이미 하고 있는 행위에서 출발해 그것을 어떻게 개선할지를 생각한다. 하지만 그리스도인의 사고방식은 달라야 한다. 우리의 출발점은 예수님이다. 따라서 최초의 행동이 아닌 예수님이라는 기초 위에서 시작해야 한다.

직관에 반하는 일일 수도 있겠지만 믿음이 있는 아이들의 행동을 바꾸려면 오히려 행동에 집중을 덜 해야 한다. 우선 **자신이 누구인지**를 기억하게 해야 한다. 그들은 예수님과 연합한 존재다.

나는 가끔 아이들의 마음을 알아보려고 이렇게 묻는다. "오늘 하나님께서 너를 어떻게 생각하시는지 상상해보렴. 너를 바라보는 그분은 어떤 표정일까?"[2]

아이들은 거의 항상 이런 질문을 그 순간 본인이 하나님의 요구대로 잘하고 있는지 묻는 것으로 받아들인다. 그래서 감히 하나님 눈에 '상당히 좋음' 이상일 것이라고 스스로 평가하는 아이는 거의 없다. 오히려 하나님께서 실망하셨을 것이라고 말하는 아이가 많다. 이는 하나님에 대한 성과 중심적 사고를 보여준다. 자신이 하나님의 기준을 충족할 만큼 선하거나, 하나님의 거룩하심이 좀 느슨해서 어떻게라도 기준에 부합할 수 있기를 바라는 것이다. 그야말로 어리석은 생각이다.

나는 아이들에게 이렇게 말해주곤 한다. 우리가 하나님의 기준을 충족할 만큼 선해질 방법은 전혀 없지만, 예수님께 속해 있기만 하다면 하나님께서 우리를 생각하실 때마다 환하게 웃으신다고 말이다. 우리는 의롭다고 여김을 받았고 하나부터 열까지 용서받았다. 우리는 하나님의 자녀이며 하나님은 우리를 돌보시고 쓸 것을 공급하시고 우리를 위해 목숨까지 바치셨다.

나는 예수님과의 친밀함을 강조한다. 그분이 멀리 계셔서 우리가 먼 곳으로부터의 축복을 받은 것이 아니다. 신부가 신랑과 결합하듯 우리도 그분과 결합한 상태다. 그분이 권리와 특권과 접근권을 누리는 대상에 대해서는 우리에게도 같은 권리가 있다. "[우리는] 성도들과 동일한 시민이요 하나님의 권속이라"(엡 2:19).

마귀는 이런 말에 이의 제기하기를 아주 좋아한다. 아이들의 죄를 지적하며, 그들에게만큼은 하나님의 약속이 사실일 수 없다고 설득하려 든다. 그러나 마귀는 거짓말쟁이다.

아이의 양심은 그가 모든 계명을 어겼다고 말하고, 아이의 마음은 자꾸만 악에 끌릴 수 있다. 그러나 하나님 말씀에 따르면 믿음으로 예수님을 붙들어서 효과가 없는 경우는 없다. 예수님에 대한 믿음은 반복되는 잘못도 이긴다.

우리가 그렇게 똑같은 잘못을 반복하고 회개하는데도 하나님께서 반복해서 용서해주시고 우리를 참아주신다는 사실은 믿기가 정말 어렵다. 계속되는 실패를 인정하기 좋아하는 사람도 없다. 그래서 아이들은 포기하곤 한다. 특정한 죄를 고백하고 그것과 싸우기를 중단한다. 그러나 반복된 회개는 전혀 수치스러운 일이 아니다. 오히려 예수님과 십자가를 높이는 거룩한 행위다. 그분의 보혈은 반복된 죄를 덮을 만큼 강력하다.[3] "이제는 전에 멀리 있던 너희가 그리스도 예수 안에서 그리스도의 피로 가까워졌느니라"(엡 2:13).

알렉스는 그리스도의 보혈 안에서 확신하는 법을 배워야 했다. 그의 신앙생활은 하나님의 화를 돋우지 않으려는 끊임없는 몸부림이었다. 아이는 자신을 거룩해지려고 애쓰는 죄인으로 봤다. '죄인'이 그의 정체성이고 '거룩'은 언젠가 이르길 원하는 상태였다.

그러나 성경은 우리를 "함께 하늘의 부르심을 받은 거룩한 형제들"이라고 부른다(히 3:1). '거룩'은 예수님 안에 있는 오늘 우리의 정체성이고 '죄인'은 참된 자아로부터 이탈된 우리의 일부일 뿐이다. 죄는 회개의 대상일 뿐 우리를 정의하지 않는다. 바울은 우리에게 이렇게 말했다. "너희 자신을 죄에 대하여는 죽은 자요, 그리스도 예수 안에서 하나님께 대하여는 살아 있는 자로 여길지어다"(롬 6:11). 죄가 항상 죽은 것처럼 느껴지지는 않기 때문에, 나는 아이들에게 항상 진리를 생각하라고 권면한다. "너희는 거룩한 사람이야. 거룩한 사람답게 행동하도록 하렴. 하나님께서 이미 너희에게 생명을 주셔서 여러 가지 방법으로 순종할 수 있게 해주신 것을 찬송하렴. 그리고 지금보다도 더 성장하게 하실 것을 신뢰하렴."

지난 장에서 살펴본 복음이 일상 행위에 영향을 주는 네 가지 방식은 여기서도 활용할 수 있다.

- **감사**: 하나님에 대한 아이의 마음이 냉담한가? 아버지 하나님이 예수님 안에서 아이를 얼마나 사랑하시는지 가르쳐주라. 아이가 **기꺼이** 순종할 수 있도록 도우라.
- **확신**: 아이가 좀처럼 나아지지 않는 자신의 모습에 낙담하고 있는가? 성령께서 능력을 주신다는 사실을 알려주라. 아무리 어려운 죄라도 **담대히** 맞서 싸울 수 있게 도우라.
- **소망**: 아이가 과연 죄를 포기할 만한 가치가 있는지 의심하고 있는가? 그리스도 안에 있는 하나님의 약속을 믿도록 강력히 권면하라. 하나님을 섬기는 일에 **열의를 품도록** 도우라.
- **위안**: 아이가 하나님께서 자신에게 화가 나 있을까 봐 염려하는가? 아이의 의가 예수님으로부터 나오는 것이 확실함을 알려주라. 하나님의 명령을 **두려워하지 않게** 도우라.

## 원리2: 수면 아래로 들어가라

아이들은 하나님이 자기 죄를 찾으려고 혈안이 되어 있지 않음을 확신하고 나서야, 자신의 죄를 완전히 솔직하게 돌아볼 수 있다. 아직 불안한 아이들은 준비가 안 된 것이다. 깊은 죄를 다루려고 하면 방어적인 태도를 보일 것이다. 편안하고 평계를 찾기 쉬운 수면 위에 머물기를 원할 것이다. 예수님 안에서 안전함을 확신하는 아이만이, 죄를 사랑하는 자신의 일부이자 내면의 추악함에 관한 이야기를 들으려 할 것이다.

서지에서 우리는 죄가 상어와 같다고 이야기한다.[4] 상어가 수영할 때 우리에게 보이는 것은 수면 위로 올라온 지느러미뿐이다. 그러나 상어를 사냥해 죽이려고 할 때 지느러미를 조준해서는 큰 해를 입힐 수 없다. 지느러미 밑 상어의 몸통이 있는 곳, 즉 수면 아래를 노려야 한다.

죄도 마찬가지다. 거짓말, 분노의 폭발, 욕심 사나운 행동 등 눈에 보이는 죄는 표면적인 것에 불과하다. 그 원인인 진짜 괴물은 수면 아래에 숨어 있다. 아이들의 표면적인 죄를 눈에 덜 띄게 하거나 덜 빈번하게 하는 정도에 만족하면 절대 안 된다.

상어의 예는 대단히 효과적이어서 나는 그것을 그림으로 표현하여 수면 아래로 들어가는 과정을 아이들과 함께 단계별로 살펴보기 시작했다. 먼저 눈에 보이는 분명한 죄에서 시작했다. 알렉스를 예로 든다면 그의 표면적인 죄는 친구들과 함께 음란한 음악을 즐긴 것이었다. 따라서 그림 속 상어의 지느러미 옆에 그렇게 적는다.

**눈에 보이는 표면적인 죄**
친구들과 함께 나쁜 노래를 즐긴 것

다음으로 수면 아래를 들여다보자. 알렉스는 자신의 죄가 그저 "음란하게 행동하지 말라"는 규칙을 어긴 것이 아님을 깨달아야 했다. 그의 마음속 무언가가 하나님을 대적하여 그런 죄를 낳았음을 알아야 했다. 그것은 우상숭배였을 수 있다. 기분을 좋게 해주는, 삶에서 예수님보다 우선인 무언가를 향한 이기적인 욕망 말이다. 알렉스는 구체적으로 어떤 우상이 자신을 음란한 노래로 이끌었는지 말해주지 않았지만, 그것이 외설적인 곡에서 느껴지는 흥분이었다고 가정해보자. 그는 예수님보다 그런 흥분을 더 사랑한 것이다. 그 이기적 욕망이 무엇이든, 수면 아래 있는 상어 옆에 적으면 된다.

**눈에 보이는 표면적인 죄**
친구들과 함께 나쁜 노래를 즐긴 것

**수면 아래 있는 이기적 욕망**
성적 흥분

아이가 자신의 이기적 '욕망'을 정확히 집어내지는 못한다 해도 이기적 '두려움'을 발견하는 것은 좀 더 수월할 수 있다. 아이는 자신이 안전하거나 중요하다고 느끼게 해주는 무언가를 잃어버릴까 봐 두려운 것일 수 있다. 알렉스도 성적 유혹에 빠진 것이 아니고, 친구들처럼 행동하지 않으면 그들이 자신을 좋아하지 않을까 봐 두려웠을 수 있다. 그런 경우라면 상어 옆에 그렇게 쓰면 된다.

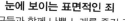

**눈에 보이는 표면적인 죄**
친구들과 함께 나쁜 노래를 즐긴 것

**수면 아래 있는 이기적 두려움**
친구들이 나를 좋아하지 않거나
받아들이지 않을 것에 대한 두려움

이제 가장 깊은 곳으로 들어간다. 이기적 욕망과 이기적 두려움은 모두 예수님께서 우리에게 주시는 것에 대한 복음을 온전히 믿지 못해서 생긴다. 알렉스는 왜 외설적 가사에서 흥분을 얻으려 했을까? 예수님과의 친밀감이 더 흥분되는 것임을 온전히 믿지 못했기 때문이다. 그는 "마음이 청결한 자가 하나님을 본다는 것"도 마음 깊이 믿지 못했다.

그게 아니라면, 왜 친구들이 자신을 탐탁지 않게 여길까 봐 두려워했을까? 예수님께서 이미 세상에서 가장 좋은 친구로 옆에 계신다는 것과 하나님께 완전히 인정받았다는 것을 온전히 믿지 못했기 때문이다. 그것을 믿었다면 음란한 친구들에게 인정받아야 한다고 느끼지 않았으리라. 이 예를 가지고 상어 도해를 마무리하겠다. **예수님을 믿지 못하는 것이 가장 깊은 수준의 죄다.** 이것은 맨 밑바닥에 닿아 있다.

**눈에 보이는 표면적인 죄**
친구들과 함께 나쁜 노래를 즐긴 것

**수면 아래 있는 이기적 두려움**
친구들이 나를 좋아하지 않거나
받아들이지 않을 것에 대한 두려움

**믿지 않는 것**
예수님이 내가 얻을 수 있는 최고의 친구라는 것
예수님께서 하나님께도 인정받게 해주신다는 것

이것은 모든 표면적 죄에 적용할 수 있다.

- 아이가 다른 아이들을 놀리는가? 그런 아이는 인기 있는 무리의 일원이 되는 것을 우상으로 삼았을 수 있다. 하지만 하나님 가족의 일원인 것이야말로 자신이 바랄 수 있는 가장 큰 영광임을 믿어야 한다.

- 아이가 매번 가장 큰 피자 조각을 집는가? 그런 아이에게는 이 세상 것들에 대한 탐욕이 있을 수 있다. 하지만 하늘에 쌓인 보물이 그리스도 안에서 확실히 자기 소유임을 믿어야 한다.

- 다른 아이에 대한 험담을 늘어놓는가? 야한 옷을 입는가? 그런 아이는 자신감이 부족하고 다른 아이들이 받는 관심이 부러운 것일 수 있다. 하지만 예수님의 아버지가 자기 아버지 되시며, 그분의 온전한 사랑을 받고 있음을 믿어야 한다.

- 승부에서 졌다고 화를 내는가? 그런 아이는 세상에서 일등이 되는 것을 숭배하는 상태일 수 있다. 하지만 이제는 그리스도와

함께 부활하여 하늘나라에서 그분과 함께 앉게 되었음을 믿어야 한다.

- **부모님께 거짓말을 하는가?** 그런 아이는 누가 지적하는 것을 견디지 못하는 것일 수 있다. 하지만 집에서 아무리 큰 실수를 해도 예수님 안에서 의롭다고 여겨진다는 사실을 믿어야 한다. 아니면 다른 죄를 숨기고 있을 수도 있다. 그런 아이는 하나님께서 자기 삶에 허락하시는 훈육이 사랑에서 나오는 것이며 자기에게 유익함을 믿어야 한다.

나는 아이가 믿지 못함을 지적할 때 그저 혼나고 있다고 느끼지 않도록 부드럽게 말하려고 노력한다. 그러나 표면적인 죄보다 깊은 죄를 다루는 것은 정말 중요하다. 그러지 않으면 얼마간은 죄를 억누를 수 있겠지만 결국 이전의 행동으로 돌아가기 마련이다. 상어가 여전히 그곳에 자리하고 있기 때문이다.

### 원리3: 성령을 의지하라

죄와의 전투에서 믿음은 대단히 중요하다. 아무리 애를 써도 결국 믿는 만큼만 앞으로 나아갈 수 있기 때문이다. 아이를 변화시키시는 분은 성령님이다. 그리스도인의 삶이 시작될 때 거듭나게 하시는 것도 성령님이고, 이후 계속해서 거룩하게 하시는 것도 그분이다. 예수님께서는 이렇게 말씀하셨다. "나를 떠나서는 너희가 아무것도 할 수 없음이라"(요 15:5). 바울은 이렇게 썼다. "이제는 내가 사는 것이 아니요, 오직 내 안에 그리스도께서 사시는 것이라"(갈 2:20). 앞에서 말한 알렉스가 깨달아야 했던 것은, 자기 안에는 죄를 이길 힘이 없으나 하나님의 자녀로서는 무한한 능력이 있다는 사실이다.

물론 알렉스는 납작 엎드려서 특정한 자리를 최대한 피하기로 할 수도 있었다. 실제로 그렇게 하는 아이도 많으며, 그것이 얼마 동안은 좀 통할 수 있다. 믿지 않는 사람도 조금 더 도덕적으로 행동할 수는 있다. 그러나 자기 힘으로 '거룩'해질 수는 없다. 그것은 누구에게도 불가능하다.

나는 알렉스가 '하나님'의 능력으로 죄와 담대히 싸우기를 바랐다. 하나님께서 알렉스의 중심을 변화시켜주시기 때문이다. 자기 자신을 의존하는 태도는 이런 성장의 적이다. 우리의 의지력도 방해가 된다. 하나님께 순종하는 능력을 키우는 것으로는 충분하지 않다. 알렉스는 자기 능력 너머를 바라봐야 했다. 그를 내적·외적으로 거룩하게 하실 능력과 애정 어린 열망이 있는 성령님을 신뢰해야 했다. 그런 신뢰가 부적절한 경우는 없다. 그래서 바울은 이렇게 가르친다. "너희는 성령을 따라 행하라. 그리하면 육체의 욕심을 이루지 아니하리라"(갈 5:16).

이처럼 아이가 해야 할 가장 중요한 일이 성령을 신뢰하는 것이라면 그것을 어떻게 권면할 수 있을까? 신뢰는 어떤 모습이며, 신뢰하기 위해 어떤 노력을 할 수 있는가?

답은 끈질기게 하나님을 구하는 것이다. 하나님께서 신자의 삶에서 죄를 몰아내고 성장을 일으키기 위해 일반적으로 사용하시는 도구에 연결되도록 훈련을 할 수도 있다. 일반적인 성령의 도구는 1) 하나님의 말씀과 2) 기도다.

아이들이 하나님의 말씀과 연결되게 하려면 성경 읽기를 권면해야 한다. '성령을 따르는 것'이 더 좋아서 성경공부에 별로 관심이 없다고 말하는 사람들이 있는데, 성경을 쓰신 분이 성령님이다. 아이가 삶을 말씀에 복종시키고 복음을 받아들이기 위해 성경을 읽는다면, **그것이 성령을 따르는 것이다.** 자기 생각을 사로잡아 성령님의 말씀에 복종하게 함으로써 하나님 안에서 살아갈 자유를 얻는 것이다.

또한 하나님께 부름 받은 사역자의 설교를 통해 하나님의 말씀을 들을 수 있다. 성찬과 세례 같은 성례를 통해서도 말씀을 보고 느끼고 맛볼 수 있다. 그러므로 아이들이 교회 예배에 나오도록 권면해야 한다. 아이들은 하나님께서 일하시리라 신뢰하고 기대하면서 믿음으로 나아가야 한다.

두 번째 도구인 기도는 하나님을 의지하는 신자의 가장 기본적인 행위다. 우리는 아이들과 함께 기도하고, 기도하고, 또 기도해야 한다. 다른 사람들과 함께 기도하고 혼자 기도하도록 가르쳐야 하며, 쉬지 않고 기도하라고 가르쳐야 한다. 기도는 복음을 가르치는 일에도 지극히 중대한 사안이므로 다음 장에서 집중적으로 다루겠다.

나는 기도와 성경 읽기와 교회 출석을 대단히 강조하는 편이기 때문에 아이들에게 여기에 관한 경고도 두 가지를 덧붙인다. 여러분도 이것을 염두에 둬야 한다.

**성령의 도구는 마법이 아니다.** 기도와 성경 구절 암송을 반복하기만 하면 영적인 마법 가루라도 나오는 양, 약 처방하듯이 접근하면 안된다. 성령의 도구가 효과가 있는 것은 아이들이 그것을 통해 인격이신 성령님과 사귈 수 있기 때문이다. 아이들은 마음으로 그분을 만나야 한다. 하나님의 도구가 아닌, 하나님이 능력의 근원이시다.

**성령의 도구는 하나님과의 거래를 위한 것이 아니다.** 이런 훈련을 엄청나게 강조하는 것은 옳지만 주의가 필요하다. 아이들은 매일 일정 분량의 성경을 읽거나 일정 시간 동안 기도하지 않으면 하나님께서 화를 내신다고 생각할 수 있다. 하지만 훈련이 부담스러운 의무가 되어서는 안 되며, 하나님을 조종하는 수단이 되어서는 더더욱 안 된다. 아이들이 그것을 하나님과 더 가까워지고 그분의 능력에 접속하게 하는 소망 가득한 의무로 바라보게 하라. 그것은 경주하는 데 필요한 산소와 같다.

### 원리4: 하나님을 구하라

말씀과 기도에 잠긴 삶은 하나님과의 친밀함에 이르게 한다. 궁극적으로 이것이 핵심이다. 아이에게 심원한 기쁨을 줄 수 있는 유일한 사실은 하나님께서 자신을 아시며(씨름하는 부분과 추악한 죄까지도) 그런데도 사랑하신다는 확신이다.

나는 알렉스가 힘을 다해 하나님께서 주시는 최상의 것을 추구하길 바랐다. 바로 하나님 자신 말이다.

아내는 남편이 주는 장미꽃과 초콜릿에 고마워한다. 결혼한 사람으로서의 법적·사회적 유익도 누린다. 그러나 아내가 가장 원하는 것은 무엇일까? 아내는 남편과 함께하는 삶을 가장 소중하게 여긴다. 결혼에서 가장 중요한 것은 함께하는 사람이다.

하나님과도 마찬가지다. 알렉스는 그분을 끌어안기 위해 달음질해야 했다. 그보다 못한 것은 회개하는 척만 하게 만든다. 겉으로는 괜찮아 보이려고 노력하면서 속으로는 죄를 짓고도 빠져나가길 바랄 것이다. 변화는 없고 말뿐인 '회개'로 하나님을 조롱할 것이다. 아니면 하나님 자체보다 더 가지고 싶은 그분의 축복을 얻어내려고 연기하면서, 자기 죄에 대한 참된 슬픔은 전혀 느끼지 못할 수 있다.

그러나 예수님의 복음에 대한 믿음으로 아버지께 가까이 나아가는 것, 그분의 눈부신 거룩하심과 굳건한 사랑을 알아가는 것은 완전히 다른 이야기다. 아이는 그로 인해 죄에 아주 민감해진다. 죄를 슬퍼하게 된다. 영혼이 비탄에 잠긴다. 눈물이 흐른다. 죄를 고백한다. 비난도 받아들인다. 더 이상 핑계 대지 않는다. 경건한 수치심을 다정한 자비로 느낀다. 예수님을 붙든다. 용서받은 것을 기뻐한다. 하나님과 모든 경건한 것을 감사한 마음으로 사랑하게 된다. 죄와 불경건한 모든 것을 미워하게 된다.

그리고 순종하려는 열정이 생긴다. 죄로부터 돌이키는 것은 '마지막' 단계다. 그렇다고 미루라는 뜻이 아니다. 하나님께서는 바로 지금 그런 능력을 주시며, 죄로부터 돌이키는 것은 시급한 일이다. 그러나 온전한 회개는 마음이 깨어지고 하나님께 가까이 다가갈 때만 원활히 일어날 수 있다. 그러면 우리는 은혜 가운데 성장한다. 그리고 회개는 기쁨이 된다.

# 예상되는 질문

Q: 예수님을 믿고 그분을 신뢰함으로써 죄와 싸우는 것이라고 하셨습니다. 그런데 죄를 짓지 않기 위한 노력도 있어야 하지 않을까요? 믿음과 행함 사이에 균형이 필요하지 않을까요?

A: 아닙니다. 믿음과 행함이 반대되는 것인 양, 신뢰도 조금 하고 노력도 조금 해야 한다는 식의 접근은 잘못됐습니다. 그런 식으로는 되지 않습니다. 둘은 동시에 일어납니다. 우리는 아이들에게 죄를 이기며 하나님을 섬기려고 애쓰라고 가르쳐야 합니다. "푯대를 향하여 달려가노라"(빌 3:14)라는 말씀처럼 말입니다. 그러나 그렇게 할 능력이 하나님에게서 나오기에, 아이들은 계속해서 집요하게 그분을 신뢰하고 그분의 약속 안에서 안식해야 합니다. 신뢰할수록 더 행하게 됩니다. 둘 사이의 균형이란 없습니다. 지나친 신뢰가 행함을 방해하는 것이 아닙니다. 그리스도인의 삶은 둘 다입니다. 언제나 믿음과 행위 둘 다에 총력을 기울여야 합니다.

Q: 회개도 하나님의 은혜라는 말이 좀 이상하게 들립니다. 은혜는 하나님께서 우리를 위해 행하는 것이고, 회개는 우리가 행하는 것 아닙니까?

A: 성경은 하나님이 주시는 회개의 기회를 예수님의 죽음과 부활이나 용서와 같은 복음의 다른 부분과 함께 묶어서 소개합니다. "이같이 그리스도가 고난을 받고 제삼 일에 죽은 자 가운데서 살아날 것과, 또 그의 이름으로 죄 사함을 받게 하는 회개가 모든 족속에게 전

파될 것이 기록되었으니"(눅 24:46-47). 회개하라는 부름도 하나님께서 주시는 아름다운 선물입니다. 그리고 앞에서 말했듯이, 회개는 언제나 그분과 함께 그분을 의지해서 이루어집니다.

Q: 선생님은 알렉스에게 보낸 메시지에서 아이가 예수님과 연합한 하나님의 자녀라고 말씀하시는 등, 그를 확실한 신자로 대하시는 것 같습니다. 아이에게 믿음이 있다고 확신하셨나요?

A: 아이가 스스로 믿는다고 말했기에 그렇게 대했습니다. 어느 때라도 아이가 구원받았는지 확신할 수는 없습니다. 그러나 앞서 말했듯이 구원 여부 때문에 우리가 해줄 말이 크게 달라지지는 않습니다. 아직 구원받지 못했더라도, 복음을 전하면서 믿고 회개하라고 한 것은 알맞은 조언이었습니다. 그리고 어느 시점에서는 신앙이 있다고 주장하는 아이의 말을 받아들일 필요가 있습니다. 특히 아이가 예수님을 믿는다고 고백하고 자기 죄와 싸우기 원하는 태도를 통해 회개의 기본적인 증거를 보여줄 때 그렇습니다. 늘 아이의 구원을 의심하기만 한다면 아이를 향한 하나님의 신실하심마저 의심하게 되는데, 이것은 마귀의 일입니다. 그런 태도는 유익하기보다 해가 될 것입니다.

Q: 자기 죄를 개의치 않는 아이는 어떤가요? 그런 아이는 다르게 접근하시나요?

A: 우선 아이가 자기 죄를 보고 그것이 죄임을 깨달아야 합니다. 상어 그림과 오랜 시간 성경을 읽는 것은 도움이 될 수 있겠지만, 어쨌든

모든 아이는 평생에 걸쳐 회개해야 합니다. 특별히 죄악된 생활 방식을 회개해야 하는 아이들도 있고, 자기 합리화와 자신의 선함을 증명하겠다는 태도로 하나님께 접근해온 것을 회개해야 하는 아이들도 있습니다. 보통 제가 가르치는 교회 아이들의 경우, 두 번째 유형의 회개가 필요하다는 것을 더 이해하기 힘들어했습니다.

## 즉시 실천하라

지금부터 당장 배운 것을 실천하여, 아이들과 함께하는 삶의 모든 영역에 복음을 적용하라. 다음은 그것을 위한 몇 가지 방안이다.

### 부모의 경우

연령대가 높은 아이의 반복되는 잘못에 관해 이야기할 때 상어 그림을 활용해보라. 가족이 서로 죄를 고백하고 복음으로 격려하는 것에 익숙하지 않다면, 죄를 터놓고 이야기해도 괜찮다는 것을 보여주기 위해 부모가 먼저 본인의 잘못된 행동 방식 중 하나를 나눠야 할 수도 있다. 상어 그림에는 다음 세 가지를 적어 넣는다. 1) 나의 표면적 죄, 2) 표면적 죄 아래 숨어 있는 나의 우상이나 두려움, 3) 맨 밑바닥에 있는 예수님에 대한 불신. 그다음에는 아이의 죄를 가지고 해보라. 아이의 마음에 어떤 일이 일어나고 있는지 추측하지 말라. 대신 아이가 스스로 생각하고 표현할 시간을 주라. '표면 아래' 있는 죄를 탐색한 후에는 보통 하나님께 회개의 역사를 구하는 기도를 드리거나 다른 방식으로 믿음을 격려하며 마무리하는 것이 좋다. 이 활동의 목표는 표면적인 죄를 넘어 마음 깊은 곳의 우상, 두려움, 불신까지 회개하는 것이다.

마음에서 우러나오는 경건한 행동을 하도록 아이를 이끄는 능력은, 아이와 보내는 양질의 시간과 아이가 말씀과 기도라는 성령님의 일반적인 성장 도구에 노출되는 정도에 비례하여 커진다. 가족과 함께하는 일정과 활동들을 점검해보라. 시간을 함께 계획하라. 함께하는 시간에 양적으로나 질적으로나 만족하는가? 분주하고 서로 단절되어 있다고 느끼는가? 가족이 자주 함께 모여 기도하고 성경 읽고 예배할 만큼 여유가 있는가? 부모와 각 아이가 교회를 통해서도 이런 활동에 정기적으로 참여하고 있는가? 만족스러운 답을 할 수 없다면, 그것을 방해하는 활동이나 역할이 무엇인지 자세히 살펴보고 그중 일부는 포기하라. 지금 당장, 일주일에 한 가지라도 책임 사항을 줄이라. 그래도 상황이 나아지지 않는다면 더 줄이라. 아이와 부모의 활동 모두를 줄여야 할 수도 있지만, 그럴 만한 가치가 있다.

## 중고등부 담당자의 경우

중고등부 아이들은 위에서 말한 상어 그림의 빈칸을 직접 채울 수 있다. 그들은 표면적 죄 이상을 보려는 우리의 노력도 이해할 수 있다. 여럿이 모인 경우라면 특정한 개인과 상관없는 예로 시작하는 것이 효과적일 수 있다. "자랑하는 죄를 많이 짓는 사람이 있다고 합시다. 이런 표면적 죄 아래는 어떤 우상이나 두려움이 있을까요? 그런 사람은 예수님의 어떤 부분을 믿지 않는 것일까요?" 그 후에 그중 한 아이와 개인적 이야기를 나눌 기회가 오면, 아이의 구체적인 죄를 논의하기 위해 상어 그림을 활용할 수 있다.

## 어린아이를 가르치는 경우

어린아이들의 경우 표면적 죄 아래 자리한 우상과 두려움을 정확히 집어 말하기는 어려울 수 있지만 이해할 수는 있다. 따라서 어린아이의 표면적인 죄를 바로잡으려 할 때, 더 깊은 실상에 관해서도 물어보라. 그럴 법한 동기를 제시하되 아이들에게 맞는 단어로 표현해야 하는데, 예를 들면 다음과 같이 말하라는 것이다.

- '질투' 대신에 "다른 사람이 가지고 있으니까 너도 가지고 싶었어?"
- '탐욕' 대신에 "네가 제일 많이 가졌으면 좋겠어?"
- '자만' 대신에 "실제 모습보다 너를 더 대단하게 생각해줬으면 좋겠어?"
- '욕망' 대신에 "그것을 가지면 행복해질 것 같았어?"

동기를 알아냈다면 그런 마음을 이해한다고 말해주라. "모든 사람이 때로는 그렇게 느껴. 하지만 우리는 그렇게 느끼지 않아도 돼." 우리를 위해 예수님께서 해주신 일 때문에 그런 동기가 더 이상 필요하지 않다고 말해주라. "제일 많이 가지려고 할 필요가 없어. 예수님께서 그분의 모든 것을 우리와 나누기로 하셨으니까." 이런 이야기를 반복해주면 어린아이라도 예수님을 죄와의 싸움에 반드시 필요한 존재로 믿을 수 있다.

## 교사들의 경우

도구상자나 가방이나 책상 서랍을 준비해 '성령님의 도구'라고 라벨을 붙이고 성령님께서 일반적으로 사용하시는 도구의 중요성에 관해 가르치라. 성령님께서 믿는 자의 성장을 위해 어떤 도구를 주시는지 아이들이 추측해보게 하라. 몇 가지 추측이 나온 후 소품을 열어, 성경(기록된 하나님의 말씀), 교회 예배를 상징하는 물건(선포된 하나님의 말씀, 세례, 성찬), 기도하는 손의 사진이나 모형을 보여주라. 성령님께서 이런 것들을 주셔서 우리로 계속 예수님께 연결되고 성장하게 하신다는 사실을 설명하라. 이것은 기도나 성경 읽기나 교회 출석이 하나님께 잘 보이기 위한 숙제가 아니고, 그리스도 안에서 성장하기 위해 사용하는 선물임을 보여주는 좋은 방법이다.

기도의 위대한 임무는

하늘에 계신 하나님과 그 우편에 계시는 그리스도를

잠깐이라도 눈에 담는 것이다.

-토마스 맨튼[1]

## 10장

# 보일러실에서의 수업

기도로 복음을 살아내라

몇 해 전의 일이다. 당시 우리 교회는 도시 한복판에 있는 크고 오래된 건물에서 모이고 있었다. 그곳은 사역하기에는 좋은 장소지만 가끔 무단 침입이나 공공 기물 파손이라는 문제가 발생했다. 누군가 한밤중에 건물 안으로 들어와 작은 피해를 입히고 달아나는 것이다.

한번은 공공 기물 파괴범들이 아이들 공간에 들어와서 작은 제단을 꾸미고 거기 있던 커다란 곰 인형에 불을 질렀다. 소름 끼치는 행동이었다. 이제 문제는 심각해졌다. 일을 숨길 수 없다 보니 아이들이 사실을 알고 불안해했다. 가장 어린 아이들 몇몇은 곰 인형 때문에 울음을 터뜨렸다.

몇 주 후, 동료 교사 하나가 주일학교 시간 전에 나를 찾아왔다. 좋은 생각이 떠올랐다는 것이다. 외부로 통하는 문이 있어 범인들이 반복적으로 노리는 보일러실로 자기 반 아이들을 데려가 그곳에서 함께 기도할 계획이라고 했다. 성경공부 시간의 대부분을 차지할 만큼 긴 기도 모임이 될 것이다. 범인들을 위해 기도하고, 건물이 안전하도록 기도하고, 하나님께서 두려운 마음을 위로해주시기를 기도할 것이다. 자꾸 고장이 나서 교인들을 추위에 떨게 만드는 보일러 자체를 위해서도 기도할 수 있다.

"선생님 반도 함께하실래요?" 그녀가 나에게 물었다.

나는 망설였다. 그러고 싶지 않았기 때문이다.

"생각해보고 알려주세요." 그녀는 말했다.

사실 생각해볼 필요도 없었다. 나는 우리 반 아이들이 보일러실에서 기도하는 것을 원하지 않았다. 나는 다만 영적이지 못한 사람으로 보이지 않으면서 거절할 방법을 찾지 못했다.

## 우리가 기도를 좋아하지 않는 이유

그 기도 시간에 참여하기를 원치 않는 좋은 이유도 있을 수 있었겠지만, 내 이유들은 좋지 못했다. 일단 내가 먼저 생각해낸 것도 아닌데 동참하자니 자존심이 상했다. 그것 말고도 이야기를 들어보니 불편한 모임이 될 것 같았다.

나도 우리 반 아이들과 꼬박꼬박 기도는 했지만 짧고 습관적이고 안전한 기도를 선호했다. 우리 반 아이들은 보일러실에서의 기도를 너무 유난스럽다거나 우스꽝스럽다고 생각할 수도 있었다. 아니면 지루해할 수도 있다. 또 나도 교사로서 그 자리에서 감명 깊은 기도를 선보여야 할 텐데, 솔직히 수업은 잘하지만 기도는 자신 없었다.

위험한 일처럼 들리기도 했다. 기도했는데도 기물 파손이 더 심해진다고 생각해보라. 아이들에게 뭐라고 말해야 할까? 기도해봤자 소용이 없다거나 우리가 제대로 기도하지 못한 것처럼 보이지 않을까? 교사로서 겉모습과 성과를 중시하는 내 태도에, 진지한 기도는 걸림돌이었다. 게다가 기도 시간은 매번 지루할 때까지 이어졌다. 꼭 내 기운이 다 빠질 때까지 늘어지는 경향이 있었다.

그냥 솔직히 말하겠다. 나는 기도를 좋아하지 않았다.

물론 좋아해야 한다는 것은 알았다. 예수님도 아이들을 기도로 섬기셨다. "사람들이 예수께서 안수하고 기도해주심을 바라고 어린아이들을 데리고 오매"(마 19:13). 남들은 이 구절을 잊곤 해도 나는 잊지 않았다. 또한 기도가 "가장 중요한 믿음의 훈련"[2]이라는 것도 알았다. 우리는 자기 자신이 아닌 하나님을 믿어서 구원을 받으며, 그 이후의 삶도 자기 자신이 아닌 하나님에 대한 믿음으로 살아내야 한다. 그것이 믿음이고 기도는 우리에게 믿음이 있음을 보여준다.

이런 것을 다 알았지만 나는 우리 반을 기도회에 참여시키지 않기로 했다. 몇 가지 핑계를 대고, 이제는 내용도 생각나지 않는 수업을 원래대로 진행했다.

나중에 그 동료 교사가 내게 와서, 아이들이 기도 시간에 정말 좋은 경험을 했다고 말한 것도 놀랍지 않았다. 그 아이들은 염려를 하나님께 올려드리며 그분을 신뢰하는 연습을 했다. 그녀는 탁월한 교사였다. 그녀는 기도를 사랑하였고 그 사랑이 학생들에게도 전염됐다.

나는 그렇지 못했다. 나는 내가 중심이 되는 것이 좋았다. 그리고 그때는 인정하지 못했지만 하나님께 이야기하는 시간이 지루했다. 우리 반 아이들과도 잘 기도하지 않았고 혼자서도 거의 하지 않았다. 하나님의 아름다움과 위엄에 대한 이해가 심하게 부족했다. 내 죄에 대한 인식도, 예수님이 치르신 대가에 대한 인식도, 예수님과 떨어졌을 때의 철저한 연약함에 대한 인식도 매우 빈곤했다. 나는 복음으로 살고 있지 못했다.

## 기도에 대해 느끼는 죄책감

이후로 나도 성장하긴 했지만 여전히 기도에는 약하다. 그런데도 지금 기도에 관한 글을 쓰고 있다. 그 이유 중 하나는, 기도에 관한 부분 없이 예수님을 가르치는 일에 관한 책이 절대 완성될 수 없기 때문이다. 그러나 가장 중요한 이유는 나 같은 교사가 대단히 많음을 알기 때문이다. 기도하고 싶은 마음을 품어보려고 고군분투하는 사람이 있다면, 나도 그렇다. 여러분을 나무라지 않겠다.

사실 기도가 투쟁이라는 사실에는 놀랄 필요가 없다. 기도는 믿음으로 사는 삶의 핵심이기에 마귀가 훼방하리라는 것을 쉽게 예측할 수 있다. 마귀의 훼방으로 기도를 피한다면 우리는 설득력이 떨어지는 교사가 될 것이다. 위선자가 될 것이다. 아이들에게는 하나님을 신뢰하라고 하면서 본인은 속으로 자기 자신을 신뢰하고, 하나님은 놀라운 분이라고 하면서 본인은 그분께 드리는 시간을 아까워하기 때문이다.

기도하지 않는 교사가 되는 것이 이만큼 해로운 일이기에, 기도를 잘 못한다는 이유로 죄책감을 느끼기도 쉽다. 따라서 우리가 반드시, 항상 기억해야 할 것이 있다. 하나님께서 기도라는 통로를 마련하신 것은 정반대로 절대 죄책감을 느끼지 않도록 하기 위함이다. 찔림을 느끼는 것은 옳다. 그러나 죄책감은 안 된다. 기도를 아무리 못해도 그것이 정죄감의 이유일 수는 없다. 증거가 필요한가? 기도에 관한 성경 말씀을 보면 분명히 알 수 있다.

# 기도가 정죄감을 줄 수 없는 이유

## 기도는 오직 예수님을 통해서만 가능하다

하나님은 우리가 기도를 잘해서 들으시는 것이 아니다. 애초에 우리가 기도할 수 있는 이유는 오로지 예수님과 연합했기 때문이다. 예수님 께서 하나님 아버지의 우편에 앉아 우리를 보증해주신다. 그분만이 선 하시다. 예수님의 보혈로 인해 우리는 환영받는다. "그러므로 우리는 긍휼하심을 받고, 때를 따라 돕는 은혜를 얻기 위하여 은혜의 보좌 앞 에 담대히 나아갈 것이니라"(히 4:16). 하나님을 향한 냉담한 마음은 끔 찍한 것이지만, 그런 상태에서도 기도할 수 있다. 그런데도 기도하는 것은 우리가 받은 용서가 얼마나 온전한지를 보여준다. 심지어 기도하 지 않는 것에 대해서도 용서받았다. 알겠는가? 하나님께서 기도를 만 드신 것은 우리가 그리스도 안에서 의롭다는 것을 기억하도록 하려는 것이지, 얼마나 큰 실패자인지 기억하게끔 하려는 것이 아니다.

## 기도는 성령의 도우심을 수반한다

하나님은 우리를 가만히 지켜보시다가 기도가 너무 보잘것없다거나 짧다고 나무라시는 분이 아니다. 그분은 우리의 연약함을 아시기에 기 도할 때 동반자가 되어주신다. "성령도 우리의 연약함을 도우시나니, 우리는 마땅히 기도할 바를 알지 못하나 오직 성령이 말할 수 없는 탄 식으로 우리를 위하여 간구하시느니라"(롬 8:26). 우리는 잘 보이려고 애쓸 필요가 없다. 우리의 동반자인 하나님께 솔직해도 된다. 기도가 어렵다고 고백해도 된다. 그분은 우리를 정죄하지 않으시며, 도움이 필요하리라는 것을 이미 예상하고 계신다.

**기도는 아버지와 자녀 사이의 경험이다**

제자들이 기도를 가르쳐달라고 부탁하자, 예수님께서는 하나님을 "아버지"라고 부를 수 있다는 말씀으로 시작하셨다. 우리가 예수님과 연합했다면 같은 아버지를 둔 것이다. 우리의 기도 생활이 아무리 유치해도 하나님께서는 그 기도를 기꺼이 들으신다. 우리는 그렇게 예수님께서 언제나 알고 계셨던, 아버지와 자녀의 사랑의 교제 속으로 들어간다. 정죄감은 사라지고 기쁨이 그 자리를 채운다.

여러분도 나처럼 기도 생활을 떠올릴 때 자신의 부정직함, 위선, 냉담함, 서먹함, 고집스러움, 교만함, 게으름, 자격 없음, 무정함을 비롯한 정죄감을 느낀다면 그럴수록 더욱 기도해야 한다. 기도는 바로 그렇게 고집스러운 얼간이들을 위해 있는 것이다. 기도는 그 모든 정죄감이 녹아내리고 죄인들이 은혜 안에서 쉼을 얻는 장소다.

## 부담을 느낄 필요도 잘할 필요도 없다

나는 여전히 기도를 배워가는 한 사람으로서, 여러분도 지금까지의 변변찮은 행적은 잊으라고 강력히 권하고 싶다. 냉담한 마음에 가로막히지 말고 오직 예수님만을 자격으로 알고 기도하라.

　　영원이라는 시간 동안 예수님께서는 아버지께 의존하며 모든 생각을 그분과 나누기를 즐거워하셨다. 그리고 지금 우리는 예수님과 연합한 존재들이다. 그러므로 우리도 어떤 상태에 있든지, 어느 때나 무슨 말을 하기 위해서나 아버지께 나아갈 수 있는, 예수님과 같은 특권을 얻었다. 그것을 믿고 기도하라! 하나님께서 기도를 빌미로 우리를 협박하신다는 생각은 절대 하지 말라. 기도의 횟수나 진정성이 부족하다고 인생이 잘못되게 하신다거나 사역에 실패하게 하시리라는 식의 생각 말이다. 그런 이유로 하는 기도는 오히려 삶을 괴롭게 한다. 예수님도 그렇게 기도하지 않으셨는데, 우리는 **그분 안에서** 기도해야 한다.

엘리야의 기도는 우리에게 본보기가 된다. "그가 비가 오지 않기를 간절히 기도한즉, 삼 년 육 개월 동안 땅에 비가 오지 아니하고"(약 5:17). 그는 또한 한 아이를 다시 살려달라고 기도했다. 갈멜산에서는 불을 내려달라고 기도했다. 죄와 싸우는 순간에도 기도했다. 이세벨 여왕으로부터 도망치면서 죽기를 구한 것이다. 하나님께서는 그를 죽게 하는 대신 힘을 주시고 격려해주셨다.

엘리야의 삶과 사역에 능력이 있었던 것은 그가 기도를 통해 하나님께 의존했기 때문이다. 그런데 내가 가장 좋아하는 대목은 참 하나님을 향한 엘리야의 기도와 바알을 향한 거짓 기도의 차이다. 바알 예언자들은 갈멜산에서 불을 내려달라고 하루종일 바알에게 빌었다. "그들이 큰 소리로 부르고 그들의 규례를 따라 피가 흐르기까지 칼과 창으로 그들의 몸을 상하게 하더라"(왕상 18:28). 그들은 바알이 요구한 것을 행했다. 바알 숭배자들에게 기도란 바알의 응답을 얻기 위해 무언가를 행하는 것이었다. 크게 소리치라, 자해하라, 그가 기도를 듣도록, 무슨 짓이라도 해보라.

참되신 하나님께 이렇게 접근하면 절대 안 된다! 그분께서는 자신을 위해 피 흘리라고 요구하지 않으신다. 오히려 그분이 우리를 위해 피 흘리셨다. 하나님은 바알보다 훨씬 좋은 분이다. 거짓 신이 아닌 참 신이고, 연약하지 않고 강력하시며, 가혹하지 않고 긍휼이 많으시다. 무엇보다 세상이 만들어낸 그 어떤 거짓 신과도 다르시다. 그분은 "나를 위해 무엇을 했느냐?"라고 묻지 않으시고 "내가 너를 위해 이런 일을 했다"라고 선언하시기 때문이다.

하나님께 기도하는 것은 우리의 의무가 맞다. 그것은 분명하다. 틀림없이 그분은 기도를 받기에 합당하시다. 그러나 하나님께서 기도를 주신 가장 큰 이유는 그가 우리 아버지시기 때문이다. 하나님은 기도의 유익이 다시 우리에게 흘러오는 것을 보기 원하신다.[3]


## 기도하는 교사

이와 같이 우리가 기도하는 교사가 되어야 할 이유는 충분하다. 일단 개인 기도에서 출발해야 한다. 하늘 아버지와 단둘이 시간 보내는 법을 배워야 한다. 그 시간을 누릴 줄 알아야 한다. 내가 보일러실 사건을 통해 배웠듯이, 교사가 기도를 기뻐하지 않으면 기도를 중심에 둔 수업은 불가능하다.

기도하는 교사들과 이야기를 나눠보니 그들이 기도를 배운 방식은 다양했다. 그중 어떤 방법이 각자에게 효과적일지는 알 수 없지만 일단은 복음을 믿는 것에서 시작해야 한다. 기도란 능력을 의존하는 연약함이기에, 자기 자신이 아닌 예수님을 신뢰하는 수단으로 기도를 사용하라. 우리의 삶과 사역에 새로운 능력을 부어달라고 성령님께 기도하며 그가 기꺼이 해주시기 원한다는 사실을 믿으라.

특히 나처럼 책벌레 과라서 성경공부는 좋아하지만 기도에 뛰어드는 것이 어려운 교사가 있다면 시편을 한번 읽어보라. 시편 말씀은 최고의 기도다. 때로 나는 시편 말씀이나 성경의 다른 기도를 골라 연구하기 시작하는데, 그러다 보면 자연스럽게 말씀이 나를 움직여 그것을 다시 기도로 올려드리게 된다. 시편은 성령님께서 우리를 도우시는 방법의 하나다. 우리가 어떻게 기도해야 할지 모를 때를 대비해 기도의 책을 준비하신 것이다.

이 외에 좋은 개인 기도의 공식 같은 것은 알지 못한다. 그런 이야기는 마치 배우자와 대화하는 법을 알려주겠다는 것과 같다. 기도는 마음 가는 대로 하는 것이지 설명서에 따라 하는 것이 아니다. 그러나 아이들에게 교사의 기도 생활을 소개하고 기도를 가르치는 방법은 몇 가지 제시할 수 있다.

**방법1: 즉석 기도**

기도 사역에 박차를 가하기 위해 딱 한 가지를 할 수 있다면 나는 즉석 기도를 추천하겠다. 개인적으로든 모임에서든 어떤 문제나 걱정을 표현하는 아이가 있다면 하던 일을 멈추고 바로 그 자리에서 함께 기도하는 것이다. 수업 중이었다면 수업을 멈추고 기도하라. 수업이나 모임 밖에서도 하던 일을 멈추고 기도하라. 가정 안에서나 밖에서나 교회에서나 동네 어느 곳에서나 어려움이 있다는 아이가 있으면 그 아이와 함께 기도하라.

이를 통해 아이들은 사소한 일이든 큰일이든 모든 일에서 우리의 소망은 하나님께 있음을 배운다. 삶과 사역의 모든 부분이 하나님과 연결되어 있음을 배우며, 가장 먼저 그분께 달려가는 습관을 형성한다. 마치 무릎 반사 반응 같은 믿음을 키우는 것이다. 이런 기도는 예수님께서 우리를 위해 얻어내신, 하나님께 나아갈 권리를 즐거움으로 누리는 기도다. 복음을 살아내는 일에 이보다 더 필수적인 요소는 없다.

교사로 섬기고 있는 곳이나 가정에 이런 기도 문화가 아직 정착되지 않았다면 처음에는 즉석 기도가 어색하게 느껴질 것이다. 나는 그런 염려 때문에 기도할 기회를 수없이 놓쳤다. 여러분은 나보다 낫기를 바란다. 어색해도 아이들과 함께 기도하라. 여러분은 그들의 교사고 부모다. 기도해야만 하는 사람이다. 하다 보면 여러분은 물론 주위 사람들도 익숙해질 것이다.

많은 상황에서 우리는 기도밖에 할 수 있는 것이 없다. 최근에 여름성경학교에서 많은 인원을 가르친 적이 있다. 찬양 시간이 되어 아이들이 모이고 있는데, 내가 아는 여자아이 하나가 한쪽 구석에서 조용히 혼자 울고 있었다. 아이에게 다가가 몸을 낮추고 무슨 일이냐고 물었다. 아이는 털어놓을 사람이 생기자 흥분했다. 집에서 언니가 못되게 굴었다고 한다. 그런데 엄마는 그에 대해 아무 조치도 취하지 않으셨다. 그리고 지금은 다른 친구들이 자기를 좋아하지 않을까 봐 겁이 난다고 했다.

위에서 말한 대로 나는 이 아이를 알았는데, 사실 좀 징징거리는 편이었다. 나는 맹목적으로 수긍해주거나 언니와 엄마가 잘못했다는 이야기에 동의하고 싶지는 않았다. 잘못한 것일 수도 있지만 확인할 길이 없고 내가 참견할 일도 아니었다. 다만 아이가 속상한 상태니 내가 할 일은 누구의 편도 들지 않고 아이를 돕는 것이었다.

그래서 나는 습관대로 기도해줘도 되겠냐고 물었다. 아이가 동의했기에 그 자리에서 함께 기도했다. 아이와 아이의 가족이 서로 친절하게 대하도록 도와달라고 기도했다. 서로 용서할 수 있도록 기도했다. 친구들과의 관계를 위해서도 똑같이 기도했다. 그게 다였다. 짧지만 진지한 기도였다. 기도를 마치고 나서 보니 아이는 벌써 기분이 많이 나아져 있었다. 나에게 고맙다는 말까지 했다.

내가 아이의 문제를 무시하고 상황을 모면하려고 기도나 해준 것으로 생각하지 말라. 아니다. 그 상황에서 아이에게 필요한 것이었기 때문에 기도했다. 우리는 모두의 마음을 아시는 하나님 아버지를 의지해야 한다. 그 순간은 나보다 하나님께서 다루셔야 하는 순간이었다. 그런 상황에서 내가 가르쳐줄 수 있는 최고의 사실은, 우리가 슬프고 화날 때 하나님께서 우리의 소리를 듣고 도우신다는 것이었다.

이런 기회는 늘 생긴다. 그날 나는 기도해야 한다는 사실을 기억했다. 기회를 노리다 보면 누구나 기억할 수 있을 것이다.

## 방법2: 규칙 없는 기도

나는 수업 시간에 아이들과 함께 기도할 때, 내가 '규칙 없는 기도'라고 이름한 방식대로 기도하는 경우가 많다. 기본적인 행동 규칙은 여

전히 지키되, 기도 시간이라서 적용되는 특별한 규칙의 제약이 없어
진다는 뜻이다. 눈을 감는다거나 손을 모은다거나 머리를 숙일 필요가
없다. 명백히 악한 것만 아니라면 무엇에 관해서라도 기도할 수 있다.
핵심은 기도가 경건해 보이는 자세, 세련된 말, 고상한 내용 등으로 하
나님께 잘 보이기 위한 수단이 아님을 가르치는 데 있다. 나는 아이들
이 무엇이 필요하든 얼마나 감사하든, 여과 없이 하나님 앞으로 가지
고 나오는 습관을 키우길 원한다. 그것 때문에 미성숙해 보이고 영적
이지 못해 보여도 상관없다.

특히 어린아이들과 이 기도를 하려면 내가 애써 입을 다물어야 할
때가 많다. 자꾸 아이들의 기도를 평가하고 싶은 유혹을 느끼기 때문
이다. 나는 암 투병하는 할머니를 위한 앨리샤의 기도가, 그저 무릎이
까졌으니 도와달라는 브라이언의 기도보다 낫다는 생각을 한다. 또 선
교사님들을 위한 조엘의 기도는 애완 고양이가 가구 위에서 뛰지 않게
해달라는 헤더의 기도보다 중요하다고 판단하기도 한다.

물론 어떤 기도가 다른 기도보다 무겁다는 말도 일리는 있다. 그
러나 규칙 없는 기도에서는 자신의 소망과 염려를 가져와서 하나님 아
버지께 올려드렸다면 어떤 기도라도 훌륭하다고 인정한다. 아이에게
강아지가 소중하다면 강아지를 위해 기도해야 한다. 물론 아이가 성
숙해지면서 좀 더 중요한 문제로 관심이 옮겨가겠지만, 그때가 돼도
그가 여전히 자유분방하고 솔직하게 기도하기를 바란다. 큰 문제든 작
은 문제든, 성숙한 관심사든 유치한 관심사든, 아이가 계속해서 삶의
문제를 가지고 하나님 아버지께 나아가기를 원한다. "너희 염려를 다
주께 맡기라. 이는 그가 너희를 돌보심이라"(벧전 5:7).

나는 기도에 대한 아이들의 시야를 넓혀주려고 하나님께 구할 만한 것의 목록을 나눠주기도 했다. 목록에는 다음과 같은 항목이 있었다.

- 문제가 있을 때 도와주시도록
- 매일 돌봐주시도록
- 더 경건해질 수 있게 도와주시도록
- 그리스도인이 아닌 이들의 구원을 위해
- 교회의 사역과 선교를 위해
- 지도자들과 책임자들을 위해

보통 이런 목록이 없으면 아이들은 처음 두 항목 이상의 것을 생각하지 못한다. 나는 또한 성경에, 위에 나오는 모든 기도는 물론 감사와 찬양과 고백의 기도가 나온다는 사실로 아이들의 시야를 넓혀준다. 그러나 아이들이 더 좋은 기도를 하겠다는 생각으로 여기 나오는 모든 주제를 포함하려 든다면 그냥 목록을 치워버린다. 그렇게 한다고 더 좋은 기도가 되지 않는다. 오히려 기도를 성과로 바꿔버릴 뿐이다.

### 방법3: 자신만의 방법

이 외에도 아이들과 함께 기도하는 방법 중 세월을 통해 검증된 것들이 많다. 나는 아이들이 교실에 들어설 때 기도해보기도 하고, 교실을 나설 때 기도해보기도 했다. 한 활동에서 다음 활동으로 넘어갈 때도 해봤고, 다른 반을 초청해 함께 기도하기도 했다. 어른들을 초청해 우리를 위해 기도해달라고 부탁한 적도 있었다. 선교사들을 초대해 아이들과 함께 그분들을 위해 기도한 적도 있다. 기도 일기를 쓰게 하는 교사들도 있다. 모두 좋은 방법이다.

더 많은 방법을 말해줄 수도 있겠지만, 각자 자신만의 방법을 생각해보는 것이 효과적이다. 정말 어려운 것은 기도할 시간과 장소와 방법을 찾는 것이 아니라, 기도하고자 하는 소원을 가지는 일이다. 기도하려는 마음만 있다면 좋은 방법은 얼마든지 생각해낼 수 있다.

야고보는 우리에게 이렇게 말했다. "너희가 얻지 못함은 구하지 아니하기 때문이요"(약 4:2). 여기에는 자연히 이런 질문이 따른다. "나는 어째서 더 자주 구하지 않는가?" 내가 여전히 교만하고 하나님보다 나를 더 의지하려 하기 때문이다. 나는 남에게 의존하는 것을 좋아하지 않는다. 대상이 하나님이라도 마찬가지다.

나는 여전히 실수하면서 배우고 있다. 어쩌면 여러분도 그럴 수 있다. 그러니 우리 모두 예수님의 비유에 나오는 뻔뻔한 사람이 음식을 얻기 위해 한밤중에 친구 집 문을 두드린 것처럼 기도하는 법을 배워야 한다. 이기적인 친구조차도 침대에서 일어나 그를 도와줬다. 그런데 우리에게는 이타적이고 마음이 넓은, 더 좋은 친구가 있다. 예수님께서는 우리를 중보하기 위해 사신다. 그러므로 서둘러 응답해주실 것이 분명하다.

우리는 우리가 구하는 모든 것보다 훨씬 더 넉넉히 받게 될 것이다. 하나님, 그분과 만나게 될 것이다. 그것이 예수님 안에서 얻는 구원의 목적이다. 하나님께서는 우리와 함께하기를 원하신다. 기도할 때 우리는 이미 목적지에 도달한 것이다.

# 즉시 실천하라

다른 무엇보다 먼저, 조금이라도 나와 비슷해서 기도를 어렵게 느끼는 사람이 있다면 잠시 읽던 것을 멈추고 기도하라. 기도가 어떻게 느껴지는지 하나님 아버지께 고백하고, 기도를 더 잘할 수 있게 해달라고 도움을 구하라. 시작하라, 바로 지금 기도하라.

### -잠시 멈추고 기도-

이제 하나님 아버지와의 대화를 시작했으니, 어린이 사역에서 기도를 더 중요한 위치에 두기 위해 무엇을 할 수 있을지 생각해보자. 다음의 방법 중 하나가 좋은 출발점이 될 수 있다.

## 부모의 경우

즉석 기도는 가정이라는 환경에서 가장 큰 변화를 일으킬 수 있다. 오늘부터 실행하라. 가족 중에 누가 걱정이나 염려를 표현했다면 아무리 사소해도 잠시 시간을 내어 기도하라. 일하는 중이나 운전하는 중에 아주 짧은 기도로 올려드리는 경우가 많을 것이다(꼭 짧아야 하는 것은 아니다). 하루 동안 몇 번이나 멈추고 기도해야 하는 것 아닌가 해서 걱정이라면, 생각대로다! 이것은 "쉬지 않고 기도하는" 좋은 방법이다(살전 5:17). 이를 통해 가정 안에는 하나님께 대한 끊임없는 의존 의식과, 하나님과 함께하는 삶에 대한 끊임없는 감사 의식이 형성된다.

### 교사와 소그룹 인도자의 경우

아이들이 기도를 불편해하거나 소리 내어 기도할 때 남의 시선을 의식한다면, 지금까지 기도 시간에 지켜온 명시적·암묵적 규칙 중 일부를 없애 부담을 덜어주라. 특정한 자세나 어조를 강요하지 말고, 특히 아이들의 기도를 판단하지 말라. 기도의 내용이 무엇인지, 얼마나 영적으로 들리는지 등으로 판단하지 말아야 한다. "훌륭한 기도였어"라고 칭찬하는 순간, 기도는 성과로 변질하고 모두가 긴장하게 된다. 기도를 들을 때의 초점을 '누가 무엇을 어떻게 말했느냐'가 아닌 '아버지 앞에 찬양과 염려를 가져갈 수 있다는 기쁨'으로 옮기도록 노력하라.

### 담당 사역자의 경우

다음번에 사역팀이 모일 때 서로 기도에 관한 아이디어를 나눠보라. 동료 교사, 소그룹 인도자, 수련회 봉사자, 멘토들에게 각자 효과를 본 기도 시간 진행 방법을 나눠달라고 요청하라. 아이들이 뜻깊은 기도에 참여하도록 유도할 방법을 자유롭게 제시해볼 수도 있다. 서로 이렇게 질문해보라. **누구**를 초대해 함께 기도할 수 있을까? 아니면, 우리가 초대해서 기도해줄 만한 사람은 누구인가? **어디서** 기도할 수 있을까? **어떻게** 기도를 놓치지 않고 지속해갈 수 있을까? 15분 정도만으로도 창의적인 아이디어들이 샘솟을 것이다.

### 모든 사람의 경우

아이들이 늘 반복되는 기도 제목에 지루해한다면 성경에 나오는 기도의 분야들을 제시하여 기도에 대한 시야를 넓혀주라. 목록을 다시 한

번 살펴보자.

- 문제가 있을 때 도와주시도록
- 매일 돌봐주시도록
- 더 경건해질 수 있게 도와주시도록
- 그리스도인이 아닌 이들의 구원을 위해
- 교회의 사역과 선교를 위해
- 지도자들과 책임자들을 위해

아이들에게 이렇게 묻고 어떻게 대답하는지 보라. "경건한 행동 중에 더 잘 해낼 수 있도록 기도를 부탁하고 싶은 것이 있나요?" "교회 사역 중 어느 것을 위해 기도해볼까요?" 단, 이런 논의가 제일 좋은 생각을 가려내는 경쟁이 되지 않도록 조심하라. 지금 아이의 마음에 있는 관심사가 무엇이든 그것이 가장 좋은 기도 제목이다.

더욱 기도하는 사람이 되기 위한 한 가지 방법은 매일의 일상에 짧은 기도 시간을 추가하는 것이다. 식전 기도가 그 예이며, 그 외에 이런 것들도 생각해볼 수 있다. 1) 일어나자마자 하나님 아버지께 인사하기, 2) 차에 타거나 일하려고 책상에 앉을 때 하루를 위해 기도하기, 3) 잠자리에 들기 전에 염려되거나 감사한 것 아뢰기, 4) 그 밖에 각자의 일정에 연결해 기도할 수 있다. 중요한 것은 하루 동안 자주 기도하는 습관을 들이는 것이다. 그러다 보면 하나님 아버지의 임재를 더욱 지속적으로 느낄 수 있다. 또한 하루 중에 갑자기 발생하는 돌발 상황에도 기도하는 마음으로 반응할 가능성이 높아진다.

두려워 말라. 오직 믿고, 기다리고, 기도하라.

단번에 다 이루어지리라고 기대하지 말라.

그리스도인은 급하게 자라는 버섯 같지 않고 오히려 떡갈나무 같다.

그의 성장은 눈에 잘 보이지 않으나,

마침내 깊은 뿌리를 내린 거대한 나무가 된다.

-존 뉴턴[1]

## 11장

# 타지 못한 스키

복음을 가장 큰 소망으로 삼으라

예배 시작 전에 커피를 마시며 친구들과 인사를 나누고 있는데, 한 십대 남학생이 나에게 다가왔다. 그 친구가 내게 인사를 건네는 것은 특별한 일이 아니었다. 나도 그 아이를 좋아했고 아이도 나를 좋아했다. 나는 평소대로 잘 지내냐고 물었지만 잡담을 나누러 온 게 아닌 모양이다. 알고 보니 나를 초대하러 온 것이었다.

돌아오는 주말에 가족과 함께 스키를 타러 갈 계획인데 함께 갈 수 있냐는 것이었다. 눈을 커다랗게 뜨고 나를 바라보는 모습을 보니, 꼭 응해주길 원하는 게 분명했다.

"아…" 뭐라고 대답해야 할까?


## 스키를 타는 문제

여러분이 알아야 할 것이 있다. 나는 스키를 못 탄다.

내가 사는 곳은 콜로라도주인데 여기서는 나만 빼고 모두 다 스키를 좋아하는 듯하다. 몇 년 전에 딱 한 번 스키를 신어봤지만 정말 고통스러운 경험이었다. 몸도 힘들었고 자존심에도 상처가 났다. 배우는 속도가 느리고 균형도 잘 못 잡는 나는, 바로 그때 그 자리에서 스키를 좋아하지 않는 것으로 결론을 내렸다. 그 뒤로 다시는 타본 적이 없었다.

보통은 누가 스키를 타자고 하면 원래 타지 않는다고 대답한다. 그래도 자꾸 조르면, 스키를 배워보려 했지만 잘 되지 않았고 노력하고 싶지도 않다고 털어놨다. 그런데 이 아이의 가족은 스키에 푹 빠진 사람들이었다. 아이는 아마도 세 살부터 스키를 배우기 시작했을 것이다. 그에게 스키 탈 줄 모르는 사람이란 자전거 타는 법을 배우지 못한 사람과 비슷할 터였다. 완전히 겁쟁이에 뒤떨어진 사람이라고 생각할 것이었다.

아이와 스키를 타러 갈 수도 없었지만 탈 줄 모른다고 말할 수도 없었다. 친절하게 가르쳐주겠다고 제안한다 하더라도 결국 더 창피스러운 상황으로 이어질 게 뻔했다.

"나는 솔직히 스키를 그렇게 좋아하지 않아. 게다가 너하고는 수준도 안 맞을 거야." 내가 말했다.

"괜찮아요. 저희는 상관없어요. 제발 와주세요." 아이가 대답했다.

"아니야. 스키는 영 취향에 안 맞더라고."

아이는 시선을 떨궜다. 나는 사실상 "네가 좋아하는 활동을 하며 함께 시간을 보내기 싫어"라고 말한 셈이었다. 아이는 다시 묻지 않았다.


## 교사 자신에게 가르치는 복음

나는 아이의 초대라는 기회를 아주 갖가지 면에서 망쳐버렸다. 우선 학생과 학부모와 관계를 쌓을 기회를 활용하지 못했다. 내게는 창피함을 모면하는 것이 가장 중요했다. 그게 나의 우상이었다. 하나님을 섬기는 것보다 그것이 중요했다. 더 깊이 들어가면 내 불안감은 내가 복음을 믿지 못한다는 사실을 보여줬다. 예수님께서 주신 하나님 안에서의 평판으로 만족하지 못했기에, 세상에서의 평판을 지키려고 거짓말을 했다.

나는 가르치는 대로 행하지 못했다. 예수님의 의로움 가운데 안식하지 못했다. 그분을 보지도 사랑하지도 못했으며, 나 자신을 낮추어 그분께 반응하지도 못했다. 나는 교사로서 자신이 마시지도 않는 생명수를 광고하는 사기꾼이었다.

착각하지 말자. 아이들은 진실한 교사와 거짓된 교사의 차이를 다 느끼고 있다. 그들은 다른 무엇보다 진실함을 요구한다. 아이들이 요구하는 것은 유행도 재미도 아니고, 심지어 성경을 알차게 가르치는 것도 아니다. 그들은 교사가 일상적으로 믿음을 실천하는 신자이기를 원하며 그런 교사를 필요로 한다. 우리가 바울 같기를 원하는 것이다. 바울은 이렇게 말했다. "이는 우리 복음이 너희에게 말로만 이른 것이 아니라 또한 능력과 성령과 큰 확신으로 된 것임이라. 우리가 너희 가운데서 너희를 위하여 어떤 사람이 된 것은 너희가 아는 바와 같으니라"(살전 1:5).

복음을 이렇게 가르치는 것은 매우 벅찬 일이다. 나도 잘못할 때가 많다. 그러나 죄악에 따른 실수에도 절망하면 안 된다. 복음이 우리에게 엄청난 소망을 주기 때문이다. 우리는 매일, 매 시간 계속해서 회개할 수 있다. 매번 베푸시는 하나님의 용서를 귀히 여기며 받아들일 수 있다. 그분이 우리를 성도로 여기고 자녀로 사랑하심을 믿을 수 있으며, 이후에는 더 큰 것도 믿을 수 있다. 우리는 회복될 수 있다.

우상을 섬기고 하나님의 약속보다 두려움을 앞세우는 자신의 모습을 발견하게 될 것은 분명하다. 그러나 그리스도인의 성장이란 자기 힘으로 죄를 멈추고 더 좋은 행동을 하는 경지에 이르는 것이 아니다. 믿음을 키우고 연약한 가운데도 예수님을 신뢰하면서, 지속적으로 그분께 의존하는 법을 배워가는 것이다. 우리는 아이들에게만이 아니라 먼저 자신의 마음에 복음을 가르쳐야 한다. 내게도 이런 일이 일어나고 또 일어나야 한다. 날마다 그래야 한다.


## 수련회에서의 힘든 한 주

몇 년 전 나는 일주일간 산속에서 열린 수련회에서 아이들을 가르친 적이 있다. 학생으로는 십 대 초반 아이들 몇십 명이 참여했고, 몇 안 되는 수의 십 대 보조 교사가 있었으며, 그 외에 수련회 봉사자들, 수련회 담당자들과 교사인 내가 참여하고 있었다.

나는 얼마 안 가 답답해졌다. 수업에 대한 아이들의 반응이 내가 늘 경험해온 것과 달랐다. 누구 탓인지는 분명했다. 십 대 보조 교사들이 문제였다. 나는 자유 시간에 어린 동생들과 수업 내용에 관해 대화할 정도로 수업에 관심을 두는 보조 교사에 익숙했는데, 이 아이들은 전혀 관심이 없는 것 같았다. 그들은 수업 시간에 함께 앉아 듣지도 않았다. 심지어 수업 중에 모임 장소를 가로질러 가는 경우도 있어 방해가 되기까지 했다.

내가 맡은 일 중에는 수련회 참가자들이 매일 아침 개인적으로 묵상할 때 쓸 안내서를 만드는 일도 있었다. 나는 당연히 십 대 보조 교사들도 사용할 줄 알고 일부러 그들에게 의미 있을 만한 내용까지 넣느라 공을 들였다. 그런데 보조 교사 대부분이 묵상 시간에 참여하지 않았다. 늦잠을 자거나 다른 잡일을 하거나 아이들이 묵상하는 동안 서로 수다를 떨고 있었다. 어느 날 아침에는 두어 명이 물풍선을 던지며 놀기도 했다.

수련회 담당자는 보조 교사에게 다른 할 일들이 있어 잠이 부족하거나 수업 시간에 분주할 수도 있으며, 잘못된 행동에 대해서는 그들의 마음에 도움이 될 만한 방식으로 자신이 직접 다루고 있다고 말해줬다. 물론 그의 말이 옳았다. 수련회의 주인공은 내가 아니었다. 그래서 불평하지 않으려고 노력했다. 몇 가지 방해 요소도 이해하지 못하는 이기적인 교사로 보이고 싶지 않았다.

그러나 속으로는 부글부글 끓고 있었다. 내 수업에 감탄하는 사람이 없었다. 내 평판이 나빠지고 있었다. 아이들에게 모범을 보이고 내 진가를 알아봐야 마땅한 저 보조 교사들은 빨리 정신 차려야 한다!


## 결국 쏟아져 나온 죄

어느 날 오후, 수련회에 참여한 아이들이 물놀이를 즐기고 있었다. 당연히 보조 교사들이 와서 도와야 했지만, 그들은 전날 아침에 하던 물풍선 싸움에 더 흥미가 있는 듯했다. 보조 교사 하나가 물 한 동이를 들고 다른 보조 교사를 쫓아 아이들이 놀고 있는 구역 한가운데로 달려 들어가는 것을 본 나는 결국 폭발하고 말았다.

나는 그 아이를 옆으로 불러내고 이렇게 쏘아붙였다. "너 지금 여기 도와주러 온 거 아니야? 아이들을 도와주러 온 사람이 이기적으로 놀 생각만 하면 되겠어? 제발 다른 사람 생각도 좀 해!" 아이는 조금 놀랐지만 무슨 말인지는 이해했다. 그는 태도가 가장 불량한 축에 속하는 아이는 아니었으나, 어쨌든 한 명이라도 붙들고 바로잡아야 할 때였다.

물론 그 순간에도 내가 죄를 짓고 있다는 건 알았다. 심지어 마음 속 깊은 곳에서는 지금 가장 이기적인 사람이 나라는 것도 알았다. 나는 수업을 통해 영광을 취하려던 꿈이 깨지자 남을 비난하고 있었다. 그래도 그 순간에는 다 상관 없었다. 멈추기에는 만족감이 너무 컸다.

마침내 나의 죄를 마주할 준비가 된 것은 다음 날 아침이 되어서였다. 수련회가 막바지에 이르러 이제 나는 마지막 수업과 캠프파이어 때 할 말을 준비하고 있었다. 아이들이 교만을 버리고 한 주 동안 들은 복음을 받아들이며, 예수님을 향한 새로운 사랑과 섬김의 열정을 품고 돌아가도록 권면할 생각이었다.

하나님께서 이렇게 재밌으실 때가 있다.

그날 아침, 하나님께서는 내게 은혜를 베푸셨다. 사실 나부터가 복음을 직면하지 않은 채 아이들을 가르친 경우도 수없이 많았다. 그러나 이번에는 죄로 물든 내 자아를 보고, 그것을 나의 구세주 앞에 가져갔다. 내게는 비판하는 마음이 있었다. 그 사실을 인정했다. 내가 수련회에 온 다른 사람들보다 낫다고 생각했으며, 내가 그들의 행동을 판단하기에 가장 적합한 인물이라고 생각했다. 내 마음이 교만한데 수업을 통해 그 교만이 충족되지 못하니 짜증이 났다. 나는 훌륭한 교사가 되어야 한다는 생각을 숭배했다. '내 덕분에' 수업 질서가 잡히고 학생들이 무언가 배우기를 간절히 원했다. 나는 하나님보다 이것을 더 귀하게 여겼으며, 하나님보다 이것이 자존감을 느끼게 해줄 것이라고 신뢰했다. 심지어 다른 사람들까지 억지로 이런 내 망상에 끌어들이려고 했다. 그들이 내가 하는 일에 경외감을 느끼며 감탄하길 바랐다. 그들이 나를 예배하길 원한 것이다.

　나는 그날 잘못 행동했을 뿐 아니라 평소에도 흔히 그런 죄를 짓는다고 인정해야 했다. 힘들었던 한 주 때문에 원래 있던 죄가 끓어 넘쳤을 뿐이다. 나의 이기심은 너무도 강해서 내 안의 선한 갈망마저 대부분 나에 관한 것으로 뒤틀어버렸다. 복음으로 아이들의 삶에 영향을 주기 바란 것은 사실이지만, 죄가 그런 선한 의도까지 왜곡하여 내 사역의 가장 큰 목적마저도 '사역이 내게 주는 기분'으로 바꿔놓았다. 보조 교사들이 문제라는 내 판단은 옳았다. 그러나 그들의 문제를 지적하는 가장 큰 이유가 내 평판을 보호하는 것이 될 때까지, 죄가 내 마음을 잡아당겼다.


## 다시 복음으로 돌아가다

나는 그 주 들어 처음으로 진짜 기도를 드리며 나의 죄를 고백했다. 그러고는 내가 오랫동안 아주 좋아해온 갈라디아서를 펼쳤다. 나는 "이

악한 세대에서 우리를 건지시려고 우리 죄를 대속하기 위하여 자기 몸을 주신" 예수님을 봐야 했다(갈 1:4).

이 도입부를 시작으로 갈라디아서 전체를 읽었다. 나의 모든 것(한 주 동안 내 마음속에 있던 오물까지도)을 아시는 하나님께서 나를 여전히 은혜로 구별하시고 그의 아들을 보여주셨다는 사실을 읽었다. 예수님께서는 나를 너무도 사랑하셔서 자신까지 내어주셨다. 나는 저주를 받았는데 예수님께서 대신 저주가 되심으로 구원해주셨다. 나는 하나님의 아들로 입양되었고 아들로서 상속자가 되었다. 나의 아버지께서는 그분의 사랑을 받는 나에게 모든 것을 나눠주신다.

한 주간 내가 좇던 명예는 그에 비하면 변변치 않았다. 나는 바울의 말을 읽고 마음이 찔렸다. "이제는 너희가 하나님을 알 뿐 아니라 더욱이 하나님이 아신 바 되었거늘, 어찌하여 다시 약하고 천박한 초등학문으로 돌아가려 하느냐?"(갈 4:9) 나는 이 말씀에 깊이 잠겼다. 복음이 늘 곧바로 마음을 깨트리는 것은 아니라서 아직은 돌처럼 단단할 수도 있겠지만, 다시 한번 그리스도 안에서 내가 누구인지를 기억하게 되었다. 나는 하나님의 아들이다. 이제 하나님의 아들답게 행동하고 싶다.

물론 그것은 내가 죽어야 함을 뜻했다. 날마다 세상의 값싼 명예에 대해 죽는 것도 복음의 일부다. 이는 갈라디아서에 말 그대로 커다랗게 실린 내용이기도 하다. 바울은 앞에서 이야기한 모든 복음의 중요한 핵심을 친필로 남기며 책을 마무리했다. "그러나 내게는 우리 주 예수 그리스도의 십자가 외에 결코 자랑할 것이 없으니, 그리스도로 말미암아 세상이 나를 대하여 십자가에 못 박히고 내가 또한 세상을 대하여 그러하니라"(갈 6:14). 하나님의 자녀는 더 이상 남들의 생각을 위해 살지 않는다. 그의 평판은 전적으로 예수님께 연결되어 있다.

'죽음'은 말 그대로 고통스러울 수 있다. 그러나 한 주 내내 꼼짝없이 자아에 몰두해 있던 불쾌한 상태에서 탈출한 것은 달콤한 은혜였다. 어느 순간부터는 내가 호의를 입었다는 아들다운 인식을 되찾았고, 그와 함께 아버지께서 나를 교정하여 구부리고 빚으시도록 기꺼이 내어드려야겠다는 마음이 생겼다.

마침내 성경책을 두고 통나무집 숙소에서 나온 나는 모임 장소를 향해 걷기 시작했다. 내가 호되게 꾸짖은 보조 교사 아이가 바로 그곳 벤치에 혼자 앉아 있었다. 죽어야 할 시간이었다.


## 내면의 변화

나는 그 친구 옆자리에 앉아서 이렇게 말했다. "어제 그렇게 말해서 미안해. 화가 난 상태에서 무례한 말을 했어. 그러면 안 되는 거였는데."

"아니에요. 그런 말을 들어도 싸죠. 선생님 말씀이 옳았어요. 저는 할 일을 하지 않고 있었어요." 아이가 말했다.

"그건 중요하지 않아. 그래도 나는 잘못을 했어. 너에게 도움을 주기 위해서가 아니라 내 기분을 채우려고 그런 말을 한 거야. 정말 미안해."

"그렇군요. 감사해요." 아이가 대답했다.

여기서 멈출 수 있다면 정말 편했을 것이다. 그러고 싶다는 강렬한 유혹을 느꼈다. 여기까지 말하고 바로 자리를 뜨면 자기 잘못을 사과한 대범한 인물로 보일 수 있다. 오히려 내 평판을 드높이는 사과가 될 수도 있었다. 죽음 없는 사과 말이다. 망설여졌다. 나는 정말 내가 하나님의 아들임을 믿고 있는가?

결국 이야기를 이어가기로 했다. "나는 완전히 쓰레기처럼 굴었어. 남들이 내 수업에 감탄했으면 좋겠는데 그러지 않으니까 화가 나서 괜히 너에게 화풀이한 거야. 말이 안 된다는 것 알아. 하지만 네가 혼이 난 건 내 자아의 문제 때문이야. 혹시 나를 용서해줄 수 있겠니?" 내가 말했다.

아이는 용서해주겠다고 했고 나는 할 말을 마쳤다. 더 이상 특별한 교사인 척 가장할 필요가 없었다. 남들이 나를 세상이 놀랄 만한 인물로 생각해줬으면 했지만, 복음은 내가 그런 인물이 아님을 상기시켜줬다. 나는 그저 구원받은 사람일 뿐이었다.

이후 모든 것이 달라졌고 마지막 수업만큼은 좋은 반응을 얻었다고 말하고 싶지만, 솔직히 기억이 나지 않는다. 아마 상황이 악화되지는 않았을 것이다. 여전히 수업이 잘 되지 않았더라도 나의 내면에 더 중요한 변화가 일어났다. 강퍅한 마음이 사라지고 기쁨이 돌아왔다. 무엇을 얻기 위해서가 아니라 예수님을 위해 아이들을 가르치고 있었다. 여전히 짜증나는 일이 일어날 수도 있지만 남을 먼저 생각하는 마음으로 반응할 준비가 되었다. 자아에 대해 죽는 사랑을 조금이나마 연습할 기회로 생각하면서 말이다.

그런 마음을 계속 유지했다고도 말하고 싶지만 그러지 못했다. 원래 그렇다. 예수님께 연결되어 있으려는 태도는 늘 필요하다. 수련회가 끝나고 집으로 돌아오자 그 주에 일어난 일 때문에 재차 낙심되고 화가 나서 다시 복음을 가까이해야 했다. 나는 언제나 거듭하여 그렇게 해야만 한다. 내 영혼은 누군가 나를 알아보고 인정하고 존경해 주기를 믿기 어려울 만큼 갈망한다. 예수님의 생수를 양동이째 들이키지 않으면 자꾸 그런 목마름을 구정물로 해갈하려 들 것이다.

## 교사들을 위한 복음

사역의 현장에서 가르치든 가정에서 아이들을 인도하든, 우리는 아이들을 섬기는 사역의 성공 여부로 스스로의 가치를 평가하기 쉽다. 내 경우에는 이것이 교만으로 나타나는 경향이 있지만, 자신에게 실망하여 낙심하는 것으로도 나타날 수 있다. 교만과 자기 연민은 '성과에 대한 집착'이라는 동전의 양면이다.

주의하기를 바란다. 나는 이 책 전체를 통해 기본적으로 예수님을 위해 더 일하자고 권면했다. 자칫하면 이에 대한 반응으로 더 열심히 노력하려고 들기 쉽다. 처음에는 부담을 느끼다가 성공하면 의기양양해지고, 실패하면 낙심하거나 죄책감을 느낄 것이다.

교사와 부모들은 이런 일에 특히 취약하다. 다른 교인들은 예수님이 주시는 기쁨에 집중하는 성경공부에 참여할 수 있지만, 우리가 참여하는 훈련 프로그램이나 수업은 대부분 사역을 더 잘하기 위한 것이다. 그렇기 때문에 모든 사람 중 특별히 더 복음을 들어야 하는 것이 우리다. 우리 같은 실패자도 사용해주시고 사랑해주시는 하나님께 먼저 감사하는 법을 배우지 않는다면, "다음 주에는 더 잘해야지"라는 결심도 소용이 없다.

자, 여기 우리의 복음이 있다. 마음속에 왜곡이 일어나서 사역이나 양육의 초점이 자기 자신으로 바뀌어버린 것 같다면, 시선을 밖으로 돌려 예수님을 바라보라. 회개하라. 그분께서 주시는 인정을 맛보라. 그분의 영으로 우리를 다시 채우시며 우리의 삶과 사역을 회복시켜주실 것을 신뢰하라. 그분은 우리가 아는 그 무엇이나 누구보다 확실하고 영속적이며 신실하시다. 특히 실패했을 때 더욱 예수님께 달려가라.

나는 늘 실패한다. 성공적이었던 수업이나 아이들과 잘 소통했던 일을 기록한 것은 유익한 예시를 나누기 위함이었을 뿐 늘 그런 것은 아니다. 불만족스러운 날도 많은데, 명백히 내 잘못인 경우가 가장 많고 이렇다 할 이유가 없는 날도 있다. 그런 날 우리는 모두 복음을 믿어야 한다. 다음과 같은 복음을 믿으라.

**하나님께서는 여전히 우리의 사역을 축복하기 원하신다**

우리는 완벽하게 해낼 수 없지만 하나님께서는 늘 완벽하시다. 괜찮은 날에도 오직 그분의 은혜만 신뢰해야 함을 기억하라. 아이들을 하나님께 인도하는 것이 우리의 은사나 기술이라는 생각을 버리라. 그것은 하나님께서 하시는 일이며, 그분은 흠이 있는 모습 그대로 우리를 사용하신다. 그것은 장엄하고 거룩한 역사이므로 계속해서 그 일에 동참하라. 복음을 선포하고, 우리가 선포하는 구원자께서 이를 통해 영혼들을 자신에게로 이끄실 것을 신뢰하라.

## 하나님께서는 여전히 우리를 사랑하신다

물론 교사로서 우리의 실패는 대단히 심각한 것이지만, 십자가가 실패보다 크다. 우리의 죄가 언제나 우리가 전하는 메시지를 변질시키지만, 예수님께서는 죄인들을 용서하고 회복하여 사용하신다. 그분은 우리가 같은 죄를 몇 번이나 고백하고 회개했는지 기록하지 않으신다. 그러니 계속해서 그분께로 돌아가라. 감사와 믿음으로 가득한 교사가 되라. 우리는 예수님을 말로 전하기만 하는 것이 아니라, 아이들과 함께 그분 안에서 안식해야 한다.

## 우리는 하늘 아버지의 자녀다

오늘 하나님께 얼마나 제대로 순종하지 못했고, 이번 주 수업을 얼마나 불성실하게 준비했고, 아이들에 대한 사랑의 태도가 얼마나 부족하게 느껴지는지는 상관이 없다. 그래도 우리의 신분은 변할 수 없다. 우리는 여전히 하나님의 자녀로서 하늘 보좌 앞에 우리의 형제 되신 예수님과 함께 서 있다. 우리는 예수님의 이름, 하나님께 접근할 권리, 그분의 영을 그분과 공유한다. 예수님께서 아버지로 인해 느끼는 기쁨도 공유한다. 그리고 언젠가는 그분의 영광도 함께 누릴 것이다. 이 진리를 이해하려고 노력해보라. 그리하여 감사와 경외심을 품고, 가서 가르치라.

## 연약해도 괜찮다

우리는 악하며 죄 속에서 발버둥 치고 있는 것이 사실이다. 자신의 연약함을 받아들이라. 십자가의 연약함을 통해 죄와 죽음과 마귀를 이기고 승리하신, 강하신 우리의 구세주를 바라보라. 그는 우리 삶의 연약함도 사용하실 것이다. 우리가 그분의 능력 안에서 안식할 때까지 우리를 낮추실 것이다. 그러면 바울처럼, 연약함을 감추려고 애쓰는 대신 그것을 자랑하게 될 것이다. 오직 십자가만 알고 그것을 능력 있게 가르칠 것이다.

이것도 아이들에게 예수님을 보여주는 일의 일부다. 이런 식으로 우리가 복음 이야기 안에 직접 들어가는 것이다.

이 장에서는 교사 사역이나 자녀 양육을 개선하기 위한 실질적인 방안을 열거하지 않겠다. 가장 실질적인 방법에 집중했으면 해서다. 바로 더 깊은 믿음 말이다. 교사도 예수님을 봐야 한다. 예수님께서 우리를 위해 하신 일을 알아가며 더욱 확신할수록, 우리도 그분을 위해 더 많은 일을 하게 된다.

하나님께서는 예언자 예레미야를 통해 통렬하게 꾸짖으신다. "내 백성이 두 가지 악을 행하였나니, 곧 그들이 생수의 근원되는 나를 버린 것과 스스로 웅덩이를 판 것인데, 그것은 그 물을 가두지 못할 터진 웅덩이들이니라"(렘 2:13). 수련회에서의 내 모습이었다. 나는 하나님께서 주신 것으로부터 등을 돌리고 세상의 명예를 가두기 위한 나만의 웅덩이를 만들었다. 나는 늘 이런 유혹을 받는다. 성경적 지식, 사역의 기술, 목회자들의 인정, 학부모들의 칭찬을 축적하고 마셔댄다. 이것은 종교라는 우물을 채우는 물이기에 겉으로는 경건해 보이지만 구정물일 뿐이다.

내가 아는 교사와 부모들 대부분이 아이들을 섬기면서, 하나님과 생동감 있고 안식과 기쁨이 있는 동역을 하기 위해 악전고투한다. 그들도 나처럼 불안감이나 자기 영광 때문에 경로에서 이탈하곤 한다. 실패를 두려워하거나 타인의 인정을 숭배하며 결국 마음이 차가워지기도 한다.

그러나 부드러운 마음은 정말 큰 차이를 만든다. 부드럽게 하는 복음의 기름에 흠뻑 젖은 마음은 뻣뻣함이 없어지고 하나님의 뜻에 복종한다. 죄를 혐오하게 되고 예수님을 찬양하는 것이 황홀해진다. 그런 마음에는 어린이 성인 할 것 없이 모두를 구세주께 이끌어줄, 단단하고 기쁨에 찬 거룩함이 자라난다.

## 결론

## 참된 사역자

나로서는 동원하기 어려운 수사와 감히 시도해볼 수 없는 날카로움으로 설교했던 찰스 스펄전의 말로 이 책을 마무리하려 한다. 나는 스펄전의 설교를 읽을 때, 19세기 런던에서 설교했던 그의 모습을 상상해본다. 1867년 4월 14일, 스펄전은 왕립농업회관 단상에 올라 "측량할 수 없는 그리스도의 풍성함"에 관해 설교했다.

당시 스펄전은 세계에서 가장 유명한 설교가였고 농업회관은 세계에서 손꼽히는 웅장한 건축물 중 하나였다. 그 건물은 23m 높이의 아치형 유리 천장에 좌석은 만 명을 수용할 수 있었는데, 주일이었던 그날 아침에는 이보다 두 배나 많은 사람이 몰려왔다. 다음의 바울 서신서 말씀을 마이크의 도움도 없이 큰 소리로 전하는 것을 들으려고 자리를 메운 사람들이었다. "모든 성도 중에 지극히 작은 자보다 더 작은 나에게 이 은혜를 주신 것은, 측량할 수 없는 그리스도의 풍성함을 이방인에게 전하게 하시고"(엡 3:8).

스펄전의 음성은 그가 상상한 것 이상으로 멀리까지 퍼져나가서 나에게까지 다다랐다. 얼마 전에 그의 설교 원고를 내려받아서 읽던 나는 보물을 발견했다. 스펄전이 내가 이 책 전체를 통해 전하려 했던 그 이야기를 하고 있었다. 다음은 그 설교를 요약·발췌한 내용이다.

우리의 사도[바울]는…자신의 연약함을 알고 고백했으나 그가 한 번도 어려워하지 않았던 것 한 가지가 있었습니다. 자기 사역의 주제에 대해서만큼은 헷갈린 적이 없었던 것입니다.…첫 설교부터 마지막 설교에 이르러 사형대에 목을 내놓아 피로써 자신의 증언에 인을 치기까지, 바울은 그리스도를 설교했으며 오직 그리스도만을 설교했습니다.…

참된 사역자는 그리스도를 설교할 수 있는 사람입니다.…십자가에서 죽임당하신 그리스도가 그 사람의 영혼의 큰 기쁨이요, 가르침의 정수요, 사역의 풍성함이라면, 그런 사람은 그리스도의 대사로 부름 받은 것을 입증했습니다.…

오로지 그리스도만을 이야기하는 것! 이 하나의 주제에 영원히 묶이고 매이는 것. 오직 예수님만 이야기하는 것. "부요하신 이로서 우리를 위해 가난하게 되신" 영광스러운 성자의 놀라운 사랑만 이야기하는 것. 그는 "파종하는 자의 종자가 되시고 먹는 자에게 양식이 되시는" 사역의 주제이십니다. 그분은 설교자의 입술을 정결케 하는 숯불이시며, 듣는 이의 마음을 여는 만능열쇠이십니다. 이 땅 음악가들의 곡조이시고 하늘에서 거문고 타는 이들의 노래이십니다. 주님, 이것을 더더욱 우리에게 가르쳐주소서. 우리가 다른 이들에게 전하겠나이다.[2]

이 설교를 처음 발견한 이후, 나는 그날 그 자리에 미국에서 온 어느 젊은 주일학교 교사가 앉아 있었다는 사실을 알게 되었다. 그의 이름은 드와이트 L. 무디였다. 마음을 사로잡힌 그는 그 어느 때보다 그리스도를 전하겠다는 강한 결의를 품고 런던에서 돌아왔다. 그는 결국 그 세대 중에서 규모가 가장 큰 복음 선교 사역을 펼치게 된다.

일은 이렇게 이루어진다. 한 사람의 교사가 다른 교사에게 영감을 주면 그 교사가 자신의 학생에게 전한다. 한 부모가 다른 부모를 격려하면 그 부모가 자기 자녀에게 전한다. 학생과 아이들이 성장해 또 다른 이들에게 전한다. 이렇게 각 세대의 신자들이 예수님의 아름다움을 재발견한다.

우리는 어떻게 이 일에 동참할 것인가? 다음번에 교실로 들어갈 때, 중고등부 아이들을 만날 때, 자녀와 식사할 때, 그들을 진정으로 섬기기 위해 무엇을 할 것인가? 어떻게 우리 앞의 수많은 신실한 교사들처럼, 아이들에게 예수님을 보여줄 것인가?

"하나님의 은혜를 가르치면 순종에 게을러진다"는
반론에 대한 열두 가지 대답


복음을 가르쳐야 한다는 이야기를 할 때마다 듣는 가장 주된 반론은
죄나 순종의 엄중함에 너무 관대한 것처럼 들린다는 것이다. 예수님
안에서의 은혜가 전적으로 값이 없다는 진리를 가르치면 감사와 마음
에서 우러나는 순종을 하게 된다는 나의 말이, 순종할 마음이 들 때만
순종하면 된다는 말이라고 여겨지는 경우가 있는 것 같다.

이것은 전혀 사실이 아니다. 그 순간에는 죄가 좋게 느껴지더라도
(때로는 그렇다) 우리는 날마다 죄를 거부해야 한다. 이 책에서도 복음
을 가르치면 순종에 도움이 되지 그 반대가 아니라는 설명을 간간이
했다. 그러나 많은 사람이 그런 의문을 품고 고심하므로 설명을 한데
모으는 것이 좋겠다고 생각했다.

**1. 마음으로 순종하지 않았다면 애초에 온전히 순종한 것이 아니다.**
억지로 선한 행동을 해내는 것에 만족하고 있다면 목표를 너무 낮게
잡은 것이다. 하나님께서는 마음으로부터 순종하라고 명령하신다(신
30:2). 회개도 마음에서 우러나야 한다(왕상 8:48). 용서도 마음으로부터
하라고 말씀하신다(마 18:35). 예수님께서는 가장 크고 첫째가는 계명
이 "네 마음을 다하여 주 너의 하나님을 사랑하라"(마 22:37)는 것이라
고 하셨다. 아이들이 강요가 아니라 감사한 마음 때문에 기쁨으로 순
종하도록 돕는 것은, 하나님의 율법을 가볍게 여기는 것이 아니라 매

우 심각하게 여기는 것이다. 하나님께서 세우신 목표에 맞게 기준을 높이는 것이다.

**2. 사랑에 뿌리내린 순종은 순간적인 감정을 이겨낸다.** 사랑에 기초한 순종이 감정에 사로잡힌 순종이라는 생각은 오해다. 사랑하는 사람들을 떠올려보라. 그들을 몹시 사랑하면서도 섬기고 싶지 않을 때가 있다. 그러나 사랑하기 때문에 어쨌든 섬긴다. 사랑에는 순간적인 감정을 넘어서는 갈망이 담겨 있다. 하나님을 사랑하는 신자들은 유혹과 복잡한 감정 가운데서도 그분께 순종하고자 하는 지속적이고 근본적인 갈망을 품고 있다. 사랑의 본성이 그러하다.

**3. 구원받은 이들이 죄를 짓기 위한 핑계로 은혜를 이용한다고 의심하는 것은 구원과 은혜를 너무 편협하게 보는 것이다.** 하나님께서 우리를 위해 해주신 일이 용서밖에 없다면, 은혜 때문에 마음껏 죄를 지어도 된다는 생각을 할 수도 있다. 그러나 로마서 6장에서 바울은 우리가 하나님의 은혜를 누리면서 계속해서 죄를 지을 수는 없다고 설명하는데, 이는 은혜에 용서보다 훨씬 많은 것이 포함되어 있기 때문이다. 우리는 그리스도와 연합했다. 우리는 그분 안에 살면서 영적으로 성장한다. 이 때문에 우리에게는 마음속에서 역사하시는 성령에 뿌리를 둔, 새로운 순종의 모델이 있다. "거룩하신 소명"(딤후 1:9)의 은혜 안에서 누리는 기쁨을 포함한 구원관을 가르쳤다면, 그런 은혜를 배웠다고 하여 죄를 지어도 괜찮다고 생각할까 봐 걱정할 필요는 없다.

**4. 앞으로 우리가 누릴 행복이 얼마나 큰 것인지 이해한다면 구원의 확신이 느슨한 행동으로 이어질 수 없다.** 구원관이 마땅히 그래야 하는 만큼 넓다면, 언젠가는 죄에서 완전히 해방되어 넘치는 기쁨을 누리게

되리라는 사실도 알게 된다. 이 진리의 아름다움을 이해하면서 하나님의 은혜로 그날을 확신하면 할수록, 이생에서의 죄를 극복하고 싶다는 마음도 커질 것이다. 은혜에 사로잡힌 아이들은 천국을 맛본 아이들이다. 그 때문에 바로 지금부터 천국으로 향하는 백성답게 살고 싶다는 갈망을 느낀다.

**5. 하나님의 은혜로 죄를 짓고도 넘어갈 수 있으리라는 생각은 거듭난 사람다운 사고방식이 아니다.** 바울이 로마서 6장에서 말한 또 한 가지는 새로운 삶에 새로운 태도가 따른다는 사실이다. "어느 정도의 죄까지 그냥 빠져나갈 수 있을까?"라고 묻는 과거의 태도는 이전의 세속적 삶에 속한 것이다. 이제 우리는 거기에서 자유로워졌다. 더 이상 형벌을 면할 만큼의 순종이면 족하다는 생각이 들면 안 된다. 은혜를 가르치지 않음으로써 그런 사고에 영합했다면, 그리스도 안에 사는 사람을 위한 동기가 아닌, 과거의 세속적 동기를 이용하고 있는 셈이다. 율법에 기초한 사고방식을 가진 자는 벌을 면하기 위해 최소한의 순종만을 한다. 사랑에 기초한 사고방식을 가진 자는 가능한 최대치를 행한다. 어느 것이 더 온전한 순종인가?

**6. 하나님께 마음이 사로잡히지 않은 채로는 지속적으로 경건한 일을 행할 수 없다.** 좀 쉬운 경우나, 특별히 굳게 결심했을 때나, 남들이 보고 있을 때는 간혹 죄에 저항할 수 있다. 그러나 다른 경우에는 대부분 우리의 마음이 이긴다. 우리는 우리가 사랑하는 것이나 사랑하는 사람을 섬긴다. 지속적으로 순종하는 유일한 길은 죄에 대한 사랑을 밀어내고 하나님을 향한 더 큰 사랑으로 그 자리를 채우는 것이다.

**7. 우리를 향한 하나님의 기쁨을 확신할 수 없다면 진심으로 그분께**

**순종할 수 없다.** 하나님께서 정말 우리를 영원히, 한결같이 사랑하신다고 믿지 못한다면 그분을 위해 하는 모든 일은 그분께 잘 보여서 그분의 사랑을 얻어내거나 지켜내려는 노력에 불과하다. 이런 것은 순종이 아니라 조종이다. '순종'하는 우리의 행위가 실제로는 우리 자신을 위한 것, 자신을 구원하기 위한 것이 된다. 이런 이기심과 잘못된 대상을 향한 믿음에서 나온 행위는 경건한 행위라고 할 수 없다.

**8. 하나님의 은혜를 알면 절망에 빠지지 않으면서도 하나님의 율법을 진지하게 대할 수 있다.** 하나님의 은혜를 가르치지 못한 교사는 순종을 지나치게 강조하지 않도록 조심해야 하는데 이는 아이들이 쉽게 낙심하거나 교만에 빠질 수 있기 때문이다. 아이들이 어떤 상황에서도 하나님의 은혜를 확신할 수 있다면 순종을 강조하는 일도 더 쉬워진다. 또 순종하라고 더 강하게 권면할 수 있다. 순종에 관해 아주 강도 높은 수업을 하더라도 절망이나 자기 의에 빠지지는 않을까 하는 염려를 훨씬 덜 수 있다. 아이들이 은혜를 더 많이 알수록 죄에 대해 유화적이기는커녕 오히려 더 엄격한 가르침이 가능해진다.

**9. 더 효과적으로 죄와 싸우고 순종하기 위해, 복음을 믿는 것에 더욱 초점을 둬야 한다.** 하나님이 요구하시는 모든 선한 행위 중 가장 기초는 믿는 것이다. "하나님께서 보내신 이를 믿는 것이 하나님의 일이니라"(요 6:29). 불신은 다른 모든 죄의 뿌리다. 아이들이 복음을 듣고 그에 반응함으로써 예수님을 더욱 굳게 믿는 법을 배우지 못한다면 죄에 맞서는 그들의 전략은 형편없어진다. 마음을 무시한 채 표면적인 죄와 씨름하다가 아무런 성과를 내지 못할 것이다. 복음의 전략은 가시적인 몇몇 죄에 무차별 사격을 가하는 접근이 아니라 전 생애를 바

쳐 순종하는 일에 훨씬 진지하게 임하는 전략이다.

10. 선한 행위가 예수님에 대한 믿음에서 나오지 않았다면 실제로 선하다고도 볼 수 없다. 믿음은 핵심 중의 핵심이기 때문에 "믿음을 따라 하지 아니하는 것은 다 죄이다"(롬 14:23). 성경의 다른 곳에는 이렇게 기록되어 있다. "믿음이 없이는 하나님을 기쁘시게 하지 못하나니 하나님께 나아가는 자는 반드시 그가 계신 것과 또한 그가 자기를 찾는 자들에게 상 주시는 이심을 믿어야 할지니라"(히 11:6). 아이들이 예수님 안에서 얻게 된 은혜로운 상급에 관해 배우고 그것을 믿게 되었다면, 진정한 순종에 꼭 필요한 기초가 형성된 셈이다.

11. 하나님께서는 우리가 그분의 인자하심을 동기로 순종하기를 기대하신다. 물론 하나님의 용서를 쉽게 여기고 그 결과로 자기 죄를 가볍게 여기는 이들은 언제나 존재한다. 그러나 바울은 이 문제를 지적하면서, 은혜를 가르치지 않는 것이 해결책이라고 하지 않았다. 대신 은혜가 정반대의 효과를 가져온다고 설명했다. "혹 네가 하나님의 인자하심이 너를 인도하여 회개하게 하심을 알지 못하여, 그의 인자하심과 용납하심과 길이 참으심이 풍성함을 멸시하느냐?"(롬 2:4) 하나님의 인자하심은 그것을 제대로 이해한 사람에게는 회개로 이어진다. 하나님의 사랑이 십자가의 긍휼과 함께 그에게로 내려와 얼마나 풍성하게 임했는지 볼 때, 아이는 하나님처럼 죄를 미워하게 된다.

12. 우리의 경험도 "하나님의 은혜를 사랑하는 사람이 순종도 즐겨 한다"는 성경 말씀과 일치한다. 하나님의 은혜에 강력하게 사로잡힌 아이가, 자신의 죄에도 불구하고 하나님께서 온전히 사랑하심을 깊이 깨닫게 된 나머지, 무슨 죄를 지어도 넘어갈 수 있다고 생각하여 온갖 죄

를 저지르고 다니는 경우를 나는 단 한 번도 보지 못했다. 그런 일은 일어나지 않는다. 은혜에 진심으로 감사하게 되면 언제나 겸손이 따라오고, 그로 인해 기꺼이 순종하게 된다. 우리는 디도서 2:11-12 본문을 바탕으로 그런 기대를 할 수 있다. "모든 사람에게 구원을 주시는 하나님의 은혜가 나타나 우리를 양육하시되, 경건하지 않은 것과 이 세상 정욕을 다 버리고, 신중함과 의로움과 경건함으로 이 세상에 살고"라는 말씀이다. 내가 아는 아이 중 그리스도 안에서 진실로 기뻐하는 아이들은 이 본문과 잘 어울린다. 아무도 보지 않는다고 생각할 때도 행복한 마음으로 순종한다. 가정이나 교회에서는 경건해 보이지만 다른 곳에서 몰래 죄를 지으면서 이중생활을 하는 아이들은 부담감을 느끼는 쪽이다.

이 내용을 모두 읽고 난 후에도 여전히 망설여질 수 있다. 은혜를 그 정도의 비중으로 가르치는 것이 여전히 잘못처럼 느껴질 수 있다.

**당연한 일이다.** 복음은 세상의 감성으로 보면 말도 안 된다. 우리가 기존에 '죄에 붙들린 사람이 명령에 따르도록 하는 방법'으로 알고 있던 모든 것에 어긋난다.

그러나 우리는 더 이상 죄에 붙들린 사람이 아니다. 그리스도 안에서 해방된 이들이다. 복음의 능력을 경험한 우리는 예수님을 최고로 기뻐할 때 가장 기꺼이 순종할 수 있음을 안다. 우리는 여전히 죄와 씨름하더라도, 가장 좋은 동기에서 영원히 예배하는 사람이 되었다. 우리는 하나님의 은혜로 오늘도 이러한 경이를 조금씩 나타내고 있다.

# 미주

## 1장 그리스도에게 집중된 교사

1   Charles H. Spurgeon, "Christ, the Glory of His People," in *Metropolitan Tabernacle Pulpit: Sermons Preached and Revised by C. H. Spurgeon During the year 1868* (Pasadena, TX: Pilgrim, 1970), 14:467.
2   John Owen, "Christologia, or A Declaration of the Glorious Mystery of the Person of Christ," in *The Works of John Owen* (London: Richard Baynes, 1826), 12:184. 『개혁주의 기독론』(개혁된신앙사 역간, 2005), 434.

## 2장 하나님의 성적표

1   Owen, "A Practical Exposition on the CXXXth Psalm," in *The Works of John Owen*, 14:22.
2   '심리치료적'(therapeutic)이라는 용어는 2003-2005 National Study of Youth and Religion에 나왔고 Kenda Creasy Dean, *Almost Christian: What the Faith of Our Teenagers Is Telling the American Church* (New York: Oxford University Press, 2010)에 설명되어 있다.

## 3장 '복음의 날'의 함정

1   Richard Sibbes, "Bowels Opened, or Expository Sermons on Canticles IV:16, V, VI," in *The Complete Works of Richard Sibbes* (Edinburgh: James Nichol, 1862), 2:142.
2   이런 현상은 많은 연구로 확인되었는데 그중에는 90% 정도의 높은 비율을 주장하는 연구도 있다. 나는 59%라는 좀 더 보수적인 수치를 신뢰하는데, 이는 바나 그룹의 연구를 기초로 하고 David Kinnaman, *You Lost Me: Why Young Christians Are Leaving Church and Rethinking Faith* (Grand Rapids, MI: Baker, 2011), 23을 통해 보고되었다.
3   Walter Marshall, *The Gospel Mystery of Sanctification: Growing in Holiness by Living in Union with Christ*, trans. Bruce H. McRae (Eugene, OR: Wipf & Stock, 2005), 112. 『성화의 신비: 그리스도 안에서 이루어 가는 거룩한 삶』(복있는사람 역간, 2010).

4    Serge, *Sonship*, 3rd ed. (Greensboro, NC: New Growth Press, 2013), 153. 이 도표는
     Robert H. Thune, Will Walker, *The Gospel-Centered Life* (Greensboro, NC: New Growth,
     2011), 13에도 나온다.

5    Serge, *Gospel Identity: Discovering Who You Really Are* (Greensboro, NC: New Growth,
     2012); Serge, *Gospel Growth: Becoming a Faith-Filled Person* (Greensboro, NC: New
     Growth, 2012); Serge, *Gospel Love: Grace, Relationships, and Everything that Gets in the
     Way* (Greensboro, NC: New Growth, 2012).

## 4장 아이들이 타고나는 마음

1    Horatius Bonar, *The Everlasting Righteousness* (London: James Nisbet, 1873), 188. 『영
     원한 의: 개혁주의 칭의교리의 진수』(지평서원 역간, 2013).

2    Janet Elise Rosenbaum, "Patient Teenagers? A Comparison of the Sexual Behavior
     of Virginity Pledgers and Matched Nonpledgers," *Pediatrics*, 123, no. 1 (2009):
     e110-e120.

3    요일 2:15을 적용한 방식의 출처와, '언덕 위의 왕' 예시에 영감을 준 것은 Thomas
     Chalmers, *The Expulsive Power of a New Affection* (Edinburgh: Thomas Constable, 1855)
     이다.

## 5장 왕후의 침실에 들어온 어머니

1    John Calvin, *Commentaries on the Epistles of Paul the Apostle to the Philippians, Colossians
     and Thessalonians,* trans. John Pringle (Grand Rapids, MI: Baker, 2003), 145. 『존 칼빈
     성경주석 18』(성서원 역간, 2012).

2    G. K. Beale, D. A. Carson, eds., *Commentary on the New Testament Use of the Old
     Testament* (Grand Rapids, MI: Baker Academic, 2007). 『신약의 구약사용 주석 시리즈』
     (CLC 역간).

## 6장 말하는 나귀와 예수님

1   Matthew Henry, *Commentary on the Whole Bible* (McLean, VA: MacDonald Publishing),
    5:935. 『매튜헨리 주석전집 세트』(CH북스 역간, 2015).
2   구약으로 그리스도를 가르치는 법에 관한 나의 목록은 Sidney Greidanus, *Preaching*
    *Christ from the Old Testament: A Contemporary Hermeneutical Method* (Grand Rapids,
    MI: Eerdmans, 1999), 203-225(『구약의 그리스도, 어떻게 설교할 것인가: 하나
    의 현대적 해석학 방법론』[이레서원 역간, 2019])과 *Preaching Christ from Genesis:*
    *Foundations for Expository Sermons* (Grand Rapids, MI: Eerdmans, 2007), 26(『창세기
    프리칭 예수』[CLC 역간, 2010])에 제시된 것들과 대략 일치한다.

## 7장 교회에서 가장 긴 목록

1   Ralph Erskine, "Gospel Sonnets," in *The Poetical Works of Ralph Erskine* (Aberdeen:
    George and Robert King, 1858), 95.
2   "Heidelberg Catechism," *Psalter Hymnal*, Q&A 52 (Grand Rapids, MI: Board of
    Publications of the Christian Reformed Church, 1976), 26.

## 8장 복음을 가르쳐준 포도

1   John Arrowsmith, *Armilla Catechetica: A Chain of Principles* (Edinburgh: Thomas
    Turnbull, 1822), 208. 『회개』(복있는사람 역간, 2015).

## 9장 죄와 나쁜 노래와의 전쟁

1   Thomas Watson, *The Doctrine of Repentance* (Edinburgh: Banner of Truth, 2009), 102.
2   이 질문은 다른 서지(Serge) 자료들로부터 각색되었다. *Sonship*, 3rd ed. (Greensboro,
    NC: New Growth, 2013), 46과 *The Gospel-Centered Life, Leader's Guide* (Greensboro,
    NC: New Growth, 2011), 26을 참조하라.

3    반복된 회개의 가치는 서지(Serge)에서 나온 *Gospel Identity: Discovering Who You Really Are* (Greensboro, NC: New Growth, 2012), 114에 잘 설명되어 있다.

4    상어의 예는 서지(Serge)의 스태프인 Stu Batstone과 Deborah Harrell이 처음 사용했다. 나와 Deborah는 어린이 제자 훈련을 위한 샘플 교재를 개발하면서 이것을 도표의 형식 으로 만들었다.

## 10장 보일러실에서의 수업

1    Thomas Manton, "A Practical Exposition of the Lord's Prayer," *The Complete Works of Thomas Manton* (London: James Nisbet, 1870), 1:64.

2    John Calvin, *Institutes of the Christian Religion*, trans. Ford Lewis Battles (Philadelphia: Westminster, 1960), 2:850. 『기독교 강요 세트』(생명의말씀사 역간, 2020).

3    Calvin, *Institutes*, 2:852.

## 11장 타지 못한 스키

1    John Newton, *The Works of the Rev. John Newton* (Edinburgh: Thomas Nelson and Peter Brown, 1836), 211.

## 결론: 참된 사역자

1    Charles H. Spurgeon, The Unsearchable Riches of Christ, last modified April 29, 2013, http://www.spurgeongems.org/vols13-15/chs745.pdf.

# 주일학교에서 오직 복음을 전하라

교회학교 교사들의 영혼을 깨우는 도전

**Copyright ⓒ 새물결플러스 2020**

| | |
|---|---|
| **1쇄 발행** | 2020년 8월 25일 |
| **6쇄 발행** | 2024년 6월 3일 |

| | |
|---|---|
| **지은이** | 잭 클럼펜하우어 |
| **옮긴이** | 장혜영 |
| **펴낸이** | 김요한 |
| **펴낸곳** | 새물결플러스 |

| | |
|---|---|
| **편 집** | 왕희광 정인철 노재현 이형일 나유영 노동래 |
| **디자인** | 황진주 김은경 |
| **마케팅** | 박성민 |
| **총 무** | 김명화 이성순 |
| **영 상** | 최정호 |
| **아카데미** | 차상희 |

| | |
|---|---|
| **홈페이지** | www.holywaveplus.com |
| **이메일** | hwpbooks@hwpbooks.com |
| **출판등록** | 2008년 8월 21일 제2008-24호 |
| **주 소** | (우) 04114 서울시 마포구 신촌로28가길 29 |
| **전 화** | 02) 2652-3161 |
| **팩 스** | 02) 2652-3191 |

**ISBN** 979-11-6129-169-7 03230

책값은 뒤표지에 있습니다.